重庆高新技术产业开发区第一实验小学校

MEIDE JIAOYU YANJIU YU SHIJIAN

美的教育研究与实践

重庆高新技术产业开发区第一实验小学校课题成果

主编 秦登伟 牟映 胡凤

重庆大学出版社

内容提要

本书是重庆高新技术产业开发区第一实验小学校承担重庆市教育学会第七届基础教育科研立项课题总结，本书主要围绕“建设美的校园，构建美的课程，培养美的教师，培育美的学生”四个维度进行研究，向着“各美其美，美美与共”的办学愿景进行实践。让学生在美的校园环境中受到美的感染和熏陶，在美的课程教育中得到美的培养和提升，在生活中发现美、欣赏美、创造美、表现美，让美的意识、素养和能力伴随学生一生，去创造美的人生、美的生活、美的社会和美的世界。

本书适合中小学教师或相关研究者阅读。

图书在版编目(CIP)数据

美的教育研究与实践/秦登伟，牟映，胡凤主编.
—重庆：重庆大学出版社，2016.8（2022.8 重印）
ISBN 978-7-5624-9829-2

Ⅰ.①美… Ⅱ.①秦… ②牟… ③胡… Ⅲ.①美育—教学研究—小学 Ⅳ.①G623.702

中国版本图书馆 CIP 数据核字(2016)第 117331 号

美的教育研究与实践
——重庆高新技术产业开发区第一实验小学校课题成果
主 编 秦登伟 牟 映 胡 凤
策划编辑：杨粮菊
责任编辑：陈 力 何 敏 版式设计：杨粮菊
责任校对：秦巴达 责任印制：张 策
*
重庆大学出版社出版发行
出版人：饶帮华
社址：重庆市沙坪坝区大学城西路 21 号
邮编：401331
电话：(023) 88617190 88617185(中小学)
传真：(023) 88617186 88617166
网址：http://www.cqup.com.cn
邮箱：fxk@cqup.com.cn (营销中心)
全国新华书店经销
POD：重庆新生代彩印技术有限公司
*
开本：787mm×1092mm 1/16 印张：15.5 字数：277千
2016 年 8 月第 1 版 2022 年 8 月第 2 次印刷
ISBN 978-7-5624-9829-2 定价：62.00 元

编委会

顾　问　龚春燕　熊孝良　王远玲

主　编　秦登伟　牟　映　胡　凤

副主编　杨　洪　侯　平　赵　平　彭廷蓉　尤　佳

编　委（按姓氏笔画）

邓剑东　王　亮　卢远利　白正全　张金凤

吴明华　李　洁（大）　李　洁（小）　陈　勇

杨　菊　何清平　周煦琅　郭　玥　袁淑琼

黎　强　薛　萍

序

美的教育，教育境界

2015年9月，国务院办公厅印发《关于全面加强和改进学校美育工作的意见》，指出进一步强化美育育人功能，推进学校美育改革发展，对加强学校美育提出了明确要求。

言及美，在中国传统文化与世界文化长河中，可谓众说纷纭，而现代人对于美的理解，也有不同的理解与认识。重庆高新技术产业开发区第一实验小学校（简称：重庆高新区第一实验小学）自建校以来，积极开展美的教育，美在学校，美在课堂，美在教师，美在学生。学校认为：美是教育的最高追求与境界，是学生发展的核心素养。

多次与该校秦校长交流，对学校承担的重庆市教育学会科研课题“美的教育”的实践与研究成果也就有了比较多的了解。学校提炼了“崇和尚美，一生相随”的校训。“崇和”，即崇尚和谐，着眼于学校教育环境中人与人，人与社会、人与自然、经济与文化的关系协调发展；“尚美”，即追求美好，在学习与创造的过程中鉴赏美、体验美、表现美。“一生相随”，从发展的角度关注学生的生命历程，即让学生通过学校教育所培养起来的美的诉求能伴随其一生，为孩子的将来能“有尊严地工作和生活”打上生命的底色。

“美的教育”成就育人之美。“美的教育”让学生在美的校园环境中受到美的感染和熏陶，在美的课程教育中得到美的培养和提升，在生活中发现美、欣赏美、创造美、表现美，让美的意识、素养和能力伴随学生一生。学校提出的“各美其美，美美与共”的校风，“有教无类，玉成其美”的教风，“乐学善思，德美行美”的学风，三风共同构成了学校“美的教育”的实践体系，以“美”浸润学生的学习与生活。

“美的教育”成就课程之美。学校创建美的课程体系，将美的课堂、美的活动和美术特色课程结合在一起，构建着美的课程体系，提出了“三三四五”美的课堂教学模式：“三美观念”“三环节流程”“四元关系”和“五环策略”，并且把德育活动纳入课程建设体系，丰富课程育人的内涵，在活动中育人，孕育学生健康心灵。校本课程开发中，自主开发、编写了学生美术特色校本课程——《儿童水墨情趣》，2 000 余幅学生美术作品在全国大赛中获奖。

学校将美的教育研究与实践成果物化，让美的教育得以沉淀和升华，为美育研究提供了鲜活的经验，可圈可点。

追求美，创造美，是学校教育的目的。重庆高新区第一实验小学坚持数年“美的教育”研究，其成果必将成为学生发展、教师发展、学校发展的动力，学校也必将成为全国美育改革与发展研究的样本。

重庆市教育评估院院长

重庆市基础教育质量监测中心主任

2016 年 5 月

目录

■ 理性思考篇

■ 实践活动篇

■ 研究成果篇

理性思考篇

——理性之花是世界上最美丽的花朵

第一章 美的素质教育原理与方法

党的十八大提出全面实施素质教育,在深化课程改革过程中落实立德树人的根本任务。为此,基础教育阶段应当坚持贯彻党的教育方针,明确按素质教育的原理与方法开展教育活动。美的素质教育原理与方法,自然成为美的教育重要的原理与方法。

一、美的教育理论性

美的教育是真善美的教育重要组成部分,而真善美是教育的本质所在,同时也是教育的最高人性追求。教师能否在教育教学的过程中以真善美为教育的根本出发点,注重按真善美原理与方法组织教育活动,是深化教育改革与发展对教师提出的最重要的要求。

1.真善美的界定

“真”就是真理、真实。真理包括知识、技能等客观事物的内在本质和内在规律,也就是人们平时讲的知识体系;真实指务实、实在、求实的精神和态度。“善”就是指善良、善意,富有爱心、同情心等,包括善待自我,善待别人,善待社会,善待自然。“美”是人们对客观对象的一种判断感受,是每一个人所追求、所向往的境界,也是人类社会的理想境界,美让个体显得丰富优秀,美让人生充满幸福、快乐,美让社会和平稳定,充满友谊和关爱。

2.真善美的教育行为

教育之真是指教师的教育活动需要用真诚面对学生,用真心关爱学生,用真行感化学生。教育家陶行知给教育下了一个最为简明的定义:“教育就是教人做人”，提出“千教万教教人求真，千学万学学做真人”的教育理想和“培养真人”的教育目标。科学教人求真，教师要注重与学生一道多读书、多看报，在学习中求真知、做真人。

教育之善是指教师的心要有一种善历善为，有宽容之心，执着之心，忍耐之心，善良之心。小学阶段教人求善既是教学生去发现爱，也是教学生学会做好人，引导学生用爱来填充内心。“善”是人性中最基本的品格，也是人性里最为淳朴的美。一句温暖的话语，一个真诚的微笑，一个尊重的眼神，一次礼貌的让座，都能折射出人性里最为朴素的善，会在不知不觉中改变自己或别人的命运。所以，教育需要践行“勿以善小而不为”的古训，克己奉公、乐于助人、勇于奉献。

教育之美需要教师将教育视为艺术，根据艺术的创造进行美的表达。“美”是人性中最高位的追求，是人性里善与健的结合与体现，只有完善的生命才能绽放出真正的美——美的语言、美的举止、美的心灵。教育需要师生用心去发现美，努力去展现美、传递美、创造美。

3.真善美的教育追求

人民教育家陶行知说过：“教师的成功，是创造出值得自己崇拜的人，是创造真善美的活人”。教师应使自己成为真的火种，善的信使，美的旗帜，用思想与知识的骅犁，在学生的心田里垦出一片开阔的处女地，播种真、善、美的种子。教师从事教育工作需要心灵美，只有心灵美，才能以心育心，育出德才兼备的学生，才能实现教育成为人民满意的教育。美的教育需要学生自主选择参加书法、国画、演讲、口语交际、机器人、田径、游泳、民乐、舞蹈、葫芦丝等多方面社团活动，从而能在以美育美的教育过程中形成细腻、人文、生动、高尚的美的素质。

二、美的教育方法性

真、善、美是教育的起点，也是教育的归宿，教育实现求真、求善、求美的方法各有不同。北京十二中提出“传承学校历史、剖析教育现状，以及课程构建和活动育人”等途径，也有学校从“创造健康之堡垒、创造艺术之环境、创造生产之园地、创造学术之气氛、创造真善美之人格”等五个方面提出求真求善求美的要求，还有教师主张用“情景再现、小品表演、师生共演、猜谜语、现场采访、学生才艺表演”等方式开展求真求善求美的教学，以让学生真实感悟真善美其中的道理。

1.教育求真的方法

真，可以是勇于创新、追求真理的行动，青少年学生通过读书活动的开展，了解到科学对于推动人类文明的重要性,树立起立志探索科学的未知世界、造福人类的伟大人生目标;真,也可以是从学做真人开始,树立“学做人,做真人”的意识,做有道德、高品质、实事求是、开拓创新的“真人”;真,更可以是从一个“诚”字下功夫,人要做到“贵诚实,守信义”。教师如果从教育学生做真人,而不是做假人的高度出发,就会理解“真”,践行“真”。一方面教师自己做好真人,给学生以示范;二方面教师可在教人求真上做文章,付出真爱、真情,寻求真法,真心实意地为每一个学生服务,让每一位学生都去自觉地求真、务实。有小学教师总结小学教育教人求真的方法在于:“尊重、平等、和谐、快乐、自由。”

2.教育求善的方法

我国的传统文化赋予了“善”不同的内涵与责任:“勿以恶小而为之,勿以善小而不为”,“ 见善如不及,见不善如探汤”,“君子莫大乎与人为善”,智者柏拉图认为每一个人的灵魂都在追求善,于是因为善的不同形成了四种不同人格:勇敢、节制、智慧、正义。追求善,促使人向善,正是教育理想的内在价值体现。求善,可以是善心之发现;求善,有着包罗了真和美的大而广阔的内涵,真者定善。

3.教育求美的方法

美就是事物的生命,是事物的生命本质力量的自由的感性的显现。对于每一个人而言,美是具体的、形象的、生动的、可感的。教育求美的方法,完全可以通过对孩子言行美的精修和提升,实现为孩子创造美的机遇并把握美的机遇。走路的形态美、交谈的方式美、坐卧的姿势美、安静的文明美、公共的道德美等等,都可以内外结合开展对于美的塑造,从人的“优雅的行为之美”到“美好的心灵之美”,都能让孩子们求真、扬善、立美。深化课程改革落实“立德树人”根本任务,把德育纳入“美的课程体系”中,以“美”为核心主线,整合班会、队会、德育常规、社会实践活动、传统文化节日活动等内容,设计每月一个主题德育序列实践活动。

三、美的教育实践性

由于“美”的本质问题是一个最令哲学家、美学家们头痛的问题,所以美的教育实践也就五花八门,风彩各异。小学阶段是学生发展的最为基础、最为关键的美的素质形成与发展阶段,对于美的感知与体验,对于美的评价与美的追求,是美的教育实践追求的目标。立足于美是事物的生命,美是事物生命本质力量的、自由的、感性的显现,美的教育实践就是尽其所能展示美的校园、美的教师形象、美的课程内容、美的课堂教学、美的学生素质等，让学生对于美的教育有真、善、美的感受、体验、向往等参与的兴趣与爱好。美的教育实践，需要教育表现出一种蓬勃向上的朝气与活力，需要师生充满生气，需要教育活动的生机盎然。正如马克思认为美就是人的生命活力的自由能动的表现一样，校园美的教育必须让师生努力展现出自己的生命本质力量，使受教育的人拥有渊深的学识、清明的才智、通达的性情、宽广的胸怀和良好的教养、体会到学习和生活的乐趣。美的教育，提升人的生命价值，旨在培养“健康、协作、乐学、创新、尚美”具有国际视野的新时代公民。

四、美的教育研究性

美的教育研究是促进美的教育发展，引领美的教育深化。教育研究是教育改革与发展的动力，同时教育研究具有综合性、创新性，开启美的教育研究，一是研究美的校园，将卓越学校的实施从美的教育角度进行认识，制订美的校园规划及操作实践体系；二是研究美的教育的课程体系建设，以美的教育培养学生的核心素养为导向，构建全面实施党的教育方针，具备美的教育理论原理与方法的课程育人框架图与实施方案；三是研究美的教育的课堂教学结构，提出美的课堂教学操作环节及评价量表，促进课堂教学的生本与生动，展示美的课堂教学质量；四是研究美的教育的美的教师队伍建设，用教师的心灵与行为美成为教育美的学生的示范与引领；五是研究美的教育的美的学生，依据素质教育关于学生创新精神、实践能力与社会责任感培养的要求，制订学生美的行为与美的心灵表现的基本标准，评选美的学生代表与美的学生班集体等，呈现美的教育质量。

第二章　美的教育思考与对策

著名教育家陶西平先生指出:"从现代化构成要素的角度看,教育理念是核心;从实施途径的角度看,课程是核心……"我校在"为美好人生奠基"办学理念引领下,着力构建"美的课程"体系,培养具有中国灵魂世界胸怀的大美学生。

一、"美的教育"理念提出:国际视野下的教育智慧

教育的最终追求应是"使人成为人"。2010年,我校提出"为美好人生奠基"办学理念,得到了顾明远先生的肯定,并题写校训"崇和尚美,一生相随"。

在"美的教育"步伐的前行中,有许多感人的故事温暖着我们。2010年7月的一天傍晚,上海世博会议大厅,来自全国各地的1 000多名"世博小记者"在忙碌着离开。有一个小女孩,却全神贯注地捡拾着游客丢下的垃圾。一位经过的老者慈祥地问她,小女孩微笑着回答:"我是来自重庆高新区第一实验小学的小记者,我叫董之汀。"老者说:"孩子,我记住了你的名字和你的学校。"三个月后,我校迎来了一位远道而来的"不速之客",他就是全国著名作文教学专家、上海市特级教师贾志敏老师。贾老师兴奋地告诉学校的领导和老师:"无论什么样的教育,能培养出像董之汀小朋友这样心灵、行为俱美的学生,这就是最美的教育。"

一个董之汀后面伴随着的是一群董之汀,以及伴随孩子们成长的老师与家长。美学家朱光潜先生曾说:"凡是美都要经过心灵的创造。"我校正是以"经过心灵的创造美"为核心价值观,构建了学校"美的教育"理念体系。

二、"美的课程"体系构建:学校教育的个性探索

课程体系是实现培养目标的载体,也是保障和提高教育质量的关键要素。"美的课程"是在国家课程总目标的基础上和学校"美的教育"理念指导下,学校课程

设置突出对学生美的意识、美的素养、美的能力的陶冶和培养,促使人全面和谐地发展。

“美的课程”体系在课程整体框架上,紧紧围绕美好人生所必备的核心素养,即学会做人、学会学习、学会审美、学会合作四个维度进行架构,促进德美行美、文美言美、智美理美、体美艺美个性化课程目标的达成。“美的课程”体系在课程具体设置上,以学科为中心的基础课程、以活动为中心的拓展课程和以实践为中心的综合课程。基础课程夯实学生系统的文化科学知识和基本技能;拓展课程满足学生的兴趣需要,发展特长,展现个性之美;综合课程培养学生的组织设计和实践创新能力。将国家课程10门学科划分为品德与心理、阅读与交流、思维与创造、体育与艺术四大板块。

三、“美的课堂”特色:让美贯穿课堂教学中

只有通过课堂教学,才能把理想的课程转化为现实的课程。“美的课堂”是实施美的课程的主阵地,其核心是让美贯穿课堂教学中。

我校结合学科特点,通过精心打造学科“美的课堂”,充分发掘学科课程中的美元素,培养学生品格之美、表达之美、思维之美和气质之美,提升基础课程品质。

“美的课堂”核心是让美贯穿课堂教学中,追求师生关系的和谐之美、教与学的灵动之美、交流与评价的生动之美。重庆高新区第一实验小学构建“三三四五”教学模式,打造个性课堂。

划分“三阶”流程。美的引入——创设情境,激发兴趣,体现由形到情的感受美;美的发现——自主探究,合作交流,体现由情到理的欣赏美;美的升华——巩固运用,拓展提升,体现由悟到用的创造美。把握“四元”关系。注重处理好主体与主导的关系,内容与形式的关系,互动与调控的关系,预设与生成的关系。实施“五还”策略。主张把课堂的时间、活动的空间、问题的发现、评价的权力和学习的过程还给学生。研制了学校“美的”课堂评价量表,引导老师变革课堂。

“美的课堂”助推了“美的课程”目标的有效达成。“美的课程”打破了原有课程的机械单一,以多元化层次体现课程内容的灵活性、丰富性,促进了学生全面、自然、真实地发展。

“美的教育”就是让学生在美的校园环境中受到美的感染和熏陶,在美的课程教育中得到美的培养和提升,在生活中发现美、欣赏美、创造美、表现美,让美的意识、素养和能力伴随学生一生,去创造美的人生、美的生活、美的社会和美的世界。“少年智,则国智;少年富,则国富;少年强,则国强”,“为中华之崛起而读书”,是谓

中国灵魂；“少年雄于地球，则国雄于地球”“先天下之忧而忧，后天下之乐而乐”，是谓世界胸怀；美之小者为自己、为生活、为人生而美，美之大者为他人、为社会、为国家、为世界更美而美。我们期待，孩子们走出校园，脸上洋溢美的笑容；走向生活，心中永葆美的意识；走向社会，永远坚信人性之美，做陶行知先生所称道的“一品大百姓”。

第三章　数字校园　美的教育

随着重庆“五个校园”建设的推进，校园网络文化日渐成为校园文化的重要组成部分。重庆高新区第一实验小学通过充分发挥数字校园作为现代教育辅助性工具的重要作用，极大地丰富了学校“美的教育”文化。经过近几年的探索与发展，形成了以校园网络为基础、网站平台为核心、班班通教学设备为终端的数字校园整体架构，形成了具有学校特色的网络文化。随着网站平台功能的不断完善，网站内容的不断充实，教学资源的不断丰富，我校数字校园平台已经成为了教师的教学平台、学生的学习展示和交流平台、学校与家长及社会的交流平台、学校管理与办公平台、学生成长档案的记录平台、家长与社会了解学校的窗口。数字校园的育人效果也不断显现，为“美的教育”推波助澜，日益彰显出网络文化的特有魅力。

一、数字校园取向，符合“美的教育”需求

随着以网络通信和多媒体为载体的信息技术的迅猛发展，教育已步入信息化、数字化时代。因此，新时期学校文化建设面临着新的任务：既坚持用已有的文化精神为师生提供价值支撑、思维模式与行为规范，又需要把文化建设空间从常规的物理空间延伸到网络虚拟空间，充分发挥数字校园的功能，以达成在数字化环境下人文精神与科学认知在教学实践中的统一。在教育教学的各项活动中，通过网络处处、时时、事事渗透文化信息和共同追求，成为学校文化在信息时代的重要呈现方式之一，使网络成为校园文化建设的新阵地。

数字校园的建设要与校园文化一脉相承。学校的数字校园和网络文化建设以“崇和尚美，一生相随”的校训指导，以“美的教育”为校园文化的精神引领，陶冶师生的情操，启迪学生心智，促进学生的全面发展。在数字校园的环境中，通过大量教学资源的共享与运用、数字资源的阅读、自我思想的表达与交流，促使师生形成

对教与学积极而理智的、富有探索和创新意识的态度，并获得在网络环境下行为的规范，为培育美的学生网络的行为美发挥了重要作用。

二、数字校园建设，拓宽“美的教育”渠道

数字校园文化的建设包含了网络和终端硬件环境的搭建、系统平台软件环境的建设、软硬件及资源管理制度建设、师生操作规则和兴趣培养等。其中，网络硬件设备搭建是基础，“班班通”等教学设备是终端，软硬件及资源管理制度是保障，师生操作规则和兴趣培养是条件，网站等系统平台是核心。数字校园通过连接各项应用系统、资源系统和硬件终端设备，实现信息和资源的共享，促进师生交流互动，为教师的教育教学和学生的学习成长服务。

（一）数字环境文化建设

1.硬件环境建设

学校在数字校园硬件环境建设上坚持节约、高效、易管、够用即可的原则。

(1)校园网络安装到每位教师的桌面，安装到每个班级的操作平台，并以无线网络为补充，实现了校园网络全覆盖。

(2)校园网络接入九龙坡区城域网，共享全区教育教学资源，并与国际互联网相连，实现远程访问与交流。

(3)配置了硬件防火墙，保障学校网络安全；配置服务器，保障学校网站等平台的运转和资源的储存。

(4)在我区“数字化校园”“班班通”工程的推动下，投入大笔资金，配齐了每个班的多媒体终端和电脑终端，实现了教学中教学资源的共享和调用。

2.平台、系统建设

系统平台建设坚持方便、易用的原则，结合教育教学实际综合架构。目前，学校数字化系统平台建设围绕学校网站——“新芽网”(xxl.cqxinya.net)，集成了 OA 办公系统、教务管理系统、博客系统、问卷调查、心理咨询系统、图书管理系统、电子图书系统、校园图片管理系统等，为学校管理、教师教学、学生学习、师生交流、资源管理等提供了操作平台。

3.资源内容环境建设

数字校园网络资源库的建设是实现学校教育信息化不可缺少的重要组成部

分。要建设丰富的校园网络资源，光靠学校的力量是远远不够的，学校走了原创、链接与引进相结合的路，联合多方面的力量，共同建设资源。在资源建设过程中，坚持好用、实用与共享的原则，资源尽量为学校原创。

（1）资源环境建设。为了减少成本投入，提高资源的使用效率，我校资源环境建设一方面共享九龙坡区城域网资源，提供给教师使用；另一方面学校购买高质量的教学资源库，如电子图书库等予以充实；第三是自主建设，学校把教师自己原创的教案和配套的课件存入资料库进行共享，形成自己的资源体系。教学资源来自教师的教育和教学实际，因此资源的利用效率达到最大化。

（2）网站内容建设。目前，许多学校都建有自己的网站平台，但访问量却非常低，究其原因，学校认为主要是由于校园网没有特色，吸引不了教师、学生、家长的访问兴趣。因此学校网站内容建设针对访问群体，让网站内容来自于教师，来自于学生，网站内容符合网站访问群体的需要和心理特点。目前学校网站上原创内容已有七千多篇，内容涵盖校园新闻报道、文件通知、教师论文、案例、班队活动教案、学生撰写的国旗下讲话、学生作品展示、校园活动图片、班级博客等内容。既有教师发布的作品，也有学生展示的内容，自然吸引师生、家长和社会的关注和访问。通过网站内容环境建设，让学校网站逐步成为师生的网上家园。

（二）管理制度文化建设

学校数字化平台的高效运行，管理制度建设至关重要，学校建立了网站的备案制度、信息发布的审查制度、网络舆情监管制度、网络突发舆情处置报告制度等。根据以上制度的规定，教师应把教学案例、教案、课件、班队活动方案、计划、总结等教育教学过程中原创的资料或作品上传到网上；学生应把学习过程中的优秀原创作品上传到校园网上，真正实现交流互补，资源共享。

建立了“分级负责、条块管理”的网络管理体系。即学校信息中心是网站管理的整体负责部门；学校德育处、教务处、办公室、后勤处等部门负责人是各自相关板块的管理负责人，拥有板块内容的所有管理权限，并负责管理；所有教师、学生、家长都是网站平台内容的投稿人和交流主体。

（三）师生操作规则培训和兴趣培养

师生的主动参与是数字校园高效运转的必备条件，兴趣的培养至关重要。操作制度和道德规范，是数字校园正常运转的保障。

1.操作培训,帮助教师灵活运用

开展数字校园操作专题培训,对教师进行网站信息上传、管理培训,班级博客管理培训和数字校园终端设备使用和管理培训。要求教师人人参与,并进行考核,促使教师的操作规范,保障网络管理有效和数字校园终端教学设备使用正常。开展教师网上论文、教案或班队活动方案展评,促进教师业务水平提高的同时,网络操作水平或数字校园终端设备使用水平也得到提高。

2.网络教育,培养学生兴趣素养

开展学生网上主题活动,丰富学生的课余生活,激励学生利用校园网络进行学习的兴趣。在校园网上开展了主题征文、评选活动、网上"新芽之星"投票评选活动、班级博客展示活动、网络环境下的研究性学习活动。开展匿名网上心理咨询,促进学生身心健康。在这些活动中,学生不仅仅是活动的参加者,还是活动的发起者、组织者,也是网络的建设者,增强了学生对校园网站的认同,培养了学生的探究精神和合作意识。学生喜爱校园网站,从正面让学生了解和感受了网络的作用,杜绝了学生对不良网站的访问。通过这些活动来规范师生的上网行为,促进网络道德规范和多媒体平台操作规范。

三、数字校园功能,提升"美的教育"质效

(一)数字校园培育"美的学生"

数字校园以培养"美的学生"为核心,通过多样的多媒体教学手段,激励学生的学习兴趣。在这个平台中,学生可以浏览丰富的教学资源或电子图书,拓宽自己的知识面。学生可以将自己撰写的国旗下讲话稿和其他作品进行发布、展示与交流,提高学生的自信心。

特别是校园网站中的班级博客,以班级为单位,记录班级中学生的成长档案。其中栏目设置以道德与公民素养、学习与创新能力、合作与交流、运动与健康、审美与表现五个维度,将班级学生在校各方面的表现进行记录,并实现教师对学生或学生群体、学生对学生或班级事件的评价,家长对学生群体或班级事件的评价,促使学生从中找到自己的进步和不足,并在学习过程中加以改进。

(二)数字校园提升"美的课堂"

教师利用"班班通"等多媒体设备和丰富的教学资源开展教学活动,丰富教师

的教学手段，推进高效课堂的建设。利用网站平台，展示教师的优秀作品，加强教师之间相互交流，帮助教师的美的提升。

（三）数字校园携手“美的家长”

1.在校园网站中，开辟家长频道栏目

家长频道栏目中包含父母课堂、家长心理、教子有方、专家指导、名人家教、营养膳食、学习辅导、网上医院、优秀家长等子栏目。通过家庭教育方法的案例，对家长进行家庭教育方法培训，让家长了解家庭教育的方法，促进家校教育的和谐互动。

2.畅通家校联系

为家长专门开辟“校长留言板”和“短信平台”，通过这些平台，把学生在校的情况及时告诉家长，对家长反映的问题、提出的建议和意见要吸收采纳，提出改进方案，并及时做好反馈工作，通过交流沟通，达成家校共识，形成教育合力。

（四）数字校园充实“美的校园”

数字校园的建设是校园文化的内涵发展，在可覆盖全校网络的基础上，以数字化软、硬件平台为依托，以学校网站平台建设为核心，支撑学校教育、教学、科研、管理和服务的网络化、数字化、智能化，实现学校教育资源整合、共享，从而实现学校教育、家庭教育和社会教育的资源共享、高效运用、互动交流的数字校园环境。

在优异的数字校园文化氛围中，师生通过网上学习、交流讨论，获取知识、陶冶情操、规范行为、净化心灵，形成共同的价值取向，并逐渐内化为日常生活、学习和工作中的自觉行为，从而促进学校文化的发展。

学校校园网站内容丰富多彩，更新及时，是教师、学生、家长和社会了解学校的窗口，从而让访问者认同学校的教育理念，提出自己的建议或意见，相互交流，营造和谐的教育环境，共同搞好教育教学。

网络在教育创新、优质办学中日益凸显的重要作用，成为校园文化建设不可或缺的重要组成部分。数字校园建设，丰富了学校“美的教育”文化的内涵。为此，学校将更好地利用数字校园的氛围和设备，充分发挥其培育“美的学生”作用，让“美的教育”之花盛开在九龙坡区教育的大地上，并结出更加丰硕的成果。

第四章　崇和尚美　一生相随

朱光潜先生曾说过："什么叫做美，美不仅在物，亦不仅在心……但世间并没有天生自在，俯拾即是的美，凡是美都要经过心灵的创造。"从心灵的深度和角度，去培育美的学生，是重庆高新区第一实验小学美的教育思想的内核，培育美的学生，是美的教育宗旨。在"为美好人生奠基"办学理念的指导下，"美的教育"在重庆高新区第一实验小学这片教育的净土上日益闪耀出璀璨的光芒。

一、理念新定位：若非一番寒彻骨，哪得梅花扑鼻香

重庆高新区第一实验小学建校仅十年，特色建设却经历了科技教育、和谐教育和美的教育三个阶段艰辛的探索，若非一番寒彻骨，哪得梅花扑鼻香。

2001 年建校到 2007 年年底的"科技教育"以培养学生的科技素养为目标，取得显著的办学成就：在历届全国小实验家科学体验活动中均获佳绩，机器人大赛年年创新高，一年一度的科技节成就斐然，时任全国少工委副主任、国家少儿科学院院长的艾玲女士也亲自到我校视察科技教育工作并欣然题词。

2008 年到 2010 年年底的"和谐教育"以促进学生身心和谐，全面发展为追求，坚持规范、特色和优质的办学方向，育人质量得到全面提高，声誉日渐兴隆。

2011 年初，在传承和谐教育思想的基础上，提出了"崇和尚美，一生相随"的校训（"崇和"，即崇尚和谐；"尚美"，即追求美好。"一生相随"，即让学生通过学校教育所培养起来的对和谐的崇尚、对美好的追求能伴随其一生的成长、工作和生活，让孩子能拥有和谐、美好的未来），得到中国教育学会会长顾明远先生的题写和认可，由此催生出"美的教育"特色，并凝练形成了"各美其美，美美与共"的校风、"有教无类，玉成其美"的校风、"乐学善思，德美行美"的学风和美术——中国画特色建设项目，构建并完善了学校的理念文化体系。在重庆教育评估院专家的指导下，

学校以“和”为面,以“美”为点,点面结合,相互促进和印证,开始了内涵式发展,特色建设和优质办学的新征程。

不同的阶段,在不同的理念指导下,学校办学都取得了显著的成就:成功创建重庆市示范小学、重庆市文明单位,连续十年获得区办学水平评价一等奖和育人质量一等奖,实现了学校的跨越式发展,曾被誉为“重庆市基础教育的奇迹!”,开启了通向“全国基础教育中华名校”的大门。

二、特色新方向:等闲识得东风面,万紫千红总是春

我校在理念文化基本建立的基础上,以“美的教育”为特色,开始全面建设校园文化。

什么是“美的教育”? 我们认为,“美的教育”就是让学生在美的校园环境中受到美的感染和熏陶,在美的课程教育中得到美的培养和提升,在生活中发现美、欣赏美、创造美,让美的意识、素养和能力伴随学生一生,去创造美的人生、美的生活、美的社会和美的世界。

“美的教育”的四个维度,包含着四个方面的校园文化建设。

建设美的校园——打造特色环境文化。

构建美的课程——打造特色课程文化。

培养美的教师——打造特色教师文化。

培育美的学生——打造特色活动文化(纳入了课程文化之中,也是培育美的学生的一个方面)。

1.美的校园:润泽教育文化,浸润孩子心灵

美的校园,孕育文明,承载希望。“让学生在美的校园环境中受到美的感染和熏陶”,正是学校建设美的校园的基本原则。教学楼的大气恢宏、体育馆的功能齐备,塑胶操场的宽阔平整、学术报告厅的装葺一新,设备设施的双一类标准配备和新建的综合大楼,为学校的优质办学提供了坚实的物质基础。

蓝天上的翩翩鸽影、园林中的鲜花绽放,错落有致的树木成荫,洁净幽雅,生机盎然,清风徐来,舒爽宜人。迎宾道上,孔先师瞩目莘莘学子;名人大道,群贤毕至,充满期待;微缩长城浮雕、美的教育铭石、三个面向石刻点缀绿色校园之中,传承着古朴厚重的历史文化;统一规划装修的厅廊、教室、梯间中的主题文化长廊、班级文化墙、学生书吧、校史室、童画苑、美术工作室、录播室等让校园更加靓丽明快、焕然一新,浓郁的人文气息让人流连其间。这就是重庆高新区第一实验小学美的校园,

精心营造，只为孩子撑起一片洁净的文化的星空。

2.美的课程：更新育人理念，追求高效灵动

我校是伴随新一轮课程改革成长起来的学校，教育教学中心工作取得了突出的成就，尤其在课堂教学改革研究领域有着厚重的基础。美的课堂、美的活动和美术特色课程三位一体，构建着美的课程体系。美的课堂旨在为学生减负提质，“让美贯穿课堂教学”。为此我们提出了“三三四五”美的课堂模式：“三美”理念、“三环节流程”“四元”关系和“五还策略”。“三美”即师生关系的和谐之美、教与学的灵动之美、交流与评价的生动之美，从而构建自主探究、高效灵动的课堂，促进师生和谐发展；“三环节”教学流程，即美的引入——创设情境，激发兴趣，体现由“形”到“情”的感受美；美的发现——自主探究，合作交流，体现由“情”到“理”的欣赏美；美的升华——巩固运用，拓展提升，体现由“悟”到“用”的创造美；“四元”关系，即主体与主导、内容与形式、互动与交流、预设与生成的关系；“五还”策略即把课堂的时间、课堂的空间、提问的权力、评价的权力及学习、认知和习得的过程还给学生。

为了构建“美的课程”文化，我们将德育活动纳入课程建设体系，丰富课程育人的内涵。在活动中育人，孕育学生健康心灵。在重视抓学生日常行为习惯养成教育的基础上，举办好“四节三活动”。“四节”——即四月的体育节、五月的艺术节、十一月的科技节和十二月的英语节；“三活动”——即六一庆祝活动、大课间活动和“2+2”项目展示活动。在活动中激发学生表现美的欲望，培养学生美的情操和品质，提升学生美的素养和能力。在坚持学科均衡发展基础上，重点打造美术学科，开发特色课程，在全校学生中普及中国画，大力弘扬中华传统文化。我校有2000余幅学生美术作品在全国大赛中获奖。2010年3月，我校250幅学生中国画作品在三峡博物馆成功展出一周，在重庆市产生了较大的影响。改革美术课堂教学模式，尝试美术课连堂教学，自主编写了美术特色校本课程——《儿童水墨情趣》，课堂教学与课外辅导相结合，培养学生的中国画兴趣特长，取得良好成效。

2010年12月成功承办了全区“以生为本，减负提质”课堂教学改革研究现场会，获得一致好评；2011年4月承办重庆市音乐赛课活动、全市教研员赛课活动。2011年9月，获区第十三届教研月先进学校、2010—2011学年课改先进学校；2011年10月获区教育教学质量优秀学校称号。这些成绩，是对我校美的课程建设的充分肯定。

3.美的教师:用心教书育人,守望桃李芬芳

“美的教育,需要美的教师去实施。”为了打造一支高效强大的教师队伍,对学生负责,学校一直坚持以“两高两美”标准来培养美的教师:高尚的师德修养,能潜心教书育人,为人师表;较高的专业素养,能保障“美的教育”的实施;美的形象,言谈举止、衣着打扮,符合教师职业要求,能给学生、家长以美感;美的心灵,健康的心理和阳光的心态,能影响和引导孩子积极向上,健康成长。

一支高素质的教师队伍,是学校发展的核心依托,是教育内涵不断提升的动力之源和学校可持续发展的最关键因素。我校运用“四策略”以打造美的教师队伍:严格执行廉洁从教要求,成立“廉洁从教”宣传教育工作领导小组,负责师德建设和督查工作,提升教师师德修养;开辟书吧,鼓励教师读书,送教师外出学习培训考察,提升教师专业素养;聘请专家举办心理健康、形象设计、语言交流艺术等专题讲座,提升教师美的形象;评选表彰最美教师、最美员工、最美党员……激励教师成长。牟映、周雪梅、刘剑英、彭廷美、杨菊、张祖勤、刘晓峰等在美的教师队伍建设中脱颖而出,成为学校管理、教育教学工作的骨干力量,彰显着学校美的教师的风采和形象。

十年磨一剑,一支师德高尚、有凝聚力和战斗力的教师队伍,成为学校践行“美的教育”的主力军。

4.美的学生:享受教育幸福,奠基美好人生

“美的教育”,根本目的是培育美的学生。“具有一定的发现美、欣赏美、创造美和展现美的意识和能力”的学生就是美的学生。我校精心建设美的校园,让学生感知美;构建美的课程,让学生深入理解美和欣赏美;开展丰富的校园活动,让学生创造美和表现美;有效整合教育资源,促进家庭、社会与学校合作,让学生深入生活实践和社会实践中去认识人、自然、社会和世界之美。培养学生美的意识、素养和能力,促进学生健康发展。

学习中,孩子们自信自主、合作奋进,以“我的课堂我做主”的精神,展现着学习小主人的风采,体验着学习的快乐和成功。活动中,孩子们或自主设计,组织开展,或积极投入,在活动中展示自我,锻炼自我,展示风采。孩子们在形象上服饰整洁,潇洒自如;行为上,大方得体,文明优雅,活泼阳光;礼仪上,举止有度,语言文雅。

为了孩子们的个性成长,特长发展,学校开展丰富的社团活动,为孩子们提供

平台。学校目前拥有九龙坡区最大的管乐团、民乐团，在市区很多的大型活动中，担任演奏重任。在全区"2+2"项目展示活动中，民乐团的五十台古筝合奏，令参观者叹为观止。学生合唱团250名学生参加2011年4月在重庆江南体育馆举行的重庆市五四红歌赛上主唱《爱我中华》，赢得主办方的高度评价。其他如游泳队、篮球队、乒乓球队、舞蹈队、国画班、主持人班等社团也纷纷建立，为孩子们的个性特长发展提供了优越的条件。

对此，我们深感欣慰：一批具有一定的发现美、欣赏美、创造美和表现美的意识和能力的"美的学生"已成雏形。

全面建设"美的教育"特色校园文化，汇聚成"万紫千红的春天"，开始在九龙坡区教育的大花园中，精彩绽放；在重庆教育的大舞台上，神采飞扬！

三、教育重反思：两鬓霜华为谁重，一片冰心在教育

正确认识和反思"美的教育"，从本质上讲，是一种知性教育，是一种较高的教育层次和境界，是对国家教育方针的自觉理想化、深刻化和特色化。"美的教育"，符合素质教育和特色建设要求。"美的教育"之路，也许才迈出了一小步，但深化美的教育特色，则是我们永恒的追求。"两鬓霜华为谁重，一片冰心在教育"，因为美的教育让我们的心，蕴藏着无尽的期待。

第五章 “美的”课程体系对策与实践

构建“美的”课程体系是重庆高新区第一实验小学着力从课程层面进行学校教育教学改革的核心措施。其课程体系建设很好地体现了学校办学核心理念和学生培养目标，课程建设与这两者之间具有直接鲜明的对应性。但由于其坚持的是保持国家课程和地方课程不变，也就决定了其属于校本课程建设，虽然它从学习领域和课程类型的角度对国家课程和地方课程进行了整合，但在实践上就增加了有效落实的难度。

2001 年新课程改革启动以来，重庆高新区第一实验小学围绕研究“怎么教”的问题做了大量的探索，学生的学习方式发生了根本性的转变，自主学习、合作学习和探究学习已成为学生课堂学习的三大主要方式。但是，教师被动地教固定的内容，学生面对的课程内容枯燥无味，学习负担重，学校课程缺乏个性，不能很好地服务于培养目标……这些问题困扰着重庆高新区第一实验小学，阻碍着课改的深入推进。为此，探索研究“教什么”的问题与研究“怎么教”的问题被一并纳入了重庆高新区第一实验小学的研究视野，作为学校深化课改的突破口。

研究“教什么”，就是研究学校课程结构。好的学校课程结构能切实改变学校校园生活状态，焕发师生生命活力，更好地服务于学校的育人目标，凸显学校办学特色。结合时代发展、学生成长和教师发展的需要，学校主动为教与学搭设平台，主动构建个性化的学校课程体系，教师改变被动、僵化的状态，主动建构课程内容，主动研究课程，学生由被动接受变成主动探究，学校的教育状态才会发生根本性的改变。

在第四届基础教育改革与发展论坛上，教育部基础教育二司副司长申继亮强调：“必须重视基础教育课程改革中学生核心素养的培养”。著名教育家陶西平先生在谈教育现代化的核心是人的现代化时指出:“从教育现代化构成要素的角度看,教育理念是核心;从实施途径的角度看,课程是核心……”

围绕学生核心素养的培养,探索构建具有学校个性特色的学校课程体系,是高新区第一实验小学今后一段时间深化课改的重点研究方向。

基于此,以教育部《关于全面深化课程改革落实立德树人根本任务的意见》中明确提出的“着力培养学生高尚的道德情操、扎实的科学文化素质、健康的身心、良好的审美情趣,努力使学生具有中华文化底蕴、中国特色社会主义共同理想、国际视野,成为社会主义合格建设者和可靠接班人”总要求为指导,根据九龙坡区教委《关于全面推进中小学校课程体系建设的指导意见》(九龙坡教办〔2015〕7号)文件精神,重庆高新区第一实验小学在“为美好人生奠基”办学理念引领下,确立了“具有中国灵魂世界胸怀的大美学生”的培养目标,着力构建“美的”课程体系。

一、“美的”课程体系的理念认识

依据国家教育方针,立足学校“美的教育”特色实际,基于学校的办学理念和培养目标,提出学生发展的四大核心素养,构建“美的”课程体系。

办学理念:为美好人生奠基

培养目标:培养具有中国灵魂世界胸怀的大美学生

核心素养:学会做人——阳光性格,健全人格,高尚品格;学会学习——科学素养,探究能力,创新精神;学会审美——身心和谐,生活雅趣,人文情怀;学会合作——尊重意识,责任胸怀,世界眼光。

课程目标:德美行美 文美言美 智美理美 体美艺美

在国家课程总目标的基础上,突出对学生美的意识、美的素养、美的能力的陶冶和培养,促进学生和谐个性地发展。

二、“美的”课程体系的课程设置

1.学校“美的”课程体系课程设置

按照课程功能,设置课程结构,包括以学科为中心的基础课程、以活动为中心的拓展课程和以实践为中心的综合课程三类课程。

基础课程夯实学生系统的文化科学知识和基本技能;拓展课程满足学生的兴趣需要,发展特长,展现个性之美;综合课程培养学生的组织设计和实践创新能力。

将课程整合为品德与心理、阅读与交流、思维与创造、体育与艺术四大板块。

与此相对应的，从品格美、表达美、思维美、气质美四个维度开展课程评价，品格方面追求德美行美，表达方面彰显文美言美，思维方面注重智美理美，气质方面展现体美艺美。

从政策、制度、经费和培训四个角度保障课程的实施。

拓展课程，主要有主题教育类、心理健康类、主题阅读类、英语交流类、思维拓展类、实践创新类、体育锻炼类和艺术创作类八个模块，以社团形式开展。

综合课程，主要有主题文化类、主题活动类和主题实践类三个模块。

2.“美的”学科课程构建

各学科、各教研组根据学校“美的”课程体系建设的顶层设计，结合各学科《新课程标准》以及学科核心素养，构建了“美的”学科课程以及年级学科课程建设。目前已经构建了语文、数学、英语、音乐、体育、美术、科学、思想品德和综合实践九个学科的课程建设，其中语文、数学两大学科还分别进行了1—6年级的年级课程建设，并且每个学科或各年级均从培养目标、课程设置、教学模式、课程评价四个方面进行构建，各年级或各学科课程建设也运用于指导教育教学工作。举例如下：

(1)数学学科课程培养目标

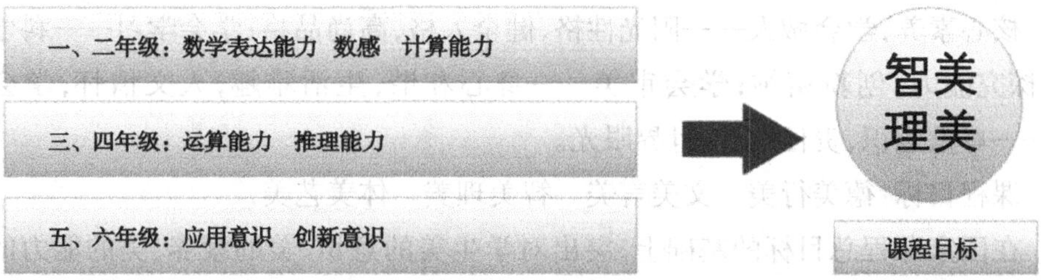

(2)语文学科六年级课程设置

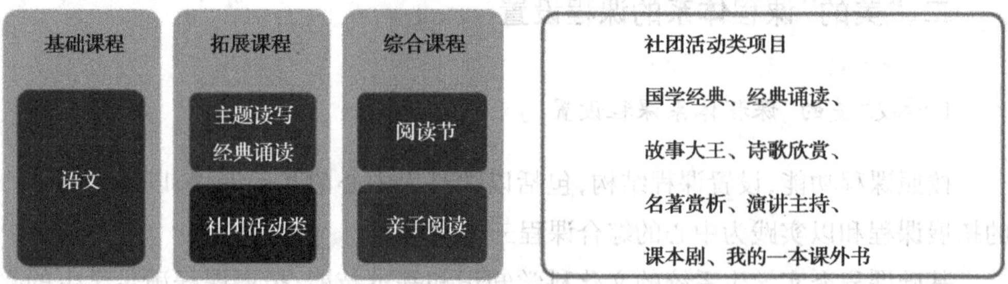

(3)英语学科课程培养目标

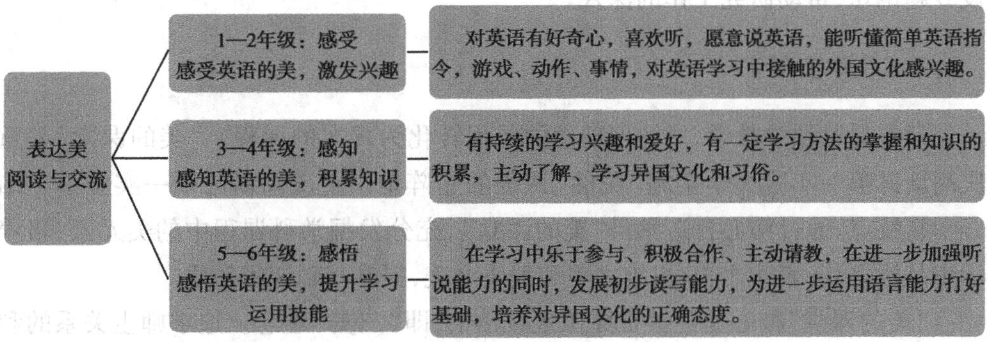

表达美
阅读与交流
1—2年级：感受
感受英语的美，激发兴趣
对英语有好奇心，喜欢听，愿意说英语，能听懂简单英语指令，游戏、动作、事情，对英语学习中接触的外国文化感兴趣。
3—4年级：感知
感知英语的美，积累知识
有持续的学习兴趣和爱好，有一定学习方法的掌握和知识的积累，主动了解、学习异国文化和习俗。
5—6年级：感悟
感悟英语的美，提升学习运用技能
在学习中乐于参与、积极合作、主动请教，在进一步加强听说能力的同时，发展初步读写能力，为进一步运用语言能力打好基础，培养对异国文化的正确态度。

(4)体育学科课程评价

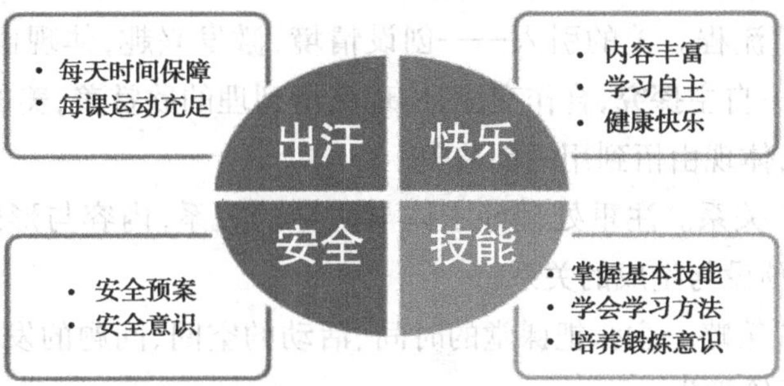

• 每天时间保障
• 每课运动充足

• 掌握基本技能
• 学会学习方法
• 培养锻炼意识

(5)科学、美术学科的“美的”课堂教学模式

科学:3+37 教学模式,即 3 分钟的分享和 37 分钟的美的“三环节”。在科学课堂中主要侧重于思维美——智美理美方面的培养。

美术:3+37 教学模式,即 3 分钟赏析和知识拓展,37 分钟美的“三环节”。在美术课堂中主要侧重于审美与艺术创作方面的培养。

三、“美的”课程体系的课程实施

1.建立保障机制

学校课程体系的构建是一项系统工程,牵一发而动全身。既需要学校层面的顶层设计,整体构架,更需要教师层面的行动研究,深化落实。为此,重庆高新区第一实验小学通过建立学校研究机制助推“美的”课程体系建设。一是成立课程体系建设领导小组,统领学校“美的”课程体系建设工作。二是申报市级重点科研课题《“美的教育”实践与研究》,引领“美的”课程体系建设研究工作。三是依托学校学术委员会成员、市区级骨干教师和学科教研组长，开展常态研究，举办课程建设专题论坛，带动研究工作的深入。

2.深化课堂研究

只有通过课堂教学，才能把理想的课程转化为现实的课程。“美的课堂”是重庆高新区第一实验小学实施“美的”课程的主阵地。重庆高新区第一实验小学结合学科特点，通过精心打造学科“美的课堂”，充分发掘学科课程中的美元素，培养学生品格之美、表达之美、思维之美和气质之美，提升基础课程品质。

“美的课堂”核心是让美贯穿课堂教学中，即“三美”理念。追求师生关系的和谐之美、教与学的灵动之美、交流与评价的生动之美。重庆高新区第一实验小学构建“三三四五”教学模式，打造个性课堂。

划分“三阶”流程。美的引入——创设情境，激发兴趣，体现由形到情的感受美；美的发现——自主探究，合作交流，体现由情到理的欣赏美；美的升华——巩固运用，拓展提升，体现由悟到用的创造美。

把握“四元”关系。注重处理好主体与主导的关系，内容与形式的关系，互动与调控的关系，预设与生成的关系。

实施“五还”策略。主张把课堂的时间、活动的空间、问题的发现、评价的权力和学习的过程还给学生。

研制了学校“美的”课堂评价量表，引导老师变革课堂。

“美的课堂”助推“美的课程”目标的有效达成。“美的课程”打破了原有课程的机械单一，以多元化层次课程内容的自主性、选择性和丰富性，促进学生和谐个性地发展。

3.开发拓展课程和综合课程资源

拓展课程，以社团活动形式开展，是基础课程的拓展和补充，立足学生兴趣特长，开展个性化学习，丰富特色课程内涵。《尚美》课程是我校的特色校本微课程，围绕礼仪美、学习美、心灵美、习惯美、公德美、安全美等维度，引导学生做最美的自己，每日午间10分钟，由班主任老师实施。成为学校课程的一大亮点。

在保障国家课程的前提下，每周四下午半日社团活动和每天下午3:45开始的自主社团活动，共计194个社团，88项课程门类，内容丰富，体现自主性、选择性，以年级或学段为单位，实行“走班制”“小班化”，学生根据自己兴趣爱好自主选课，人人参与，由全校教师实施。

综合课程，以实践形式开展。学校美的校园环境等主题文化类课程，主题队会、健身大课间、我要上“六一”、体育节、科技节、英语节、艺术节等主题活动类课程，每学期一日社会实践活动等主题实践类课程，是学校建设“美的教育”主题校园文化的重要课程载体，为实现“以美育人”目标而有针对性地实施。

家长课程是拓展课程和综合课程的重要课程资源。家校联动，开发家长课程，学校自主开发了“美的家长”风采校本教材，开设“家长大讲坛”，开办家长夜校；在校级、班级家委会组织下开展了踏青、野炊、放风筝、农活实践、家庭春晚、观看川剧表演、参观家长工作的地方等课程内容。家长在学生与社会教育资源之间起到了很好的纽带媒介作用，有效地实现家校合力，激活了家长教育热情，还最大化最优化整合了学校教育资源和社会教育资源，更有效地充实了拓展课程和综合课程的课程资源。

四、“美的”课程体系的课程评价

坚持过程性评价与终结性评价相结合，过程性评价以促进学生发展为目的，终结性评价以诊断问题为指向。坚持生评、家长评、校评、专家评的“多维度”评价。

1.对学生层面的评价

学科基础课程评价分为过程性评价和终结性评价。过程性评价占比40%，在每学期期中进行，由教导处领衔，学术委员会成员、市区级骨干教师和学科教研组组长组成评价小组，根据教材内容和教学进度随机抽取学科综合性课程内容，以能力测查的形式，以促进学生发展为目的，检测学生的学科素养发展指标达成度。终结性评价占比60%，通过期末卷面测试的形式，以诊断为目的，全面检测学生课程目标的达成情况，以便学生、老师查漏补缺。拓展课程和综合课程评价呈一个开放的评价系统。根据学生的兴趣爱好特长，学生、家长在全面比较、选择社团课程的过程，就是一个生评、家长评的过程。学生参与社团学习的全过程，有学生与老师的互动，有家长的观摩参与，就实现了课程的过程性评价。学期末，每个社团成员面向家长展示学习成果，并接受学校的评价。

2.对教师层面的评价

评价教师是否主动建构课程内容，主动研究课程，即评价教师的课程执行力和创生力，进一步推动课堂教学改革，改变教师的教学方式和学生的学习方式。评价教师执行学科课程执行力，以学科课堂观察为主，辅以学生学习力提升的综合评价。评价教师课程创生力，以开设社团课程实施效果为主，辅以制定的社团课程方案的科学性和可行性，以及学生、家长的反馈评价。

3.对学校层面的评价

在实践探索的基础上，定期聘请课程专家全面诊断分析，不断修订完善学校“美的”课程体系架构，使之更加科学化。重点评价校长的课程领导力，课程部门的课程管理力。

五、“美的”课程体系的课程保障

1.提升校长课程领导力

校长和课程部成员主动学习，不断提升课程建设领导力。成立校长领衔的课程建设领导小组，从课程目标、课程设置、课程内容、课程实施、课程评价和课程保障六个维度，引领和推进学校“美的”课程体系建构。

2.提升教师课程执行力和创生力

教师结合自己的任教学科，钻研课程标准，提升专业素养，具备执行一门学科课程的能力。并在此基础上结合自己的专业特长，开发创生一门课程，为发展学生的兴趣爱好提供丰富的课程资源。

3.发挥学术委员会引领作用

依托学校学术委员会成员、市区级学科骨干教师和学科教研组长，通过课堂诊断、问题研究、专题讲座、学术论坛等专题活动，引领教师更新教育教学观念，主动建构课程内容，主动研究课程，发挥学术委员会的集体智慧，为深化学校“美的”课程体系建设建言献策。

六、“美的”课程体系的实施效果

自2010年重庆高新区第一实验小学在探索“美的课堂”建设基础上，逐步上升到探索“美的”课程体系建设。通过建构更加符合学校自身育人目标的“美的”课程体系研究行动，学校和教师走出了学科本位，站在全面育人的高度，审视和构建学校的课程体系。一路走来，变革促进了学生发展、教师发展和学校发展。

1.学生个性发展

学生学习兴趣浓厚了，学习方式转变了，学习效益提升了，课业负担减轻了，言行举止更美了，形象气质更佳了……学生自然、真实、和谐、个性发展，家长的满意度也提高了！重庆市教科院康所长在全市第七届小学数学优质课大赛点评时，对我校学生所表现出来的思维能力、表达能力、自信大方、快乐阳光给予了充分肯定！近五年来，学生在各级各类比赛中荣获国家、市、区级奖项近 3 000 项次。

2.教师成长迅速

教师学习主动了，视野开阔了，研究深入了，课程意识增强了……由过去被动地教固定的内容，转变为主动思考建构学科课程内容，主动研究课堂教学。教师成长迅速，专业素养提升快。近五年来，我校教师参加国家级、市级学科赛课荣获一等奖超过 30 人次。一大批青年教师主动学习，乐于钻研，专业素养提升快，成长迅速。

3.学校品质提升

学生发展了，教师成长了，学校“美的教育”内涵更丰富了。通过“美的”课程体系建设研究，干部教师的课程意识显著增强了，激发了学校课程改革的积极性，丰富了学校“美的教育”内涵。学校连续十四年荣获区中小学层次目标综合督导评价考核一等奖。“美的”课程体系建设研究本质上是对学校课程与实施主体的再认识、是对教师专业发展和实践智慧的新跨越、是对时代和个性化学习的积极回应。学校课程结构的变革，不仅带来了学校整体的改变，而且聚合了社区、家长和社会的育人资源和精神力量，形成了学校持续发展的新动力。

实践活动篇

——勇于探索与实践是科学发展的动力

实践活动篇

实践活动心得一:对他的特殊教育

郑　平

他:我班的一个特殊儿童——小辉

家庭背景:父母离异,由父亲抚养,母亲从不过问。父亲把孩子交给爷爷奶奶带,自己就忙于工作,也不管孩子的教育与生活。爷爷是退休教师,年纪很大,在幼儿园时还能辅导孩子,但是习惯教育很差,可一年级开学不久不幸病逝,他就只剩奶奶带了,完全没人可约束他。所以就无法无天,我行我素,唯我独尊,性格倔强。

第一次的班会活动课,我根据孩子的个子高矮以及男孩女孩的搭配安排好孩子们的座位。下课后,我刚刚回到办公室的座位上,正在办公室批改作业,袁小喻忽然走到我的跟前说:"郑老师,郑老师,小辉打人了!"我马上跟着学生来到教室,只见小辉不但不听同学的劝说,还大模大样在教室乱跑,一会儿推别人的桌子,一会儿把别人的书本丢在地下,一会儿还用脚踢几下同学……教室里一片混乱。我气极了,但是我还是压住了火气说:"小辉,请你过来!"以我多年的威严经验,我想他不敢不过来。可是我高估了自己的能耐,他用锐利的目光扫视了我一下,然后回到自己的座位跟前,用力推了一下课桌就哇哇大哭起来,只听"嘭"的一声巨响,课桌倒在地上,全班的孩子吃惊地看着,有的露出害怕的神情,捂着耳朵;有的小朋友说:"这样的人,谁愿意跟他一组就倒霉。""你们不要我,我才不跟你们一个组!呜呜……"他边哭边说。我忍无可忍,一手把他抓住,为了不影响上课,把他拉到办公室,想让他平静下来。可事情还没有结束,来到办公室,他不但没有冷静下来,当我松开他的手,他立即跑了,我让同学去找他,他在教学楼的一个角落悄悄哭。无论我怎样劝说也不听,好话歹话一箩筐,就是不进教室。此时的我筋疲力尽、双手发抖,看着眼前的一切,不禁黯然伤心。同事走过来拍着我的肩膀说:"不要难过,听我班家长说,他在幼儿园就是这样任性。"我点了点头,一句话也说不出来。后来,我从同学那里得知，他发火的导火线是同桌说他经常不完成作业会扣我组的分，不跟他玩。我只好请学习组长去与他交流，他才平静地回到教室。

实行小组扣分制的一周里，我们经常会看到这样一些镜头——他追着打同学；他推倒全班的桌椅；他撕烂别人的书本，毁坏别人的文具；他坐在地上哇哇大哭……这个孩子太特殊了，他任性的次数多、时间长、破坏性强。面对这些，我唯有一次次耐心的教育和辅导，当时他能听进去，可是事后他又不当一回事，差不多每天都会发生一些事。我真有一种心力交瘁的感觉，感到很无助。我经常抱怨："这哪是教育能解决的事情，应该到医院医治才行。"

气归气，但我还是细心观察小辉的表现。我发现，小辉的每一次发脾气都是故意的，他习惯了把在家里的任性和"唯我独尊"带到学校来；另外，由于家庭缺乏教育，小辉不会与别人相处，看到别人的东西，自己喜欢就强抢，不给他就开始闹，直到达到自己的目的为止。针对这些情况，我初步实施教育小辉的方法：在平时的学习和生活中教会他与别人相处，想用别人的东西，要征求别人的意见，征得同意了，才能拿，并且要及时归还，如果损坏了，一定要赔偿和道歉。对于他的打闹，我和小辉定下书面的约定，每当他在闹情绪时，老师再也不靠拉扯来控制他，而是尽情地让他发泄完，再根据约定的内容去落实。最重要的是依靠学习小组的力量。经过一段时间的反复训练与教育，小辉变了，霸道消失了，发脾气的次数减少了，学会了与同学平等相处，见到老师和同学主动打招呼，校园里经常见到他与同学快乐游戏的身影。可他有时还会任性发脾气，特别是上体育课，他放松对自己的要求，经常影响同学。据老师和同学反映，他的表现还是不尽如人意。唉！真是个磨人的家伙，我应该用什么方法来改变他呢？

我找来小辉的爸爸进行交流，孩子的一点点进步，作为家长要鼓励。课堂上，我也真心评价他"你的想法很有特色，但与这个问题的思路稍有出入，换一个角度想一想，或许会有新的发现。""说得很精彩，如果声音再响亮点就更好了。""你是一个有自己见解的孩子。""请大家为他的爱心喝彩吧！"……一个肯定，给一次机会，一个夸奖的手势，一次轻轻的抚摸……用真情唤醒学生，以激情打动学生，鼓励学生，最大限度地为学生的发展提供时间和空间。作业本上，我尝试以激励、表扬等积极评价为主，经常给他的作业本上画一个笑脸娃娃，然后给他的小组加分。班级管理上，我让他担任路队监督员，渐渐地坏小子变得懂事了，我了解到小辉的妈妈一年来没有看过他，他很想妈妈。我鼓励他，只要听话，妈妈会来接他去玩。接下来，小辉果然比以前更听话了，为了不失言，我多方打听他的妈妈，并请他妈妈来校长谈了一次。他妈妈与他约定在学校一个月内不要脾气，就带他玩一次。经过这样的家校配合，他进步了。虽然他在学习上没有进步，但在日常行为上能控制自己不闹情绪了。

[教育反思]

作为一名师者，教育好每一个孩子是我们的天职。由以上这件事，我深刻地认识到：在特殊孩子的心目中，同样有对美的向往，对爱的渴求，与好学生相比，有过之而无不及。我们只要将真挚的爱洒向他们的心田，迟开的花朵同样鲜艳夺目，芬芳宜人。师爱，不应该是空洞无物的，而是具体的、实实在在的。它主要表现在教师对学生学习的关心、帮助，生活的关怀、照顾，就像呵护幼苗一样扶持学生各方面的健康成长。这是一种情感与心灵的融化，是师生心灵沟通的桥梁。师爱可以引导学生产生巨大的内动力去自觉地、主动地沿着老师指出的正确方向进步。老师真挚的爱，犹如黎明时的曙光，能给人以亲近感、信任感、期望感。学生得到了这种爱，他们就会对老师产生依恋仰慕的心理，这时学生的内心世界才会向老师敞开，达到受教育的目的。在教学生涯中，我始终相信"给别人一个机会，就是给自己一个机会，一个重新认识他的机会，一个帮他恢复自信的机会，一个重塑自我的机会。"我相信，若干年后，她也会像我一样，给别人一个机会，帮他人撑起一片蔚蓝的天空。我真的要感谢"坏小子"给予我的磨难，使我在磨练中感受了多元评价的真谛——不断挖掘学生潜能，促其全面发展、终身发展。

实践活动心得二:18号餐车

郑春燕

“哐当哐当,哐当哐当……”几个淘气鬼一边拿勺子敲着饭盒,一边跑到教室门口张望:“呵,快看,是我们的18号餐车,来啰! 来啰!”“哐当哐当,哐当哐当……”声音越来越近,越来越响,推车的身影越来越清晰,他,就是咱班大名鼎鼎的餐车车长——小东。

“同学们,香喷喷的午餐来了,赶快静息好,等着老师为我们分餐。”满载着一盆盆饭菜和一大桶汤的餐车已经平稳地摆在了讲台的一侧,餐车车长小东快步走上讲台,挺了挺身板儿,扯开金嗓子准时播报了,那声音洪亮、干脆,教室里立刻鸦雀无声。在小东的组织下,各小组同学有序地来到餐车前添饭添菜。小东忙得不亦乐乎,直到同学们都吃上了可口的午餐,才回到自己的座位取来饭盒给自己盛上一碗。

独处一隅,我静静地吃着午餐,眼望这位可爱的男孩,脑海里浮现出开学时班队课上竞选班委的那一幕幕情景:

紧锣密鼓的新学期班委改选拉开序幕。那天,教室里气氛热烈,黑板上赫赫写着“我的岗位我做主”几个大字。下面是林林总总的各种岗位,除了原有的中队长、学习委员、体育委员等,我还增设了十几个新岗位:餐车车长、保洁员、饮水管理员、文化墙管理员、通知收发员、教室电长等等。教室里顿时炸开了锅,同学们个个摩拳擦掌,想在自己喜欢的舞台上大显身手。那些曾经当过班干部的同学率先自信地走上讲台,一个个激情满怀、慷慨陈词。一些平时不被大家看好的同学,此时也跃跃欲试,鼓起勇气站上了讲台。兰兰说:“我力气大,能换桶装水,管好饮水机,我要当饮水管理员。”一阵阵热烈的掌声响起,一个个岗位负责人也明确了下来。

“现在只剩下餐车车长一职没人选了,谁愿意?”我往台下瞥了一眼,没人举手,教室一片沉寂。“真的没人干吗?”我正想着怎么说服大家,突然,小东嗫嚅地举起了手,原本长长的手臂半伸半缩着,只能看到他露出桌面的五根手指。我眼前一亮,“有请小东上台!”原本沉寂的教室突然骚动起来:“谁? 小东!”“他愿意干这个?”我走到小东桌边,邀请他上台来,小东一脸通红,结结巴巴地说:“我……我……我想竞选餐车……车长,其他事儿我……都不会做,我想试试,把我班的十八号餐车……管理好……”我心中一股莫名的感动,仿佛看见一棵蓓蕾正在迎风绽放。“声音太小了,支支吾吾听不见!”坐在他后边的小健提醒道。“同学们,我们掌声有请小东到讲台上发言!”我用期待的眼神看着他,他只好慢吞吞地走上讲台,并把刚才的话又重复了一遍,这次声音洪亮了许多。没等小东回座位,一旁的莉莉和琳琳议论开了:“真奇怪,平时他跟我们一起做清洁,什么都不会干,难道还能干这种又脏又累的活儿?”“是呀,我跟你讲一个有关他的笑话吧! 一天,他跟他奶奶走到学校门口,分手时,突然发现书包没背。你猜怎么着? 原来他上三年级了还要奶奶送,而且自己从不背书包,都是奶奶给他背。可是那天奶奶也忘了。他来到教室门口,还跟老师哭诉呢!”见小东走下讲台,莉莉和琳琳不怀好意地朝他挤眉弄眼,小东的脸更红了,头更低了。

“今天的红烧牛肉真好吃!”“酸菜粉丝汤才好喝!”莉莉和琳琳的谈话声打断了我的回忆。她俩笑嘻嘻地来到餐车前盛汤了。不知谁的手臂一晃荡,汤水洒在餐车上了。餐车车长小东立刻走上前来,凑近琳琳的耳朵:“下次小心点,别烫着手,来,我帮你盛。”

吃完午餐,同学们陆续去操场散步了,小东也用完了午餐,他正在擦拭自己的餐盒,同桌喊他一起出去逛逛,他说:“你去吧! 我是餐车车长,我还得把我们班的18 号餐车打理干净,送回办公室才行呢!”

小东来到餐车前,将一个个餐盆端到教室门口,又从门后拿来毛巾,双手推着脏兮兮的餐车去洗手间清洗去了。“哐当哐当,哐当哐当……”熟悉的声音在走廊上回荡,看着小东离开教室的背影,我真有些激动不已,没想到,一个小小的餐车管理工作就能改变一个如此娇生惯养的孩子。

“哐当哐当,哐当哐当……”是小东洗餐车回来了,他刚好走到我的办公桌前,“老师,餐车洗干净了,您看。”“太棒了,你把它打理得跟新车一样!”

又是一周的班队会,我走上讲台:“最美班干部评选活动开始了。请同学们给你喜欢的班干部投上一票!”

莉莉、琳琳等好多同学都给餐车车长——小东投票了。

热烈的掌声响起来了,我们的 18 号餐车车长——小东满脸堆笑,自信地走上了讲台,我一边为他颁奖,一边念出我的贺词:“为班级服务不分大事小事,能坚持把一件小事做好，就是最美的班干部！”

榜样的力量是无穷的，一切尽在期待中。

晨读时间到了。讲台上，早读管理员芸芸手拿话筒，经典诗文在她的引领下朗朗四起，溢满课堂，稚嫩的童音如悠悠的小令，一张张求知的笑脸，一双双慧智的双眼，在书海中畅游，在诵读中成长。

上课铃声响起了。课前组织员欣欣迅速站上讲台，温馨地提醒同学们为本节课做好课前准备，只见教室里有序拿书，悄然静息，一颗颗小脑袋静静等待老师的到来。

大课间活动开始了。你瞧，体育委员小宇那洪钟一般整队集合的声音如此刚劲有力，一行行整齐的队伍在他的带领下，在音乐的节奏里，快速到达操场，开始了一天的阳光体育锻炼。

图书角一处，经常是人头攒动。管理员又在整理图书。

走廊上，看，你的，他的，很多同学的手抄报上墙了，五颜六色、新颖别致的手抄报宛如天上虹，美轮美奂。

“哐当哐当，哐当哐当……”午餐时间又到了，是小东推着我班的18号餐车来了……

一辆餐车载着集体的温暖，一份集体的温暖载着一群孩子美丽的梦想，让这美丽的梦想伴随着欢乐的童年，飞向蓝天，越飞越高，越飞越远！

［教育反思］

在多年的班主任工作中，我逐渐明白：管理的最高境界是让学生实现自主管理，这样才能锻炼学生的能力，也把班主任从繁重的琐事中解放出来。根据班级内的各项事宜细化岗位，再根据自愿原则分配给每个学生，真正实现了“人人有事做，事事有人管”。通过这种形式，我们可以培养学生的组织协调能力以及认真负责的做事精神，为学生的全面发展提供机会。

意想不到的是，这样的自主管理竟然对“后进生”“问题学生”的转化也起到了积极的作用。有的同学以前自私又蛮横，总和老师、班干部做对，不服管，自己当上“干部”后，体验到了管理者的辛苦，变得自觉了，配合其他同学的工作了；有的同学从小被家里人过分娇宠，导致各方面能力低下，自信心缺失，现在变得自强自立，还能为集体服务，会照顾同学了。

班级管理是一门值得好好探索的艺术，我会好好学习，和孩子们共同成长，共同进步！

实践活动心得三：从美术核心素养到美术写生课堂

——听胡凤老师执教的三年级美术写生课《鞋》感悟

尤 佳

最近有个热词的点击量非常高：核心素养。那小学美术学科的核心素养是什么呢？华东师范大学杨向东教授提到了一个论点："核心素养是指必备品格和关键能力，不是看你学过什么，而是看你是否学到了在生活情境中运用的能力。"我一直认为，在小学阶段开展美术写生课很难，忽略了写生课能很好的调动孩子们的热情，让儿童自己去发现、体验、创造和感悟。核心素养不就是培养学生的这些能力？而美术写生课正是学生对生活情境的表现。因此，美术写生课的教学在小学阶段的美术学习中是非常重要的。

写生课很难上，儿童的年龄比较小，观察和理解事物的能力就相对弱一些，大多不可能从理性上明白自己学画的目的，也不会在练习中对自己提出目标，找出方法，因此，他们的基础能力一般都是比较弱的，有些甚至不能把看到的物体完整的画出来。于是提高基础能力就成为儿童美术学习中首先要注意的问题。在这节课上，胡老师引导学生用了两个观察，第一，观察结构。让孩子掌握了鞋子的主要组成部分。第二，观察细节。用比一比的方法，让每个孩子找出更多的细节并交流，然后在请学生补充。在这样的观察中，引导培养了学生良好的观察分析能力。即从整体到局部，再由局部到整体的观察方法。在写生中，我们总是发现有的学生画得不像或画面较琐碎，没有整体性，原因是学生急于动笔，画前没有认真观察，分析写生对象，没有抓住写生物体的本质特征。因此，在写生之前不让学生急于动笔，要引导他们仔细观察写生物体，感觉写生物体的结构、细节等。

写生课也简单，儿童对自己感兴趣的事物都是充满热情的。我们常说的一句话:“兴趣是最好的老师。”注重学生写生兴趣的培养在整个写生课中起着决定性的作用。如何培养学生写生的兴趣就成了我们思考的关键。胡老师这节写生课写生的内容是鞋,课前,她请孩子们收集自己的鞋子带到课堂中观察绘画,吸引了学生去主动参与。而老师也为大家准备了一些婴儿的小鞋子,更让学生大爱。这样感兴趣的题材,学生怎能不完成一张自己满意的写生画呢!其次,胡老师让学生欣赏了她们以前的写生作品,让孩子们在这些作品中去总结提炼写生的经验,虽然孩子们说得不够全面,但通过欣赏这些作品也能调动学生写生的兴趣。而孩子们的一些经验分享也是非常有用的,比如学生提到了写生的要点中,慢、观察、细节等就抓得很好,这也是写生绘画需要注重的地方。最后,在整个课中,胡老师都是以参与者的身份出现,真正做到了把整个课堂还给学生。从引导观察到绘画方法的讲解,都是让学生来说自己的发现,把这些有用的发现通过交流分享给大家。比如在欣赏中,让学生欣赏对比两张图片,去发现哪张图片更好?这个问题很简单,学生能在“找更好”的过程中去发现绘画方法和技巧,从而运用到自己的画面上。

其实这堂课还有好多亮点,这些亮点都是源于胡老师的认真教学。三年级的学生造型能力不高,不能像成人绘画那样写实,为此我们对学生不能做过高的要求,也不能拿成人的标准去要求孩子。我们要让儿童在造型的时候能大胆发挥想象,并用正确的造型方法来训练他们的意识,而不是单一的描摹,这也是儿童写生在造型中应该注意的问题。在最后评选的环节,胡老师设计了一个“八大之最”作业的评选活动,即观察最仔细、用时最多、细节最精美、画面最完整、构图最有趣、观察最马虎、用时最少和画面最脏的评选。这“八大之最”看似简单,其实就包括了本堂课对学生的全部要求。

美术,绝不仅仅是一般人所看到的绘画;美术教学,更不仅仅是绘画技能的教学。我们要培养学生用知识与技能在生活中解决问题的能力,让学生在艺术与生活的思维方法上得到提升,这才是我们的美术教学!

实践活动心得四:宽容的力量

韩 平

早上,还没走进教学楼,就有孩子飞奔下来,“老师,不好了,小西今天只带来饭盒,书包都没有带来!”

“真的吗?”你信吗?我是不相信的。学生来上课,连书包都没有带。接着,来了第二个、第三个、第四个同学,是的,我相信了,他真的没有带。

因为,这四个飞奔而来的孩子已经告诉我,这是他们闻所未闻的大新闻。

这个时候的我反而平静了,“好的,我知道了。”

这时,这个小朋友的姐姐来了,“韩老师,今天小西上了车才告诉我,他没有带书包。”

“你们怎么不下车?”

“你们怎么不回去拿?”

“没有书包怎么办啊?”

……

那四个孩子七嘴八舌地说。

“嗯,我知道了。要打电话吗?”我反而平静下来。

“要。”

我把电话递给那个姐姐,隐约听到她和母亲的对话,“……我的意思是,你给他送到学校来……不能啊……那好……那这样吧。”

电话挂了,那个只比弟弟高一个年级的姐姐说:“老师,让他克服一下,跟同学一起看吧。”

“好的。”这么懂事、淡定、平和、有办法的姐姐,我没有理由比她更幼稚,更抓狂。“我知道了。”

又一个飞奔下来的孩子说："小西在教室里哭，他没有带书包。"

看吧，孩子已经知错了，他自己也为自己的过错感到难过和伤心，只怕，还担心被老师责骂。

"不要担心，孩子，老师不会责骂你的。"我在心里说。

来到教室，大家都开始读起书来，小西趴在桌上，我装作没看见的样子。这时，他的同桌来了，我看到他们一起读起课文来。

很快就上课了，今天上的是《小木偶的故事》，孩子们已经预习得很熟了，于是，我没有再纠结于书本，索性调整了教学，以课文的线索来理清文章的写作思路，学习表达，同时，也理解课文内容。

"咱们玩个游戏，好吗？"

一听游戏，孩子们来了劲儿。

"就是在 30 秒内把对方逗笑。"

游戏开始，一个孩子各种搞怪，所有同学哈哈大笑。

我问："孩子们，开心吗？喜欢笑吗？"

孩子们很懂我的意思，不仅大吼着"开心""喜欢笑"，还说："笑是很重要的。"

"那好，在《小木偶的故事》中，谁也说过这句话？"

"噌"的一下，小西的手举起来了，我毫不迟疑："小西，请你来答！"

"是老木匠。"

"太棒了！小西，完全正确。"我对他竖起大拇指，"同学们，今天小西没有带书包，但是，一点儿也没有影响他学习，不仅听课认真，还能积极举手回答问题。让我们把热烈的掌声送给他，相信他这一天能克服困难，认真听课，想办法解决问题。"

我明显看见小西再次把身体绷直了，这句话已经传给了他力量。

小西坐下了，不用说，后面的课，他听得多么认真，当然，这一堂课，为了给他鼓劲，我请他来回答了好几次问题。就这样，他认真地上完了一堂没有语文书的语文课。

后面的课也不错。到了中午，一些孩子留在教室里写作文，小西什么也没有，可是，他却规规矩矩地坐在位置上，我看到了他犯错后认错的态度，也看到了他的小心，也许，还有害怕——虽然我不想让他怕。

宽容，是一剂良药。治好自己，也能健康别人。

实践活动心得五：我的教育故事
——呵护生命，从鸡蛋做起

彭廷美

一、奇葩的道具

4月7日，我班数学老师在微信上发言："我们班运动会入场式，他们将要拿的是堪称神一样的道具——练习时都不能试用，行进时不能挥手，不能变队形，还配合了神一样的口号，绝对前无古人后无来者。大家可以猜猜是什么？后天揭晓答案。"一时间，引起很多朋友的追问和猜测。

4月9日，重庆高新区第一实验小学运动会开幕，万众瞩目。我班所有学生双手将一个鸡蛋捧于胸前，庄严又小心地踏着整齐的步子来到主席台前。霎时，整个校园响起了他们响亮而自豪的口号：

"你的鸡蛋在不在？"（中队长问）

"在！在！它还在！"（队员们回答）

"你的鸡蛋坏没坏？"（中队长问）

"没坏没坏它没坏！"（队员们回答）

"呵护生命！"（中队长领喊）

"从鸡蛋做起！"（队员们齐喊）

"呵护生命，从鸡蛋做起！"（全班齐喊）

这样的道具和口号被无数人评价为"奇葩"。也有很多老师问我："你不担心学生走到主席台前鸡蛋掉地上吗？""你怎么想到用鸡蛋来做道具呢？"其实我这样做并不是为了博眼球，更不是空穴来风，一切都源于我和学生的课堂，一切都源自对学生的期待、尊重与信任。

二、奇葩的作业

在学习《可贵的沉默》一课时，孩子们觉得他们比文中的学生都做得好，因为他们基本上都记得父母的生日，在父母过生日时基本上都有祝贺。他们觉得自己不但感受到了父母的爱，也给予了父母爱。所以，在学习这堂课时，他们是很骄傲自豪的。然而，他们并不知道，他们给予的这一点点与父母的辛苦呵护和无私奉献相比，是多么不值一提。但我，却不知该怎么说服他们。正好，思想品德课里有一个内容：让我们像呵护鸡蛋一样呵护生命。于是，我给孩子布置了一个特别的作业："呵护鸡蛋"。要求：1.用一个生鸡蛋代表你最喜爱的一位家人，上面写上你对他的称呼，画出他的样子，下面写上你的姓名。2.这个鸡蛋每天随身携带，不得已必须分开时，离你最远的距离不能超过200米。3.我们每天都要进行检查登记，看哪些同学没有呵护好这个"亲人"的生命。

第二天，孩子带着鸡蛋怀着兴奋的心情来到学校。上课了，孩子们还在热火朝天地交流着"鸡蛋"的事情，我趁热打铁，说："今天没有带鸡蛋来的请起立。"两位同学悻悻地站了起来。"为什么不带呢？"一个孩子说："我忘记了。"一位小女生怯怯地说："我走的时候，把鸡蛋放在鞋柜上来穿鞋子，鸡蛋滚到地上摔坏了。"我做好了记录，又问："带了鸡蛋的同学，鸡蛋有坏了的吗？"同学们争先恐后地报告："×××的'妈妈'被他摔死了！""×××的'爸爸'牺牲了。""×××的'弟弟'死得好惨啦！"他们说着，还嘻嘻地笑着。这是把自己的快乐建立在别人的痛苦上啊！而且，还把我的良好愿望当儿戏。我大喊一声："够了！请鸡蛋坏了的同学站起来！"天哪，坏了十八个！我一一作了记录。

"请鸡蛋坏了的同学起来说说，你的鸡蛋是怎么坏的？你的鸡蛋代表谁？为什么要代表他？"

"我是拿着鸡蛋来上学的，取语文书的时候，我把它放在课桌上，同桌一动桌子就碰到地上去了。我的鸡蛋代表爸爸，因为爸爸说为了我，他不怕牺牲自己。"这孩子，好像觉得无所谓。

"我放在书包里，被水杯挤坏了。这个鸡蛋代表我妈妈，因为我最喜欢她。"那孩子说话的声音越来越小。

"今天来上学，我怕迟到就跑了起来，忘记了书包里的鸡蛋，结果烂了。我的鸡蛋上写的外公，外公年龄是我们家最大的。因为我怕失去爸爸妈妈。"说完，他又补了一句："其实，我也不想失去外公。"

……

渐渐地，同学们已经把“鸡蛋”与所代表的“生命”联系起来了，他们的脸上开始有了愧疚、后悔、自责。我告诉他们：每一个生命其实都是脆弱的，我们的一点点不小心、不负责、不在意都可能失去它。我们的亲人为了呵护好我们，他们付出了好多好多的心血呀！

我接着又说：“鸡蛋是很脆弱，但是只要我们很用心地去呵护它，像我们的亲人呵护我们一样，它就一定会完好无损。还有好些同学保护得很好，请问是如何做到的呢？”

“我找了一个结实的瓶子，里面装的米，再放进鸡蛋，然后把米填满。”

“我用的一个纸盒子，放进鸡蛋，再在四周塞满泡沫棉花，封好盒子，还在盒子外缠了很多圈透明胶布。这样就很保险。”

“我把鸡蛋盒放在课桌最里面的角落，四周还用书给围起来。课桌洞就没再放书包，也没有塞别的东西，怕碰到它。”

“我下课上厕所都带上它的，怕别人来动我的课桌。”

“我早晨一来就把它放到教室书柜最高一格的里面的，那儿最放心。”

……

大家认真地听着，也一定在思考着怎样为自己的“亲人”加固防护。我说：“同学们，不管在什么时候，遇到什么情况，都要想方设法保护好代表你亲人的鸡蛋，这是你的责任。下午放学时，我们再来统计。”

三、奇葩的处理

下午第二节是体育课，孩子们有的带上了鸡蛋，不知道他们会如何安放。有的在课桌边徘徊，矛盾着要不要带上鸡蛋。我候在那儿，观察着孩子的举动，内心希望孩子能提醒我把门锁好。可是，上课铃一响，他们就不管不顾地跑了。我忐忑地去了办公室。

上完体育课回来，有5位同学说自己课桌里的鸡蛋不见了。他们很伤心，很气愤。同学们四处寻找，终于在教室窗台边发现有蛋清蛋黄的痕迹。再看窗台底下，四楼下的花坛边散乱着好几个砸坏的蛋壳。天哪，谁这么狠心？他为什么要这样做？教室里充满了愤怒。

“丢失了鸡蛋的同学，你们心里怎么想的？”我问。

“我的鸡蛋代表我刚出生的弟弟，他很可爱。我发誓一定要保护好他。我很后悔没有把他带在身边，我没有尽到当哥哥的责任。”

“我本以为大家都上体育课去了，教室是最安全的，没有想到会发生这样的事情。”

“我觉得那个同学是故意的。只是我不明白他为什么要这样做，还连续摔坏了5个鸡蛋，难道他这样做心里好受吗？”

“我希望彭老师再给我一次机会。下次我一定会想办法保护好，让别人都损坏不到它。”

我没有马上追查。我想那个同学一定是一时头脑糊涂做了这样的事。在听了这些同学的感受后，他一定会有所反思。我们不能当众揭穿他，还他一份尊重。但是，如果他对这些同学的发言聪耳不闻，以后仍然恶性不改，那岂不是害了他也害了别人吗？

我确定这件事情是我们班的同学干的。因为一天下来，孩子们真是非常非常重视这件事情，他们已经用“亲人”代换掉了“鸡蛋”，他们心里满满装着的都是对亲人的“呵护”。但那些没有带鸡蛋或者是鸡蛋坏了的同学心里一定有别的担心和难受。

我没有动怒，也没有指向怀疑的对象。我让孩子们静息在桌上，好好地想一想这件事情，问大家觉得怎样处理最好。

过了好一会儿，我发现同学们已经没有了愤怒，没有了一定要抓出“作案者”的强烈愿望。我和颜悦色地说：“感谢同学们对这位同学的宽容，感谢大家给他一个诚实改错的机会，也请你们相信他，他一定会主动承认的。”我让孩子们把头埋在课桌上，闭紧双眼，每个同学都举出一支手。然后，我说：“请同学们听好，如果你的确没有做这件错事，你就把手指轻轻弯曲；如果你做了这件错事，也认识到错了，要感谢大家信任你，你就把诚实的手指伸直。”话一说完，结果就出来了。我没有告诉大家结果，立即招呼放学。同学们也默默地，没有人来追问。我想，大家想的一定是一样的，那就是——尊重。

四、奇葩的效果

接下来的三天里，孩子们仍然是天天带鸡蛋来，但保护措施越来越好了；我们仍然是天天交流感受，但倾听更认真了；我仍然是天天检查登记，但鸡蛋的损坏几乎没有了。孩子们学会了用心，他们都不想出现伤害，都不想发生不和谐。

所以，在运动会的开幕式上就自然而然有了那一幕。只是，在孩子们的心中，鸡蛋绝不是拿来做道具的，口号绝不是用来呐喊的。

我很开心，因为在呵护鸡蛋的活动中，每一个生命都得到了呵护、成长。

实践活动心得六:“童言”抚慰“童心”

尹 君

我在默默地算着,八千多个和儿童共度的日子已经从我手中溜去,像针尖上的一滴水滴在大海里,我的日子滴在时间的流里,没有声音,也没有一丝影子。我曾留下些什么呢?

一、此情可待成追忆,为谋一见因“游戏”

那是两年前的一个星期五的下午,天快黑了,我匆匆走出校门。迎面站着一个瘦高的青年,冲着我就大喊:“尹老师,你终于下班了,我等你好久了!”看着这张熟悉又陌生的脸孔,我在脑海里找寻,谁呢?他一把抓住我的手:“我是捣蛋大王——刘克礼呀,杨柳街小学的,你教毕业的,把我忘了吧,我可一直没有忘记你!”“哦,想起来啦!”“难怪,都已经毕业十几年了。我问过许多的人,才找到这儿。”“老师,我就是想见见你,想了很多年了,只知道你调到重庆来了,可就是不知你在哪儿,今天可把你找到了!我一定要当面说声‘感谢’!当年我太不懂事,太不像话,给你增添了许多麻烦,我爸妈都以为你会嫌弃我,我以为你会不要我——没想到你对我这样的学生并没有另眼相看,不仅不歧视,每次见到你,你总是笑眯眯的望着我,充满了慈爱和鼓励,我真真实实地感受到你对我的爱是真心的!”

听着他急切的回忆,讲述,我终于想起来了。八千多个教育生涯的日子里,或许这样的故事很多。但十几年前的事,如果不是刻意记录,再深刻的故事,我也记不起来了!而令人欣慰的是,还有人记得我。没想到他竟然滔滔不绝地说:“记得上五年级时,有一次,上体育课,我溜到一个没人的教室里,把整个教室翻遍了,拿了好多东西,悄悄藏到花台后。没有被任何人看见,你怎么知道是我干的呢?当时我就是不承认,怕被同学喊小偷,你知道我为什么又承认了?”“为什么?”“我现在还清楚的记得你说的:小礼只是觉得好玩对吧,别人不喜欢这样的游戏,咱们换别的游戏,好吗?""游戏?!""我犯了那么大的错误,您竟然说是个'游戏',没有教训,没有告状,只是说我这个游戏不恰当,我惊呆了,像着了魔法一样,看着你慈爱的眼睛,就承认了!"后来不知道你对同学们说了什么,竟然没有一个人叫我小偷,真是太感激你了!

我终于想起这件平常的事来了。只是我没想到的是:这会让孩子的感受那么强烈,记忆那么深刻。我有些震撼!为人师者,用心爱孩子,就一定会用心寻求对每一个孩子的最好的教育方法,最重要的就是要保护好孩子的心灵,让他免受伤害,特别是在一个孩子犯错的时候。"游戏"只是其中之一,老师的宽容之心植入了孩子心灵,老师的真爱之情铭刻在学生脑海,孩子就会用一生的健康、善良和美好作为回报。能如此,为人师者,夫复何求?

二、移步换景品童趣,一颦一笑是童心

小飞和小岩是我现在所教班级二年级2班的孩子。一天早上,我刚进办公室,就见他们俩站在我的办公桌前,小飞哭得稀里哗啦,小岩嘟着小嘴还在责备!我说:"来来来,我们三个一起来画画,这支香蕉来做嘴巴。"两个孩子一听"画画"停止了哭与诉。我马上拿出纸笔,画了一个大大的脑袋,还画了眼睛和鼻子,我笑嘻嘻地对他们说:"看看我的嘴,该怎么画,香蕉该怎样摆放?小飞先来。"小飞把香蕉放好了,我说:"这是一张笑脸,眉开眼笑嘴上翘!多漂亮!"他们听我这么一说,平静了很多。我说:"一大早,谁把你们叫到这儿来的?""杨主任!"我故意说:"你们还小,杨主任肯定会原谅你们的。可是他会批评尹老师没有把你们教育好,我很难过,我也想哭——"我眼巴巴的看着他们,他们也不知道该怎么办,我又启发他们:"我多么想你们安慰我呀!"他们俩你看看我,我看看你——我说:"老师很喜欢你们,你们谁心疼老师?谁先来安慰我?"没想到他们俩,你一言我一语,争着安慰老师:"老师,不难过,我不该扔他的书。""老师,别伤心,是我不好,我不该打人!"我开心地笑了,表扬他们是勇于认错的好孩子,我相信他们一定会改正!

两个孩子开心地走了,留下我,陷入深深的思索之中。有这么一句歇后语:小孩的脸——善变。但无论是哭,还是笑,都是真实的。作为老师,要帮助孩子能够认识错误,改正错误,就必须能走进孩子们真实的心灵里去。把自己换到孩子的角度去思考,也许你就发现,孩子们的一颦一笑,都是童心的呈现。变"训斥"为"画画",变"认错"为"安慰",只要稍微改变一下教育的方式,效果就截然不同!这后来很长时间他们再没有闹矛盾,或许就是一个很好的证明。

教育,重在育人。育什么样的人,用什么样的方法育什么样的人,我相信每一个教育者都有自己的一套理念和方法。我之育人,出于爱,用于巧,成于真。也正是这样,我才能在与儿童相处的八千多个日子里,搜寻让我时常心动的点点滴滴,在沉思之余以抚慰自己作为一名师者的心灵。

实践活动心得七：卓越从平实的课堂开始，从阅读起航

——读《做卓越的教师》有感

刘　玲

在我校畅和楼二楼的两幅标语让我记忆深刻：住宅里没有书，犹如房间里没有窗户。——威尔逊。读一本好书，就是和许多高尚的人谈话。——歌德。是的，《做卓越的教师》这本书给我打开了一扇走向卓越的窗户。

在《做卓越的教师》这本书中，彭兴顺大师从“做卓越的教师”“做幸福的教师”“做会育人的教师”“做会上课的教师”“做会写作的教师”“做会当家长的教师”等等方面论述了如何做卓越的教师，为教师专业发展指明了前进的道路。

“要培养卓越的学生，就必须有卓越的教师！”按我的理解，就是我们中师时的校训“学高为师，身正为范”。我想到我的教师生涯。每次碰到已经毕业的学生，不管是在QQ上，还是街上，学生们问的频率最高的一句话是：老师，你还在我们小学的那个学校呀？初次听到感觉有些郁闷，听多了就体会了学生对老师的另一种期盼，期望老师和他们一样，不断学习提高，也就是学高。

我2000年毕业于重庆一师98级大专数学班，教学数学6年（兼任班主任2.5年），教学科学现在是第10个年头。2004年，在教学导师李洁老师，以及数学组李琼老师等老师手把手指导下，我上了第一次区数学研究课。课后，教研员吴家平老师把教案《计算工具的认识》推荐发表，让我受到莫大的鼓舞。2006年，我参加市里的教材培训，在互动环节，我与人民教育出版社的陶老师互动，讲了自己教学中的一些做法，受到她的肯定并向我约稿。于是我发表了第一篇数学论文《小小学号同我们快乐学习》。学习不是立竿见影，但是一次次学习培训，一次次比赛，让我把所学运用到教学、培训等各项工作中，成绩让我欣喜不已。

2008 年,在争当小实验家天文全国总决赛中,我班获得了五金、三银、四铜的好成绩。感谢科学教研组长刘老师,她对工作的计划性,对学生辅导的针对性,指引我和我的学生走上了全国比赛的领奖台。2009 年重庆市第一届天文比赛,感谢王主任陪我参加市培训,感谢牟书记、丁校长周末与我一起加班组织比赛。老师们扎根高新实验一小,对年轻教师无私的培养,我怎么能离开呢?我要做的就是像老师们一样扎根学校,服务学生。

《做卓越的教师》强调:“教育是打造卓越灵魂的事业!”“让每一个学生都渴求事业的成功、渴求人生的卓越、渴求生命的辉煌,这才是我们教育所终极追求的目标,这才是把我们国家和民族引向腾飞和强盛的教育!”能够从学生长远来分析考虑,真正体现了教育为学生的终身发展奠基。“别人的孩子也是孩子。”父亲教学三十多年,在我工作的第一天打电话叮嘱我。我牢记父亲的话,把时间精力放在一节一节的科学课堂教学中,卓越从平实的课堂开始。

四年级科学课《花的结构》时,我教学生用镊子解剖油菜花,认识雄蕊、雌蕊,了解子房里的胚珠将来发育成种子。不管学生语文、数学如何,科学课上,他们都积极踊跃参与互动学习。争当小实验家。我指导学生检验食物中的营养成分,马铃薯遇碘酒变蓝色,说明里面含有丰富的淀粉。神奇的变化让孩子们好奇心得到满足。瞧一个最调皮的学生,一个不被班级所接受的学生,在五年级科学课《感受一分钟心脏跳动的次数》中如此投入!四年级《点亮小灯泡》,并联电路好有趣。五年级《四季变化的成因》,找找春分、秋分、夏至、冬至时太阳的直射点在哪,孩子们如此投入地学习,我相信孩子渴求成功的愿望都是一样强烈。走向卓越只是一个时间的问题而已。

卓越从平实的课堂开始,从阅读起航。读《做卓越的教师》,让我心灵得到净化,对教育的热情更加火热。三尺讲台,16 载,我知道教师生涯,也有春夏秋冬,但不管哪个时段,我都牢记:做卓越的教师,路漫漫其修远兮,吾将上下而求索!

实践活动心得八：让教育慢一点，再慢一点

——读龙应台《孩子，你慢慢来》有感

邱丽霞

我不想说我们的生活变化有多快：去年到一个城市还需要4个小时，今年就已经提速到2个小时了；昨天上网还是2G，今天已经提速到4G了。早上，行色匆匆上班，夜晚，披星戴月回家。

而在这个急功近利的环境，“慢的艺术”正在消退，正在消失。仿佛已经成为一件高不可攀的奢侈品。甚至，你会想，不是我们不愿“慢”，而是我们不能“慢”！

我脑海中一直挥之不去一个镜头：一年级的孩子放学了，小男孩拿着自己创作的一件泥塑作品，兴奋地奔向等待他的外婆，我知道他是想让外婆欣赏他的作品。因为在这之前他已经给我介绍了自己创作的想法，我非常欣赏他独特的创意，并表扬了他。但是，让我心痛的一幕出现了——

外婆一把抓过孩子的书包，无论孩子怎样努力伸长手臂想让外婆看看他的作品，外婆却总是看也不看地说：“好好好，快点，还要上兴趣班！快点！快点！”直到离开我的视线，孩子仍在努力让外婆看，而外婆仍然拽着他在快步走。

是啊，我们的学习任务是如此之多，我们的兴趣是如此广泛，我们恨不得把时间掰成两半来用。可是，这真的能教育好孩子吗？

真相是——不管生活的节奏有多么快，生命却总是按照自己的节奏在成长：花儿经历一年酝酿才能绽放；小苗经历百年风雨，才能长成参天大树……

教育的过程也是生命成长的过程。让教育慢一点，再慢一点。

华中师范大学教授郭元祥精辟地解释说：“教育，作为一种慢的艺术，需要留足等待的空间和时间，需要有舒缓的节奏。高频率、快节奏、大梯度，不利于学生的有序成长和发展。”

课堂上,让我们慢一点!

一般说来,一、二年级的一篇课文会有两页的篇幅,需要每个学生读准每个字音,还能简单理解课文内容,积累一些词语,还要简单运用,有的课文要求背诵。认识十多个生字,学写六个左右或简单或复杂的生字。这个过程中还要培养孩子的各种能力:专注力、表达力、想象力……这些内容最多只允许两节课的时间上完,否则一学期的时间就上不完一本书了。这让老师们怎么慢得下来?因此,有的老师就只好把内容上得快一点,再快一点。但是,我们却忽略了一个很重要的因素:兴趣是最好的老师。而一味上得太快的课堂,只有知识的灌输,缺少了思考的空间、智慧的交融,这样的课堂是索然无味的,久而久之,孩子们在课堂上就会昏昏欲睡。谈何喜欢?

我的课堂,会在重要的环节慢下来,静静慢慢等待孩子去思考、去想象——"孩子们,春雨到底是什么颜色的呢?"只有几个孩子举手。我会耐心地等一等,让孩子们想一想,再想一会儿。然后,就会有更多的孩子举起手来。如果我贸然抽了两三个孩子答了问题,大多数孩子就会停下自己的思考,倾听别人的发言。剥夺了孩子思考的机会,剥夺了孩子想象的机会,也就剥夺了孩子成长的机会。

课外,让孩子慢一点!

记得作家龙应台写自己的孩子安德烈小学一年级,放学回家的时间总是很长。有一次,他偷偷地跟在儿子后面,观察他在路上干什么。结果,他发现儿子的放学之路是那么有趣:看看蚂蚁搬食物,在杂乱的工地上找一块自己觉得有用的木头,爬上矮墙慢慢走,观察树上的两只小松鼠……十分钟的路程,他走了一小时。

如果,他十分钟之内走回家,二十分钟做完作业,那么,余下的时间干什么呢?看电视?玩游戏?无聊地找家人哭闹?不如让他就这样慢慢走吧,和路上的小蚂蚁打打招呼,和树上的小麻雀聊聊天,看看树叶怎样跳舞,听听蛐蛐怎样歌唱……大自然是一本最好的书,这些美妙的知识,为何不让孩子去学习?

不要急功近利地让孩子去学习那么多兴趣班,如果孩子没有专注倾听的习惯、没有坚持的勇气、没有思考的能力,无论花多少时间都是学不好的。不如,让我们慢下来,与孩子一起观察,一起学习,在这个过程中发现他、帮助他。

评价,也请慢一点!

当一个小学生一年学业不突出,你可能有耐心帮助他。如果他小学6年学业都不突出,你还会有帮助他的耐心吗?如果他小学、中学、大学都学业较差,你还相信他在工作以后会出色吗?很遗憾今天的教育还是从小学开始就以分数来评价学生。初中就开始排名论先后,高中好像就前途已定了。考上大学,好像这一辈子都不用学习了。

或多或少，成绩的优劣都是压在老师、学生、家长心中的一座大山，禁锢了孩子的天性，抑制了孩子的个性。使他们兴趣丧失、能力匮乏。

但我们一定要知道，学习是一项长跑，不在于谁起跑的一刹那有多快，而在于能否坚持，在于奔跑的过程中收获了什么、收获了多少。在这个过程中，会有许多挫折、失败，作为家长和老师，应该是那个在路边鼓掌加油的人，而不是加入跑道，粗暴地拉着他的手往前冲。只要孩子还在这条路上奔跑，总会遇见最好的自己。事实是每个孩子都愿意在学习上做得更好，愿意让父母满意，愿意受到大人的夸奖。因为人还有一个天性，就是上进心。如果一些孩子表现出对学习没有上进心，这不是天性中缺少，而是在后天成长中慢慢丢失了。

让我们慢一点评价孩子，让每个孩子都在心里保留一份最美好的自信。

日本教育学者佐藤学认为，教育往往在缓慢的过程中才能积淀一些有用的东西。在教学中，我们要去慢慢地感悟。教育是浸润和雕琢的境界，要保持“慢”。慢，代表平静和平和；慢代表细致和细腻；慢代表耐心和耐性。

珍贵的东西总是慢慢成长。

实践活动心得九：幸甚至哉

——读《文化苦旅》有感

刘建英

在中国的文化界，余秋雨先生算是一个有争议的人物。有人对他称赞不已，有人对他嗤之以鼻。

偶然间，我读到一本余秋雨的《文化苦旅》。刚读他自己写在前面的序言，我心里已经开始震撼，忍不住把那些饱含哲理的句子勾画下来，并且去细细咀嚼里面的味道。读完序言，我花了两个小时，勾画得密密麻麻，与我之前读书的囫囵吞枣有着天壤之别。文章字字珠玑，我被不由自主地吸引了。后面的每篇文章，我都是带着庆幸、珍惜、甚至小心翼翼的感觉来读。于是，透过他的文字，我虽然足不出户，却踏遍了祖国的山山水水。我看见了敦煌石窟的壁画，恨上了无知愚昧的张道士；我看见了沙漠的眼——月牙泉，记住了泉边神奇的小茅屋和那棵千年老树；我看见了苏东坡的流放之地赤壁，跟着去怀了一次古；我看见了千年书院那一壁壁厚厚的古书，神往书院那清幽的气息。每到一处，都有一个儒雅的学者向你轻轻地讲述当地的历史痕迹和文化底蕴，听到他在耳边的喟叹，让你也随之变得厚重起来。不过有时，这位学者也流露出天真的孩子气。例如，爬鸣沙山一节，他缩着脖子，绷紧脸上的肌肉，一步一步像蜗牛似的爬到峰顶，然后又“扑”地一声往下纵身一跳，“哧溜”一下几秒钟下到谷底，满头满脸全是亮晶晶的沙子，这样反复几次，乐此不疲，读来使人忍俊不禁。读完这本书，我用了一个月，成了余秋雨忠实的读者。

有一年青歌赛，余秋雨担任文化题评委。许多题他不光要告知答案，还要阐释答案的源头。这让不少人对他产生了误解，认为他是个卖弄学问的人，从而惹来骂声一片。如果之前没看过他的书，我也会认为他恃才傲物，从而与他的书失之交臂。然而因为先读过他的书，我看到他表情严峻地指责两个清华学子“这个题你们不应该不知道”的时候，我觉得再自然不过了。因为他一生致力于追溯中华文化的源头，以向大众传播文化为己任，渊博的积淀使他形成了文化自觉。当他看到莘莘学子居然对中华精髓的文化常识缺乏起码的认知时，他真切地忧虑、痛心，责备也溢于言表。不屑圆滑之道，这正是文人的悲哀，然而也是文人的高贵。

这些年，文坛永远有一份热闹，就是跳出来谩骂余秋雨的人层出不穷。本来也是读了几本书、喝了几瓶墨水的，然而名气一直处于三流，又不甘平庸，就想站在巨人的肩膀上位。似乎只要贬损余秋雨，他就高其一筹。也还真怪，只要一骂，立即成名，于是骂他的文章越来越多，后来竟然汇成了一本合集，取了个极其古怪的名字叫《文化口红》。出于好奇，我也买来看了看，看后哭笑不得，更觉得无非是一帮跳梁小丑罢了。后来余秋雨写了一篇文章，叫《论小人》，读者都会心的笑了，心里直呼过瘾。

如今这个世界，经济发展快，工作节奏快，情感变化快，能够慢下心来好好读一本书实属不易，所以要读好书。然而写书的人比读书的人还多，在良莠不齐的情况下，一定要读有文化良知的人的书。在《余秋雨人生哲言》这本书的最后一页，他这样写道：“尊重读者，首先要吸引读者。一生中有几本书不能吸引读者，这几本书等于白写；一本书中有几篇文章不能吸引读者，这几篇文章等于白写；一篇文章中有几句话不能吸引读者，这几句话等于白写。”

我认定，余秋雨先生是个真文人。因为执着，他远离闹市，跋山涉水；因为真实，他辞去上海戏剧学院院长一职，冒着生命危险，周游世界各国，发出《千年一叹》。读他的书，能够慰藉心灵，温暖心灵。在寒冷的冬季，就着橘黄的灯光，透过那些文字和他对话，幸甚至哉！

实践活动心得十："美"在数学课堂

——《平行四边形的面积》一课教学反思

彭 琼

我执教的《平行四边形的面积》一课，按照我校美的课堂理念，做到了"五还"，特别在"美的发现"中体现很充分。师生之间教与学的互动美，让我看到，学生不是由老师教会的，而是通过自主探究学会的。生本课堂不是依靠说一说就会的，而是通过学习实践，才能真正得以实现。从美的课堂的角度，这节课就给我很多感悟。

课堂教学做到"五还"，颠覆了传统的教与学。它将课改前学生的"不爱学、学不会、不会学"，变成了"爱学、学会和会学"。

学生"探究美的过程"是在老师的引领下，通过（"数一数、猜一猜→验证（转化——小组合作交流）→全班交流、讨论 →例 1）→小结"，这几个环节来实现的。

一、应用旧知，认真观察，展现灵感美

"数一数，猜一猜"环节：这个环节让学生以旧知"数方格"的方法计算面积为起点，得知了长方形和平行四边形的面积，通过老师开放式的提问：观察表中的数据你发现了什么？启发学生从多角度进行观察和思考，学生发现了平行四边形和长方形面积相等；通过竖着看还发现了长方形的长和平行四边形的底相等，长方形的宽与平行四边形的高相等；这时老师进一步启发学生：横着看，你能发现什么？通过由浅入深的提问，复习长方形的四个角都是直角和面积计算公式，学生在比较中提出猜想：平行四边形的面积应该是底×高，同时还为平行四边形转化为长方形做了很好的铺垫。

二、动手验证，认真讨论，展现小组合作美和数学思维的严谨美

在“验证”环节中，学生在独立探究的基础上再进行小组交流。小组里，有的学生随便剪一刀，结果没有成功转化成长方形；沿着高剪的学生却成功了，在小组里通过交流，没有成功的孩子也学会了。但有的学生仍是只知其然不知其所以然。当学生在交流转化的方法后，生质疑：你为什么要沿着高剪呢？学生能提出这样的问题，说明学生的思考更深入了，因为这个问题正好是转化时的关键和难点。学生回答到：这样剪，才能有直角，才能拼成长方形，因为长方形四个角都是直角，只有沿平行四边形的高剪才行。我看到，学生在小组内将自己的发现在交流中展示，提升了学生的成就感、快乐感。在展示中，“发现的结论”被修正，在修正中进行思维的整理，最后合作展示小组的研究成果。

学生汇报之后，我结合多媒体课件的演示，再现了平行四边形到长方形的多种方法的转化过程，很直观地沟通了平行四边形的底和高与长方形的长和宽的联系，从而突破难点，顺利完成平行四边形面积公式的建模。在老师富有逻辑性的语言描述中，学生的思路更加清晰，这就是画龙点睛之笔。

这不正是展现了学生的合作美和数学思维的严谨美吗？

三、适时点拨展现引领美和师生关系的和谐美

我在巡视中适时地对学生进行点拨，在交流中适时地提出追问“你们都是这样沿高剪的？能不能随便剪一刀呢？”使学生对问题能进行更加深入的研究、思考和总结。我对学生的回答，不仅有老师点评，还应引导学生对同学的汇报进行点评，做到了将评价的权利还给学生。这些让我看到了师生关系的和谐美，也突显了教师的引领美。

要做到真正的以生为本，课堂的学习时间、空间，探究的经历以及学生质疑、答疑和评价都还给了学生，使学生的自主性得以充分发挥。小组合作探究学习的过程是师生间互动美的展现，我的感悟是：学生要有爱学的良好态度、会学的学习方法、学会的课堂教学目标。这不正是解决了课改前学生“不爱学、不会学、学不会”的现状吗？

当然，这堂课也有不足的地方。比如，在各环节的时间分配上，猜一猜、数一数环节和学生探究的过程较长；开课时间还可以缩短，那么学生完成练习的时间更充裕，也不会超时。另外，学生互评还不够全面和精彩，这说明学生对同学在学习过程中的美还发现不够，这既有观察不足，还有经验不足，这还需要老师在课堂上多引导。

总之，美的课堂值得研究，让我们不断提升教学的艺术，让“美”在数学的天地里尽情绽放！

实践活动心得十一：平实中的语言文字表达美

——《窗前的气球》教学反思

万　平

今天，我上完《窗前的气球》一课后，感觉比较踏实。本课教学中我抓住了科利亚没意思、孤独、伤心，最后高兴地笑了这一情感变化为线索，着重让学生体会科利亚的心情变化。《语文课程标准》指出：阅读是学生个性化行为，不应以教师的分析来代替学生的阅读实践。要珍视学生独特的感受、体验和理解。所以这节课中我以读为主让学生带着自己的感受去读，去体会窗前的气球带给我们的浓浓真情。

一、以读为主，语文课上就该书声琅琅

指名读，同桌读，男生读，女生读，齐读……各种形式的朗读让学生在读书中感受到了气球带给科利亚的快乐。从"真没意思"到"高兴地笑了"，学生体会到位，读得很好。在课堂上我注意把学生朗读和教师范读相结合，让学生通过一次次的朗读体会窗前的气球带给我们的浓浓真情。

二、联系生活实际，以角色体验来解读文本

联系生活实际来识记生字。比如：学习生字"科"时，就运用了医院分科的特点，一起读"儿科、外科、内科、传染科"。而且学习时，由字到词，再到句，经过反复呈现，加深了印象。学习课文时，为了让学生理解课文中科利亚的孤独和烦恼，我先让学生说说自己生病时的感受和心情。由于这些都是自己亲身经历的，所以学生说了很多，有的说很难过，有的说不去上学呆在家里很无聊。有了自己的感受做

铺垫,学生也就更加深刻地体会到了科利亚的孤独、伤心。当学生自己的情感和体验与课文情感相碰撞产生了情感共鸣之后,学生读起课文来就声情并茂。

三、每个环节很清晰

紧扣学校的“美的引入、美的发现、美的升华”这几个环节来备课,思路很清晰,重难点突出。课件的设计精炼,实效性强,不花哨。比如:在一开始,用图片窗前的气球引出课题,激起了学生的好奇心,激发了学习兴趣。课件简单,实用,有效果。

四、转变学习方式,小组合作学习初见成效

同学们读了要求后,能有序地进行小组学习,小组在全班展示很自信,站姿好,很大方。

五、学生学得主动积极,体现了教与学的灵动之美

在老师的引导下,学生学得很认真,发言很积极,发言面超过了三分之一。在教学互动中,体现了教与学的灵动之美,学生的发言,用高兴地造句,体现了思维美、语言美、创造美;在教学写字环节,经过展示,体现了孩子的书写美。

六、注重学生质疑能力和表达能力的培养

在引入的环节,让学生质疑,“看到窗前的气球,你有什么疑问”,学生也提出了有价值的问题。然后就是,在读生字、词语、句子比较、造句等环节中,通过学生的听说读写等不同形式的训练,提高了学生的表达能力。

七、美的升华

以名人名言来结束新课,既让学生理解了朋友的珍贵和好处,又积累了名言,起到了拓展的作用。

如果在课堂中小组合作的展示能更加个性化就好了,因为这堂课的小组合作展示仅限于朗读是不够的,没有思维的碰撞。改革创新之路很难,在以后的教学中将继续努力,争取更好的教学效果。

实践活动心得十二：轻松的英语课堂

——《Module2 Unit1 Where’s the bird?》教学反思

刘林凤

教育家叶澜说：一个教师写一辈子的教案不一定成为名师，如果一个教师写三年反思可能成为名师。教学反思的重要性不言而喻。我没能成为名师，但我依然坚持写课后教学反思。作为一名英语老师，我总是担任一个年级 5 个班的英语教学。通过教学反思的撰写，我总能将前一个班教学中的不足，通过反思，改进用于后面几个班的课堂教学中。精心的教学设计，认真的教学反思，确实使我受益匪浅。

我在进行本课堂教学设计时，也是充分考虑了小学二年级学生的生理心理特点，紧紧围绕教学目标，充分利用游戏法，直接教学法，TPR，多媒体教学法等多种生动活泼的教学形式，让学生在听、说、读、玩的过程中，敢于开口，乐于开口，从而达到灵活运用语言的目的。在整个教学过程中，我努力成为引导者，组织者，而非单纯的语言灌输者，说教者。学习氛围比较宽松，自由，学生的积极主动性得以最大程度的调动。从完成课后网络作业的反馈情况看，教学效果也达到了预期。但在课中，课后我都发现本课有些地方有待改进。

一、结合本课教学内容，课堂教学可以更直观些，灵动些

拿着道具 hat 到教室，不如戴着 hat，装扮成魔术师更能激起学生的兴趣，瞬间吸引学生的注意力。不同常规的打扮，魔术师的装扮既切合了本课的学习内容，也能很快引起学生的注意，便于课堂的流畅引入和 hat 的教学。

介词 on，in，under 和 It’s on\in \under 表达法是本课的学习重点和难点。在进行教学设计之初，我按设计教学完单词 hat 后，借助多媒体开门见山地引入了 P8

的对话教学。学生虽依然激情满满,但学生也将这几个介词的用法局限于魔术用语中。进行完 hat 单词教学后,我直接把帽子“扔”在讲台上,提问:where’s the hat?引导学生学会表达 It’s on the desk.接下来如果我把帽子放到不同物体的表面,引导学生不断强化 It’s on the ...表达法。课堂会显得更灵动而高效。

二、关注学生课堂学习过程中生理心理的变化

介词及其表达法貌似简单,但依然有学生学得很吃力。单词发音不准,句子语音语调怪异是常见的两种情况。在教学过程中,有的学生一次也没有主动举手回答过问题。即使被抽查起来回答简单问题,也会憋得面红耳赤,开不了口。也有学生因学习吃力而逐渐跟不上班级的节奏,跟不上老师的节奏,进而开始说小话,开小差。不关注学生的生理心理变化,也许长此以往,会打消部分学生初始阶段学习英语的积极性,导致他们成为真正的学困生。

三、引入绘本教学,辅助课堂教学

英语绘本 Rossie’s Walk 可以有效的结合方位词的教学。小学英语低年级教学以激发学生的兴趣为主,但学生词汇量的匮乏对他们今后的终身学习是硬伤。所以我一直坚持认为,在培养学生英语学习兴趣的同时,也不能忽视知识的学习和积累,以及学习能力的培养。通过生动有趣的绘本故事阅读,可以增加学生的词汇量,提升他们的阅读能力,同时也能对他们进行认知世界的引导,一举三得。

再成功的课堂都会有疏漏之处,所以我将一如既往地对自己的课堂进行回顾、梳理、并且对其做出深刻的反思、探究和剖析,长期的积累,必有“集腋成裘、聚沙成塔”的收获。

实践活动心得十三：习惯之美

——小学音乐教学中的“美”与“趣”

重庆高新区第一实验小学　杨春燕

《小学音乐课程标准（2011 版）》明确指出，音乐课程性质主要体现在三个方面，即人文性、审美性和实践性。其审美性旨在“通过音乐教育培养和提高学生感受美、表现美、鉴赏美、创造美的能力，陶冶情操，发展个性，启迪智慧，丰富和发展形象思维，激发创新意识和创造能力，全面提升学生的素质。”而小学音乐课程理念中的首要之重便是“以音乐审美为核心，以兴趣爱好为动力”。由此可见，在小学音乐教学中，美育如眼，兴趣如心，审美教育和兴趣培养是音乐教学中必须关注的着眼点，也是提升学生音乐学习力、感受力和创造力的着力点。

在小学音乐教学中，如何才能让美育更好地激发学生学习音乐的兴趣与热情呢？保加利亚作家、戏剧家瓦西列夫认为：“美，是人喜欢某种事物时的感受。美所带来的快乐是一种没有利害关系的、自由的快乐。”显而易见，注重教学中美的感受、鉴赏和创造，能够有效激发学生的学习兴趣；反之，学习兴趣的激发也能够有效促进学生在学习中的个性化感受、鉴赏和创造。常言道，兴趣是最好的老师，学习兴趣的激发定能为音乐教学中的美育奠定坚实基础。

但是，与此同时，我们也应看到，小学音乐课堂形式单一，课堂气氛沉闷，缺乏音乐该有的生机。这些都难以唤起小学生对音乐的学习兴趣，使得小学生对音乐课不是特别感兴趣。我们已经清楚地看到教师和学生之间存在严重的不协调。教师与学生主观认识的偏差形成的学生与学习的矛盾是造成小学生对音乐课不感兴趣的真正原因。基于此，探究如何培养小学生的音乐兴趣的确十分必要。

一、丰富音乐语言之美,激活音乐文化之趣

苏霍姆林斯基说过:“若在语言旁边没有艺术的话,无论什么样的道德训诫也不能在年轻人心灵里培养出良好的高尚的情感来。”在课堂教学中,有的教师语言生动形象,幽默风趣,声情并茂,使学生如临其境,如见其人,如闻其声,课堂气氛活跃异常;而有的教师则恰恰相反,虽然极力想要激发学生兴趣,却总是词不达意,语不传情,导致学生的兴趣急剧下滑。教师的语言是一种技巧,更是一种艺术。而音乐教师的语言从某种角度讲,是比其他学科可以更丰富的,每一件乐器,每一个表情,每一串音符,每一位音乐家的趣味故事,都可以成为激发学生学习兴趣的最好助力,这也是打造课堂音乐文化的基础。

二、营造课堂氛围之美,享受师生互动之趣

美的东西总是能让人愉悦的,营造美的学习环境是让学生快乐学习的基础。我在音乐教室的后墙壁上画了美丽的白雪公主和七个小矮人,代表着八个音符,他们在茂密的森林里和“还原记号”“降记号”“升记号”快乐的游戏。学生一走进教室,就仿佛置身于其中。在左边墙壁上,我贴上了“唱名歌”,各线和各间分别放有不同的小动物和小饰物,如:下加一线放了一只“啄木鸟”,并告诉学生,“中央c上敲敲门,do do do”,第一线上放了一只“猫”,第一线上小猫叫,mi mi mi ”,第一间里放了一只“沙发”,“fa fa fa ”,每当有小朋友忘记怎么唱谱时,我就让他看一看左边墙壁上的小动物和饰物组成的“唱名歌”图,他就会非常轻松地记住该怎么唱。小学生最喜欢小动物和动物饰物了,走进这样一间教室,他们就会觉得仿佛到了美丽的森林,这样孩子们学起音乐来就会感到特别开心快乐。

三、传递音乐情绪之美,体验歌唱游戏之趣

美国现代心理学家布鲁斯指出:“学习最好的刺激乃是对学习材料发生兴趣。”这说明兴趣是学习的基础。作为音乐教师的我们常常对学生说:“这首歌曲表达的音乐情绪是欢快的!”然后就会要求学生用欢快的情绪去演唱。欢快的情绪不是说有就有的,况且感情怎么可以强给予人?让学生快乐的歌唱,首先得让孩子们感觉到这首歌的美,然后才会快乐地学习所教内容。怎样才能让学生喜欢上学唱歌呢?游戏无疑是最好的选择。

在教学《声音的强弱》一课时,我与学生一起玩《麦克风》的游戏,用一只沙球当作“麦克风”,集体一起轻声歌唱,我把“麦克风”放到谁的前面,谁的声音就唱得

响。我还让学生玩“找小铃”的游戏，一个学生找小铃时，集体就拍手，当找小铃的同学离藏铃的地方近了，大家拍手变轻，反之就响。通过这种游戏的方式，学生兴趣大涨。他们还画大圆和小圆、大波浪和小波浪、肥猪和瘦猪来表示声音的强弱，有的让人忍俊不禁。就这样，学生通过美的体验得到了学习音乐的快乐。

四、营造艺术鉴赏之美，激活生活实践之乐

美的音乐来源于美的生活。让音乐和生活沟通起来，营造广阔的音乐教学空间。记得有一次上《小雨沙沙》这一课时，无论我怎么引导，怎么启发，学生也唱不出来“小雨沙沙”的那种感觉，以至于教室外下起了小雨也不知道。这时，不知哪个学生悄悄地说了句：“下雨啦！”这突然给了我灵感，这是老天在帮我啦！我忙拍拍手说：“请孩子们闭上眼睛，仔细听听，周围有什么声音呀？”过了一会，学生们争先恐后地说：“我听到了很小很小的小雨沙沙啦！”我说：“好，现在请大家睁开眼睛看看吧，蒙蒙细雨美不美啊？我们再来唱一遍。”这一次学生表现得很好。“贴近美的生活的音乐学习更具生命力”的说法在我的课堂上得到了印证。

五、创生自主学习之美，点亮合作学习之趣

自主合作的学习方式，是新课标所极力倡导的，与传统的教学模式——老师担当“责任者”，给学生灌输知识不同，我在自己的教学过程中发现，让学生在课堂上承担一定的责任，即从被动的学习接受者，变为学习的主人——自主学习者，往往能让他们注意力集中，保持活跃的思维，积极热情地参与到享受美的音乐的过程中。在上旋律这一章时，我要求我的学生分小组讨论并创造旋律，并在每一个小组选一个同学为领导即召集人，然后告诉他们：任务只有一个，最后达到一个目的，得出一个结论。并且每人有固定的任务，互相倾听，小组成员不能瞧不起任何人或跑到另外小组，等到角色成熟后，角色可以变化。这让每位同学都很兴奋，每个人都积极地动手、动脑，最后每个小组的回答都非常精彩。

六、倡导赏识教育之美，点亮成功自信之趣

每位同学都渴望得到老师的肯定和赏识。苏霍姆林斯基曾说过：“要像呵护荷叶上的露珠那样去保护孩子的心灵。”我在音乐课堂上常会看到有些学生特别大胆，敢说、敢唱，有极强的表现欲望，而有的学生则显得很拘谨。我觉得对于后者，应该多给予一些鼓励，帮助他们树立信心，找到成就感。所以，在音乐课上，我会抓住每个学生身上的“闪光灯”，用鼓励性的语言让学生充满成就感。如：“你真棒！”

“你说得真好！”等。

美国心理学家詹姆士说过：“人的本质需求是渴望被肯定、渴望被关爱。有了肯定和关爱，人与人之间的情感被升华。”有了情感的和谐，音乐美的感受、音乐教育目标就不难实现。记得每年的第一节课上，我看着天真无邪的孩子们，说不出的激动，总要说一些赞美与关爱之词，孩子们被感动得一个比一个做得好，一个比一个唱歌声音大。

我们的音乐教学更应该给学生提供享受艺术的美，在音乐课堂上正确把握美的教育，善于把轻松、兴趣、生活、责任和成就感带进课堂以创造快乐和谐，自主多彩，友爱优美的学习环境，激发广泛的学习兴趣，使学生获得更多的情感体验。

小学阶段是学生音乐素养全面发展的基础阶段，培养学生对音乐的兴趣是学生学习音乐的基础和主要动力，也将为学生终身热爱音乐打下良好的基础。音乐教学中美育与兴趣的关注，能够为学生形成良好而全面的音乐素养提供最好的土壤，在兴趣的土壤中生根发芽的音乐素养，才是最弥久恒新的，才能更好地为学生的终身发展奠基，为学生的美好幸福人生奠基。

实践活动心得十四：美的教育、美的团队

——学校美术课程建设的思考与实践

胡 凤

课程建设是当前学校落实立德树人的根本任务，也是提高学生参与课程育人活动积极性和转变教师教书育人观念的一个重要的途径。小学美术教育对于学校课程建设有重要的促进作用，一方面美术教育不仅是课程资源整合所必需的一种媒介或工具；另一方面美术课程内容更是学校开展美的教育，打造美的团队所需要的课程建设的重点选择。

一、学校美术教学团队分析

目前，美术组由最初的两人扩大到四人再到六人以及今天的八人，皆为清一色的年轻而可爱的姑娘们。美术教师身上的共同特点在于：善良而相互理解，真诚而坦坦荡荡，宽容而氛围和谐，向上而活力四射，好学而蒸蒸日上。

对于学校开展的美的教育，教师们最重要的是有责任感，能立足于传统的中国画塑造学校美术教学特色，主张学以致用，尝试国画教学。教师们利用下课、午间或放学等时间，见缝插针地带领学生拿起毛笔，学生大胆地玩弄着墨与色，点与线等。最先将课程内容放在传统花鸟，笔墨，例如葫芦、葡萄、荔枝等；接着把学生喜欢的卡通、漫画等资源进行和综合开发，让学生“新歌老唱”，将卡通、漫画的现代内容用传统的笔墨来表现；然后，根据课程育人的要求，结合学校各类活动进行了综合课程探索，如我要上“六一”、艺术节、走进美术馆、走进美院等活动纳入课程内容。让美术课程走进学生的现实生活，从生活中体验美的教育，提高了美术课程育人的针对性与实效性。

二、学校儿童水墨探索之路

1.传统阶段(2008—2009 年)

教学内容为传统的花鸟、笔墨技法。如葫芦、葡萄、荔枝等。虽然画得有模有样,但有些脱离生活和学生兴趣。(图 1)

图 1

2.探索阶段(2009—2011 年)

首先,在教学内容上进行了拓展。把学生熟悉的学校生活、家庭生活和社会实事纳入创作内容,如学校开展的六一活动、体育节、五个重庆、5・12 地震等。(图 2)

图 2

其次,在表现手法上进行了尝试。把学生感兴趣的卡通、漫画的构图与造型融入到中国画表现方法里,如音乐里“老歌翻唱”一样,即将卡通、漫画的现代内容用传统的笔墨来表现。(图3)

图3

最后,与语文学科相结合。语文的表达工具是字、词、句,美术的表现工具为点、线、面,但终究都是为了传情达意,讲述故事,表达自己的观点。因此尝试过国画讲故事的方式,如老虎的故事、帽子的故事等。(图4)

图4

3.突破阶段(2011—2013年)

统观以上学生作品,我们分析并反思,发现作品没有个性,没有形成独立的风格。作品花里胡哨,墨也重色亦浓,土没土到家,洋又不到位,缺少学校特色的面貌。

于是,我们把援助之手伸向专家——重庆市少儿艺术委员会以姚渝永老师、侯大全老师为骨干的一大批专家。他们经多次调研、诊断后给我们提出了水墨国画的方向。抓住中国画的本质——水与墨,弱化色,强调水墨画的本质,并尊重儿童成长规律进行实践。

首先选择简单水果的造型,然后是十二生肖、鱼等动物,接着是回忆生活物品,包括静物写生、人物,寓言故事等等。(图5)

图5

4.深化与拓展阶段(2013年至今)

在探索过程中得到了重庆市少儿艺委会、重庆市教育科学研究院和重庆市美术家协会姚渝永、侯大全、徐亮、沈小虞等专家的肯定,他们认为:这些作品已经展现了学校个性面貌,也抓住了儿童水墨画的核心。

他们的鼓励增强了我们的信心。为了突破,我们又继续思考着。看着学生扔掉的一张张废纸,是否可以做点什么呢?一次一位学生偶然把废宣纸搓成条随便粘贴在报纸上的行为点醒了我们,于是有了儿童水墨画与综合材料相结合的作品。(图6)

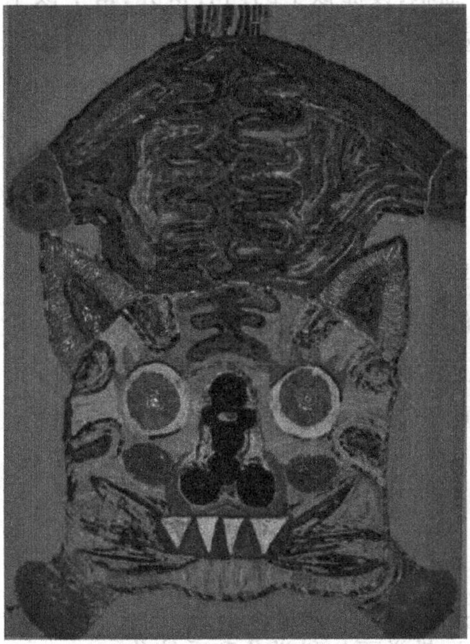
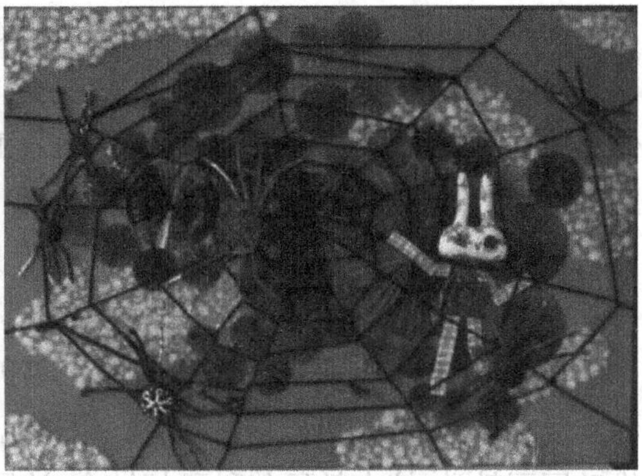

图6

三、学校美术特色项目建设的重要因素

(一)美术教师主动进取是技术保障

1.向书本学习,借鉴前人经验

我们从重庆图书馆翻阅大量与儿童美术教育、中国画等相关书籍寻找方向,知道了“笔墨等于零”,即脱离了具体画面的孤立的笔墨,其价值等于零;懂得了“师古而不泥古”即指拘泥于前人的陈规,而不加以变通,则为死板;又明白了“无法而法,乃为至法”才是最佳教学艺术境界的道理。

2.向教育专家请教

重庆市少儿美术艺术委员会主任姚渝永老师,重庆市教育科学研究院的美术教研员侯大全老师等,他们的指导是非常关键的,确保了我们的方向。专家们多次来校赏析学生作品,亲临课堂教学,与学校领导、美术教师开展专题研讨会,在专家的点拨下我们明白了小学美术教育的核心。因此我们把小学美术教育理解为唤心、读心和留心的教育；唤醒孩子身体的每个细胞，读懂孩子的内心世界，留下该年龄段的痕迹。如果学生“心”死了，一切显得毫无意思！最后确定我校以儿童水墨情趣为重点进行研究，突出水与墨韵的灵动，面与线的韵味，并着重体现儿童绘画过程的快乐与作品的稚拙之美，保持儿童原汁原味的天真情趣。

（二）行政助推是突破发展的决定性因素

2010年3月，以秦登伟校长为核心的领导班子将学校美术项目建设作为学校的重要工作，并纳入学校工作计划中，重点推进重庆市少儿美术特色学校申报工作。美术组也从以前的“游击战”转为了“正规军”，再加上系统的学习，理论与实践都提高的基础上，开始了全面而系统的中国画实践与研究教学工作。

1.开展美术课题研究活动

根据学校《校级课题管理条例》，每年美术组都申请了《小学儿童水墨画教学的实践与探索》的校级课题的研究。组长尤佳老师带着全组教师进行探索，让课题推动国画教学，校本教研与科研相结合，让国画教学更加科学化和系统化。

2.改革美术课堂设置，将一周的两节美术课合并为连堂

这样节约了学生因国画工具准备、收拾整理的时间，更科学合理地利用好中途休息的时间，教师和学生都有充分的时间教学与练习，效果显著。本学期，又改进了美术本，把原来的小本本换成了专门设计的用200克纸做的大图画本。

3.点与面的结合，开展实验年级

学校根据全校美术教学情况，结合前期学生学画中国画的效果，选择陈立老师的二年级为实验年级。陈立老师整合美术教材，把教材与儿童水墨结合，将大量的时间与教学内容融入中国画因素，面向年级的每位孩子把国画引入课堂。

4.开展美术拓展课程和美术综合课程

在保障国家课程的前提下，开展每周四下午半日社团活动和每天下午3:45开始的拓展课程。由学校美术老师自己创编课程、执行课程，包括儿童水墨、线描、综合材料、水墨画与诗歌表达、陶艺等项目，内容丰富，体现自主性、选择性，以年级或学段为单位，实行“走班制”“小班化”，学生根据自己兴趣爱好自主选课，培养学生的个性。拓展课程的实践中，学校编著了两册《学生作品集》和一本《儿童水墨情

趣》的校本教材。

开展丰富多彩的综合活动课程。校内校外的美术综合活动课程是美术特色建设的催化剂。学校先后开展了以下综合活动课程。

(1)2010年3月5—12日在中国三峡博物馆成功举办了重庆市青少年大型中国画成果系列展暨重庆高新区第一实验小学首展活动,学校220幅学生国画作品得到了重庆市美术家协会专家与领导的高度肯定,此次展出也是重庆市能在三峡博物馆举办学生作品展的第一所小学。学校承办市、区级各类美术大型活动,在这些活动中,学生开阔了眼界,教师得到了锻炼,并进化了思想,开阔了视野。

(2)2011年10月成功举办了“牵手国寿绿动中国”重庆赛区少儿美术颁奖典礼。2012年5月25日圆满承办了重庆市第二批少儿美术特色实验学校授牌仪式与美术特色实验学校美术作品展。重庆市美术家协会的画家指导学生作品,四川美术学院教授与学生参观了学生作品。2014年12月西部美术基础教育论坛学生作品在活动中展出。

(3)每年6月参加重庆市美术家协会、重庆市少儿艺委会和重庆市教育科学研究院共同举办的少儿美术特色学校美术展览与艺术交流。

四、美术特色课程建设的特点分析

学校借助中国三峡博物馆成功举办了重庆市青少年大型中国画成果系列展暨重庆高新区第一实验小学首展活动,成功举办了“牵手国寿绿动中国”重庆赛区少儿美术颁奖典礼,举办一年一度的师生画展活动,成果整理编印了《学生作品集》两册,美术校本教材等美的教育与美的团队成果,呈现出了美的教师队伍素质提升。其特点有三个方面:

1.小:实施范围从小处着手

从几个或十几个学生入手,再到一个班、两个班,一个年级,最后扩展到全校。循序渐进,难度不大,便于操作。

2.慢:非速度上的慢,而是一种意境,一种回归自然,轻松和谐的意境

慢是一种豁达,淡定的心境,它可以让你达到一个脱俗的境界。学生需要一定的时间和空间来消化,也应该慢;美术校本课程不单单是一门课程,更是一项艺术,我们应将它看成一件长期的艺术作品来创作;古语道:“骐骥一跃,不能十步;驽马十驾,功在不舍”。

3.坚持

正所谓:“不积跬步,无以至千里;不积小流,无以成江海”。“贵有恒,何必三更起五更眠;最无益,只怕一日曝十日寒”。很多东西不在于你什么时候开始,而是在于你什么时候结束。我们的经历也告诉我们:成功的道路并不拥挤,因为能坚持到底的人并不多。

实践活动心得十五：趣味美 灵动美 延展美

——评周雪梅老师执教的《平行与垂直》一课

彭廷蓉

周雪梅老师执教的人教版四年级上册“垂直与平行”一课，较好地体现了学校“美的课堂”的教学理念。

一、创设情境，趣味铺垫引入美

新课引入趣味性强，且为新知学习做了较好的铺垫。老师很巧妙地把“无始无终”四个字放在长方体不同的四个面上（上面、前面、下面、后面），让学生感知“不同的平面”的概念，然后将长方体的这四个面变魔术似的展开成同一个平面，让学生形象地感知“同一平面”的概念，通过提出问题：这四个字还在不同的平面吗？引出“同一个平面”的概念，教师巧妙运用同一个素材让学生通过观察、比较，理解了“同一平面”与“不同的平面”这两个抽象的概念。不仅如此，教师再次运用此素材，让学生根据“无始无终”四个字猜一种学过的图形——直线，学生参与学习的积极性得到了极大地调动，之后教师自然地引入新课：研究同一平面内两条直线的位置关系。在这一环节，教师的教学很好地体现了对比教学美、创设情境趣味美。

二、自主探究，合作交流灵动美

教师在教学中，让学生经历知识的形成过程，教学中较好地体现了美的课堂“五还”策略，也较好地体现了教与学的灵动之美。

1.把独立思考的机会还给学生

教师让学生在纸上画两条直线以前，先让学生想象出两条直线的位置，然后再画一画；教师让学生将六组直线进行分类之前，先让学生充分观察并独立思考：这些同一平面内的两条直线的位置关系可以分为几类？哪几类？教师让学生从相交直线中找出互相垂直的一类之前，让学生独立找一找。学生在每一次学习活动前，都有较充分的独立想象、观察、思考的时空。在此基础上开展自主探究、讨论交流活动，使学生的独立思考能力、解决问题能力得到提高。同时较好地保证了合作交流的有效性，提高学生学习能力。

2.把动手操作的机会还给学生

教师充分地认识到操作的重要性，把动手操作的机会还给学生。首先让学生在同一平面内画两条直线，然后在小组内交流：说你画的两条直线的情况、看同学画的两条直线的情况。让学生初步感知同一平面内的两条直线的位置关系，也为后面的研究提供了资源。在学生认识平行线永不相交的特点时，让学生动手在纸上画、延长到黑板上画、想象延长至黑板外的样子，让学生充分体验同一平面内不相交的两条直线永不相交的现象，发展学生的空间想象力，让学生在形成表象的基础上再建立概念、理解概念。

3.把学习的过程还给学生

在学生独立思考的基础上，展开小组讨论。经过学生比较充分的讨论后，再组织学生全班交流。教师有效地组织学生交流，让学生经历了从混乱—已相交、“未相交”两类—已相交、未相交但能相交、不能相交三类—相交、不相交两类这样一个分类过程。在此过程中，教师巧妙组织学生利用生成的资源进行争议、根据直线的特点进行验证、并引导学生展开想象，让学生逐渐明确分类的标准和得出正确的分类结果。让学生经历了提出疑问、验证、达成共识的过程，完善学生的认知结构，让学生理解了两条直线的位置关系分为相交与不相交两类，同时也培养了学生的空间想象力。教学互相垂直的概念时，让学生先独立地找出相交中特殊的一类，然后小组交流、验证、自学课本、汇报交流、及时练习，学生经历了知识形成的过程，牢固地建立的概念。

4.把提问的权利还给学生

在教师组织学生全班交流的过程中，适时把提问的机会交给学生。当学生交流到分为已相交、未相交(但能相交)、不相交三类时,一学生质疑交流的同学:第二类和第三类的区别到底在哪儿?这一问,真是问到了点上,引起了全班同学的进一步思考,使分类标准越来越明晰,分类也越来越倾向于合理。

三、巩固应用,拓展提高延展美

在教学中,教师善于拓展学生的视野,让学生感受数学知识的应用价值。首先教师及时地组织学生进行练习,应用所学的知识进行判断,以巩固所学的知识。在巩固知识的环节,教师还引导学生发现生活中的垂直与平行的现象,寻找生活中垂直与平行的应用。教师向学生介绍了铅垂的应用、山西应县的木塔、上海世博会中国展馆中分别用到的平行与垂直的知识,让学生开阔了眼界,也感受到数学知识在生活中的应用价值。

巧妙延伸拓展学生的知识面。通过让学生摆一摆:(1)把两根蓝色小棒摆成和红色小棒平行,看看两根蓝色小棒互相平行吗?让学生感知:两条直线同平行于一条直线,这两条直线互相平行。(2)把两根蓝色小棒摆成和红色小棒垂直,看看两根蓝色小棒是怎样的位置关系。让学生感知:同一平面内两条直线同垂直于一条直线,这两条直线互相平行。

巧妙地对学生进行了科学素养教育。教师巧妙地运用错觉现象,先后出现两组图形,让学生在看图时产生错觉:实际是互相平行的两条直线,看起来不平行。让学生感受数学的神奇魅力之外,还感悟到对于科学不能只凭眼睛看看,还必须用科学的方法进行验证,才能得出结论,运用这一素材自然地培养了学生的科学素养。

注意将知识向后延伸。教师也借这个材料,激励学生学习了平行线的画法之后,可以亲自去验证重庆科技馆墙壁上的这组图画,那样就更信服了,这样让学生保持强烈的求知欲,更让学生带着问题、带着悬念、带着期待意味深长地离开课堂。

四、有待提升的美

为了更好地体现出"美的"课堂教学理念,使学生在教学中受到美的熏陶,建议老师加强教学交流与评价的生动美,尤其是教学评价要加强。另外,教师还要善于捕捉学生的生成资源,适时引导、点拨,恰当发挥教师的主导作用,始终掌握住正确的方向,可以使"美的"课堂更好地呈现出灵动之美。

研究成果篇

——科研引领学校高质高效发展

研究成果篇

——林研忆数学文献研究之发展

“美的教育”的实践与研究开题报告

赵　平

课题承担单位：重庆高新区第一实验小学

课题负责人：秦登伟

“美的教育的实践与研究”课题是重庆高新区第一实验小学承担的重庆教育学会2012年度立项规划课题，预定完成时间2015年6月。下面，就本课题研究背景、意义、内容、方法，以及实施步骤和预期成果进行简要说明。

一、课题的研究背景及意义

《国家中长期教育改革和发展规划纲要》在国家教育发展改革指导思想中明确指出：“坚持全面发展。全面加强和改进德育、智育、体育、美育。坚持文化知识学习和思想品德修养的统一、理论学习与社会实践的统一、全面发展与个性发展的统一……加强美育，培养学生良好的审美情趣和人文素养。促进德育、智育、体育、美育有机融合，提高学生综合素质，使学生成为德智体美全面发展的社会主义建设者和接班人。”

《重庆市城乡教育改革和发展规划纲要》在如何深化教育体制改革上明确要求：加强美育，推进高雅艺术进校园，培养学生良好的审美情趣，提升人文素养，推进校园文化建设。开展积极向上、丰富多彩的文化娱乐活动，加强中华优秀传统文化和革命传统教育，弘扬红岩精神、抗战文化和三峡移民精神等本土优秀文化，塑造学生乐观健全的人格，培养学生积极健康的品质，提振学生的“精气神”。

《九龙坡区十二五教育规划》在推进学校特色建设上要“坚持内涵发展，深化学校办学特色，打造以杨家坪、石桥铺为中心的现代教育特色片区”，要求学校“坚持‘一校一品牌’的思路，精心确立特色，用心打造特色，匠心物化特色，实现学校优质特色发展。”

重庆高新区第一实验小学创建于 2001 年 8 月,伴随新一轮课程改革一起成长。在十二年的办学实践中,坚持全面育人,推进素质教育,追求特色发展。在特色发展道路上,历经科技教育特色的初探、和谐教育特色的深化、落脚美的教育特色的建设,走出了一条富有个性和成效的特色发展、内涵发展之路。

在国家、市、区强化学生素质教育,加强美育功能的大背景下,学校以培养发现美、欣赏美、创造美和表现美的学生为追求,正如教育部基础教育一司王定华副司长在“论述素质教育的八个特征”时指出的那样:“培养学生发现美、欣赏美、创造美的教育,就是素质教育。”所以,进行“美的教育”实践与研究,体现了学校对素质教育的自觉优化和深层发展。

学校自 2010 年提出“崇和尚美,一生相随”的校训,得到中国教育学会会长顾明远先生的认同和题写后,自 2010 年确立“美的教育”特色得到重庆市教育评估院龚春燕院长的认同和题写后,进行了两年的“美的教育”特色建设工作,取得了初步的成效:美的校园环境建设焕然一新,营造和凸现了较好的文化氛围;美的课堂建设,初步形成了“三三五”的课堂教学模式,其科学性和可操作性通过承办全区课堂教学改革研究现场会和参加国家、市区级赛课得到较好的体现和印证;美的教师队伍建设,通过社会各界对学校教师的评价,市区督察对教师队伍的调研以及实际工作业绩,在广大学生家长中的良好口碑得到较好的反馈;美的学生培育,通过学生在校的实际表现和对进入各级各类学校的信息反馈,以及在各种重大活动、赛课现场的表现得到最直接的反映。美术特色项目的建设,通过在三峡博物馆举办学生美术作品展,承办“牵手国寿、绿动中国”重庆赛区颁奖典礼,重庆市第二批少儿美术特色实验学校授牌仪式和第二届重庆市少儿美术特色学校学生美术作品展等工作以及正在进行的申报重庆市美术特色学校的工作,凸现了美术特色项目建设的成果。

但是,学校领导集体和相当一部分教师深刻地感受到,学校美的教育特色建设,虽然在构建上的工作基本完成,但在深入、细化和提升上却遭遇瓶颈,深不下去,细不下来,提升困难。这些困惑阻碍着学校的特色发展和内涵发展进程,影响美的教育质量。解决这些困惑,突破瓶颈,推进美的教育更加走向深入,是本课题研究最直接的目的。所以,学校通过申报和开展“美的教育的实践与研究”的课题研究,对完善和丰富美的教育机制的构建,深化美的教育特色,探索具有学校自身个性特征的特色发展、内涵发展道路,有着相当深远的意义。

二、课题研究的理论基础和依据

1.素质教育理论指导美的教育

美的教育是学校对素质教育的自觉优化和深层发展。素质教育思想中的素质是广义的。广义的素质指的是教育学意义上的素质概念,指“人在先天生理的基础上在后天通过环境影响和教育训练所获得的、内在的、相对稳定的、长期发挥作用的身心特征及其基本品质结构,通常又称为素养。主要包括人的道德素质、智力素质、身体素质、审美素质、劳动技能素质等。”坚持素质教育的主要意义在于:第一,一个人只有具备了良好的基本素质,才有可能实现向较高层次的素质或专业素质的“迁移”。基础教育以发展和完善人的基本素质为宗旨,因而不少人指出基础教育的本质就是素质教育。第二,从教育控制论的意义上讲,教育是一种人为的、优化的控制过程,以便受教育者能按照预定目标持续发展。

2.新教育实验理论启迪美的教育

“新教育实验”源于朱永新教授的《我的教育理想》《新教育之梦》这两部个人专著。它的核心理念是:为了一切人,为了人的一切。它的目标追求就是:追寻理想,超越自我。五个基本观点是:无限相信学生与教师的潜力;教给学生一生有用的东西;重视精神状态,倡导成功体验;强调个性发展,注重特色教育;让师生与人类崇高精神对话。新教育追求四重教育境界:成为学生享受成长快乐的理想乐园;成为教师实现专业发展的理想舞台;成为学校提升教育品质的理想平台;成为新教育共同体的精神家园和共同成长的理想村落。它的价值取向:只要行动,就有收获。

3.苏霍姆林斯基“个性全面和谐发展”理论蕴含美的教育

苏霍姆林斯基指出,所谓“个性全面和谐发展”,即“意味着劳动与人在各类活动中的丰富精神的统一,意味着人在品行上以及同他人的相互关系上的道德纯洁,意味着体魄的完美、审美需求和趣味的丰富及社会和个人兴趣的多样”。

苏霍姆林斯基认为,必须使人的多种多样的才能、天赋、意向、兴趣和爱好等个性特点得到充分发挥。他强调说:我们的教育目标“就是让走向生活的每一个青年男女的才能得到最充分的发挥”。在苏霍姆林斯基看来,个性全面和谐发展是对每一个受教育者的共同要求;而各种才能、兴趣、爱好的充分发挥则因人而异。

三、课题核心概念界定

美的教育:是指在学校"为美好人生奠基"办学理念的指导下,以创建美的校园、构建美的课堂、培养美的教师和培育美的学生为手段,从而培养学生发现美、欣赏美、创造美和表现美的意识、素养和能力,成为具有中国灵魂的世界胸怀大美学生的教育。

四、国内外相关研究综述

为了寻求正确的研究方向,充分借鉴国内外相关研究成果,不断丰富美的教育的内涵,我们在申报过程中,详细查阅了国内外相关研究的动态和成果。

1.江苏省姜堰市东桥中心小学于 2008 年 11 月开始《构建尚美教育理论与实践的研究》,该研究以课堂为核心,充分挖掘教育资源中的"美"的因素,将各种教育资源中的美的因素与教育教学活动有机融合,从而培养学生崇尚美、追求美、欣赏美和创造美的教育。与我校的美的教育有相近之处,可谓英雄所见略同。但在实施渠道上,差别较大。

2.辽宁省盘锦市盘山县于 2009 年开展了《学科渗透美育研究》,侧重于从学科的角度,训练和培养学生美的能力,与我校的美的课堂建设,有相近之处,但在内涵上,与美的教育差别甚大。

3.江苏省吴江市铜锣中心小学的《农村小学臻美教育的实践研究》侧重于从课堂上实施美育,以课例研究为核心。此研究可供借鉴的是"臻美教育",从美术项目特色提升演变而来,对我校有一定的借鉴作用。但落脚点依然在一般意义上的美育,在研究思路和实践措施上不如我校的系统、明晰。

纵观国内外相关的研究,总体上讲,绝大多数的研究多限于一般意义上的美育研究,但国外很多国家在美育研究的突破上,起步早,落实到位,正如席勒所说:"在美生成的较高阶段上,美将把关注的目光转向塑造人本身的教育,美将与教育合辙并行。"但在提法的表述和概念的界定上,我校美的教育是当前唯一的,而且相对较为系统。

五、课题研究的创新及研究假设

（一）本课题研究的创新之处体现在三个方面

1.内容上的创新

尽管本课题的研究与国内外相关研究存在一定的相同、相通之处，但在内容上与相关研究存在宽窄多少的差别。第一，相关研究多数属于单纯意义上的美育，而美的教育研究内容包含了校园文化建设的研究、课程建设的研究、师资队伍建设的研究以及美术特色项目建设的研究，在内容上更为广泛，是全方位的研究。

2.方法上的创新

本课题的研究有着学校长期的办学实践和探索为底蕴，是一种在本土土壤生长出来的自然而然的教育价值追求，拥有丰厚的研究资源和广泛的群众基础，研究方法重视调查分析、跟踪反馈，在大量的实践经验和信息反馈的基础上进行研究提炼，使研究成果最为真实、合理和科学。

3.视角上的创新

本研究在重视课堂、学科对学生的教育影响外，更重视环境文化对学生的影响，重视人（教师）对人（学生）的影响，重视校园活动对学生的影响，从而完善和丰富美的教育工程系统。

（二）课题研究假设

1.通过对本课题的研究与实践，寻找到解破美的教育瓶颈的方法与途径，美的教育内容更加丰富，内涵更加明确，美的教育系统基本完善。

2.通过加强特色校园文化建设，进一步完善美的课堂教学模式，丰富校园活动，强化美的教师队伍建设和美术特色项目建设以及更加丰富的社团活动的开展，使学生美的意识基本形成，发现、欣赏、创造和表现美的能力得到进一步的锻炼和加强。学生能更加热爱美的校园，在课堂上能够积极主动、热情大方、条理清晰地展现自己的个性与见解；能够借助各种活动平台锻炼自己并能在各种活动中积极参与，表现自己。

3.学生接受美的教育的效果能够可持续地保持，在各个阶段和场合能表现出与其他学校学生明显不同的带有美的教育烙印的风采与个性特征。

六、课题研究的目标和内容

（一）课题研究的目标

1.提炼出美的教育的内容和内涵体系。

2.探索出实施美的教育的途径和方法。

3.形成美的教育特色校园文化（包括校园景观文化、理念制度文化、美的课堂文化、美的活动文化、美的教师文化和网络文化）。

（二）课题研究的内容

1.“美的教育”现状调查研究。

2.美的教育的内涵体系的研究。

3.实施美的教育的途径和方法研究。

（1）“美的课堂”的实践研究，包括美的课堂的概念界定、指导思想、操作模式、课堂流程以及分学科、分年段的课堂评价标准等。

（2）“美的教师”队伍建设的研究，包括干部教师的引进机制、考核评价机制、培训机制以及美的教师的标准等研究。

（3）“美的学生”标准的研究。

（4）“美的校园”环境营造的研究。

4.美的教育特色校园文化建设的研究。

七、课题研究的对象和范围

本课题研究的对象是全校师生，研究的内容范围是学校组织开展的各种教育教学活动及学校的各项特色文化建设。

八、研究的思路和方法

（一）研究思路

1.通过开展特色校园文化建设实践，研究其对学生的感染力。

2.通过开展美的课堂教学实践,研究其对学生的引领力。

3.通过开展美的教师队伍建设实践,研究其对学生的影响力。

4.通过开展校园活动及美的学生标准建设实践,研究学生的接受力与执行力。

5.通过开展学生离开学校后发展状况的追踪调查,研究美的教育的续航力。

6.通过上述几个方面的综合测评,研究形成美的教育的指导思想、内容方法、实施渠道等基本架构。

(二)研究方法

1.问卷调查法

课题拟在全校范围内发放开放式问卷,了解师生对美的教育的认识,了解师生对校园文化、美的教师、美的学生等的了解,充分发挥师生的参与热情和主体作用。

2.文献研究法

课题研究将对美的教育思想涉及的校园文化建设的文献、著作进行深入学习、研究,对美的教育思想相关的校园文化建设内容等进行综合研究。

3.行动研究法

课题研究采用边实践、边总结的方法,发现问题、专题研讨、总结经验、提出改进方案,在此基础上形成富有学校特点,熔铸美的教育思想于特色校园文化建设的典型案例和校本教材、学校特色发展方案与人和精神内涵一体的研究。

4.经验总结法

认真总结美的教育实践活动过程中的好的经验,上升到理性层进行分析,形成重要的成果专集。

九、研究计划和安排

1.研究准备阶段:2011 年 9 月—2012 年 11 月(查新、分析、立项、开题等)

2.研究实施阶段:2012 年 12 月—2014 年 6 月(建立机构、组织研究、认真实施、物化成果、形成特色等)

3.研究总结阶段:2014 年 6 月—2014 年 12 月(形成资料、归纳成果、准备结题等)

十、预期成果形式

1.课题研究报告。

2.课题研究论文。

3.教育活动、课堂教学案例集(包括活动实录光盘)。

4.美的教育工作制度集。

5.调查分析报。

6.特色项目校本教材。

“操千曲而后晓声,观千剑而后识器”,本课题作为一项全校性的实验研究,需要参与课题研究的教师把握机会,加强理论学习,认真思考,明确各阶段的任务,积极参与,不断实践,总结成果,以保证顺利推进课题研究,达到预期的成果。

“美的教师梯级团队建设”的实践与研究开题报告

牟　映

一、课题提出的背景

1.社会的飞速发展和教育的发展对教师的要求越来越高

《国家中长期教育改革和发展规划纲要(2010—2020)》强调指出:“百年大计,教育为本。教育是民族振兴和社会进步的基石,是提高国民素质,促进人的全面发展的根本途径,寄托着亿万家庭对美好生活的期盼”。强国必先强教,强教必先强师,有好的教师才有好的教育。要全面提高教育质量,实施素质教育,实现教育的内涵发展,办特色教育,培育适应社会发展的优秀人才,进一步提高教师素质。

2.学校文化发展历程

我校于2001年建校,2005年成为重庆市最年轻的示范小学,2010年成为全国特色学校。2010年,学校提出“为美好人生奠基”办学理念和“培养具有中国灵魂世界胸怀的大美学生”个性化培养目标,得到了著名教育家顾明远先生的肯定,并题写校训“崇和尚美,一生相随”。学校追求“各美其美,美美与共”的办学愿景,倡导“有教无类,玉成其美”的教师样态和“乐学善思,德美行美”的学生样态,共同构成学校“美的教育”理念体系。学校在探索文化发展的进程中,经历了探寻特色发展的“科技教育”(2001—2007年)阶段和深化特色发展的“和谐教育”(2008—2010年)阶段后,迈入了深度发展的“美的教育”(2011年以后)阶段。在和谐教育的实践基础上,寻找到了学校的文化个性,那就是由关注学校发展中的各种协同关系，转变到以学校个性发展为导向；由关注孩子的科技、绘画等素养，转变为满足学生面对未来生存和发展的需要。学校正围绕“建设美的校园，构建美的课程，培养美的教师，培育美的学生”四个维度，全面建设“美的教育”校园主题文化。

3.学校教师现状

（1）学校现有教师队伍中，专业化程度很高，但中年教师的专业素养跟不上形势和时代发展的要求。有的教师教育观念较为落后，教学方法陈旧，教学效果不令人满意。

（2）学校名优教师、骨干教师、拔尖人才数量少、层次低、影响力不够等，直接影响着学校不断发展，影响着学校“集团化发展”目标的实现。

（3）学校教师都是通过公开招聘、人才引进、“985、211”优秀大学生选拔等渠道进来的，教师基本素质好，起点高。虽然年轻教师理论基础扎实，但普遍在教学方式、教学技能等实践经验方面存在一定的差距。

（4）教师主动发展积极性不高。有的老教师主要靠多年积累的经验教学，缺乏教育理论、教学技能的更新；有的新教师不能将所学知识很好地运用于现实的教学实践。教师们面对各种信息量异常丰富的学生，面对改革的教材，面对倍加关注学校的家长，教师们常常感叹多，埋怨多，但主动学习、主动发展、主动改革的积极性不高。

4.学校对教师的发展缺乏系统思考与实践研究

重庆高新区第一实验小学是重庆市九龙坡区的一所示范性窗口学校，虽然学校历来也非常重视队伍建设，学校也采取了校本培训、青蓝工程、教学反思、课题引领等多种培养方式开展师资培训，但大多是针对教师个体的行为，对教师团队的整体发展、分层次培训还缺乏系统的思考和研究，不能满足学校名校发展的需要和时代的要求。

我们确立此课题，是希望能以课题研究为契机，促进我们系统、科学的研究教师队伍整体发展策略，能得到各级领导、专家的帮助与指导，从而解决我们在教师队伍建设中的各种实际问题，真正实现教师梯级建设和团队科学、和谐、可持续的自主发展。

二、课题的界定

1.美的教师

“美的教育”是教育终极的流溢，其赋美以特征、寓美于过程、以美为价值取向。学校想通过培训、外出学习、专家指导，校本教研和进行美的课题研究等多种方式，建设美的教师队伍。

2.团队建设

“团队建设”主要是通过各种教研组、学科组、年级组等小集体开展以针对问题并解决问题的学习、交流、研讨等活动。“团队建设”的根本目的在于通过各类学习活动，改变教师的心智模式，改变教师的教育观念、教学行为，形成教师团队的共同发展目标，促进教师团队的共同提高。“团队建设”活动是教师获得发展的重要途径。

3.梯级发展

教师个体的活动空间在学校，学校给教师提供进行课堂教学、科学研究、教育教学管理、交流学习等平台几乎相同。但由于教师个体的差异，使得教师在团队学习、交流、交往中，在与同伴的合作与互动中，在理论、经验和实际工作能力等方面获得的发展却并不同步，这就要求学校对教师“因材施训”，分层分级要求和培训，使得每一个教师在自己原有的基础上有所进步和发展，实现个性化发展和差异性成长。

“梯级发展”就是在对教师队伍结构进行认真分析的基础上，根据教师的专业理论、教学经验、教学能力、年龄差异、教学业绩等差异，分梯级建立各类教师团队组织，各梯级队伍确定不同的目标、任务，分层次开展各类培训活动，让各层次教师在原有基础上都有收获和发展，实现共同成长。

三、课题研究的意义

1.激发自我发展内动力，实现教师差异性成长

本课题研究旨在通过设计多元的校本教研活动，创建良好的学习型、研究型、合作型教师发展文化，让教师在团队中选择适合自身发展需求的活动，激发教师自

我发展愿望和内在发展动力，不断提高教师专业发展能力，实现教师差异性成长。

2.搭建智慧共享平台，促进教师团队化发展

通过建立由领导班子和团队优秀教师组成的团队建设的名师工作室、青年教师成长工作室、青蓝结对工程和学科研究小组、教学备课小组，实施学习共同体扁平管理，指导、激励学习型团队开展学习研讨活动，使教师群体更愿意接受和吸纳指导者的意见，使团队学习更具实效性。

3.遵循“以人为本”理念，探索梯级团队建设模式

本课题依据“以人为本”的管理思想，有助于为教师成长创建宽松、愉悦、和谐的氛围，有助于提高教师的职业意识、专业技能和自我发展的精神，有助于在实践中探索教师发展的自主性、自觉性以及客观需求，能为教师教育及教育管理方面的决策提供“可贵的素材”。

四、课题研究的原则

1.实际需求原则

根据学校教育发展的实际需求，把教育改革和发展要求、学校特色建设需要、教师专业成长需求有机结合起来，努力培养一支学习型、研究型、专家型教师队伍。

2.多级培养原则

遵循教师成长规律，把教师确定为不同发展梯级，积极组织各级各类培训活动，为教师的发展提供多维平台和空间。

3.整体发展原则

按照促进教师队伍整体发展的要求，将各梯级教师置身于各个团队之中，对不同梯级教师赋予不同层次的发展要求，激励各个梯级教师根据自身梯级目标、特点向着更高梯级发展，引导各层次教师树立终身学习、不懈追求、进取攀登的职业意识，建立和营造自我反思、同伴互助、专业引领的工作氛围，体验和提升教师专业发展的幸福感，促进教师团队素质的整体提高。

五、国内外研究现状

美国耶鲁大学的克雷顿·奥尔德弗在马斯洛提出的需要层次理论的基础上，

提出了一种新的人本主义需要理论。他认为,人们存在3种核心的需要,即生存的需要、相互关系的需要和成长发展的需要。由此,我们认为打造教师团队,给教师一个活跃的平台,充分激发其内需力,教师的自主发展意识就会增强,因为每一位教师都是期待专业成长的。

从建构主义学习理论发现,学校管理者组织与开展一定的教研(学习)活动时,即使其内容与形式是根据教师的普遍需求而产生的,但在实质上,与教师个体真实的学习愿景与主动建构意义依然是有距离的,所以我们要有针对性地关注每位教师学习需求的差异性。20世纪60年代,国际教育界提出“教师成为研究者”的主张。当时,教育专家、学者提出学校应该建设教师专业团队,实现“同伴互助”。学术界将教师专业成长的重心从以往的关注教师的自治和个人发展,转向强调教师专业的同伴互助和合作文化。团队的工作模式因为“团队”灵活性大、适应性强、效率高等优点日益突显,“教师团队”应运而生。

2009年《中国教育发展研究》第一期刊登了赵云兴的文章《浅论边疆教师团队精神的培养》。其中指出“弘扬教师团队精神对于学校的建设和发展意义非凡”,可以说,在一定程度上,教师团队发展决定了学校的前途。

我校一直非常重视教师队伍建设,制订了“青年教师培养导师制实施办法”,开展“蓝青工程”以老带新“一帮一”结对子活动,以教师为主体,学校为阵地,校本研训为载体,着力培养青年教师,提高骨干教师,收到了显著的效果。近几年,学校的教研师训工作都得到了区教委的高度评价。

六、课题的理论依据

1.教师发展就是学校发展

优质教育资源中最根本的是优质的教师资源和优质的管理资源。学校要发展,教育质量要提高,必须首先发展教师,把教师队伍作为学校最重要的资源,努力去“开发潜能,发展个性”,使教师的活力竞相迸发,使教师的才智充分涌现。

2.“以人为本”的发展

关心和信赖教师,尊重教师,依靠教师,从多方面调动教师的主动性、积极性。

3.“以校为本”的发展

教师梯级团队的建设,必须以学校自主培养为主,只有从学校的实际出发,在实践中才能培养出高素质的教师队伍。

4."以发展为本"的发展

教师梯级团队的建设必须以教师的发展为主要内容,要创造各种条件,激励教师成功,学有所长,不断进步。

七、课题研究的目标与内容

1.目标

继续完善"引进、培养、调整、优化"队伍建设的各项管理和激励机制,构建"教、研、训一体化"的校本培训模式,促进教师梯级团队专业化发展,努力建设一支结构合理、教育观念新、教学技能强,敬业爱生,师德高尚,奋发向上,业务精良,善于研究,勇于探索,凝聚力强,高素质的美的教师队伍。

2.内容

本课题旨在研究教师团队成长的基本途径以及教师发展内驱力的形成等基本问题。

(1)教师梯级团队的界定。确定教师梯级团队成员,为本课题研究界定研究对象和范围。

(2)教师梯级团队建设的途径:包括内在素质的提升方法、成长过程中的规律性研究、创造实践及其成果研究。

(3)教师梯级团队成长环境以及管理机制的研究。

(4)培养和提升不同类型、不同层次的教师、学科骨干、名教师、拔尖人才等。

八、课题研究的方法和步骤

(一)研究方法

1.调查研究法

通过教师访谈,问卷等形式,分析现有教师状况,探索教师管理机制,研究校本培训内容、方法及教师评价制度等。

2.文献研究法

关注国内外相关研究发展动态,收集相关文献资料,借鉴先进方法,提高教师团队建设水平。

3.比较分析法

在课题研究过程中,通过本校与外校,现在与过去的纵横对比,发现管理机制的有利因素和不利因素,从而不断修改、完善教师培训管理机制。

4.行动研究法

积极探讨梯级团队运作过程中的问题,不断反思修正课题实施方案。在实践中研究,在研究中实践,一边研究一边总结,一边调整。

5.个案研究法

通过个案研究,由点及面,分析教师的成长规律,及时总结研究的成果。

6.叙事研究法

通过工作室,及时交流研究的信息、困惑及成果,并利用网络平台进行开放式研究。

（二）研究的步骤

1.准备阶段(2011 年 9 月—2012 年 11 月)

(1)成立课题研究组、课题领导小组。

(2)调查了解本校教师专业素质现状。

(3)撰写课题研究方案。

(4)搜集、学习相关资料,建立课题资源库。

2.实施阶段(2012 年 12 月—2014 年 6 月)

(1)调查分析阶段

调查分析我校教师队伍建设的现状和需求。通过深入调查,了解教育教学的现状,了解教师队伍结构和素质的现状,了解教师专业发展的需求,分析我校教师队伍建设方面存在的主要问题，形成调查报告。

（2）制订和完善梯级团队建设方案

完善体现团队建设和梯级发展的教师专业发展考核办法，教研组、备课组、名师工作室建设考核办法等。

（3）构建教师梯级团队

在对教师专业素质状况进行调查的基础上，综合教师的发展潜质、专业素养、自我发展意识、获得的荣誉和在学校发挥的作用等因素，把教师分为六个梯队：青年教师—校级教坛新秀—校级骨干教师、名教师—区级骨干教师、名教师—市级骨干教师、名教师——国家级骨干教师、教学名师。并明确梯级教师职责、任务和培养推进办法。

（4）组建名师工作室

组建名师工作室，聘请工作室顾问、学科领衔人，建立工作室网站，签订领衔人和工作室成员共同发展协议，拟定工作室管理办法，领衔人和成员的职责，制定工作室和领衔人、成员的考核办法，各学科工作室结合学校教学教研工作和教研组备课组工作要求，拟订学科工作室三年规划和学习计划，并切实实施。定期召开学科领衔人培训工作会，交流工作心得，了解工作困惑，解决工作问题，习得工作方法，调整工作策略。定期考核工作室工作，推广展示工作经验，带动后进工作室，促进工作室均衡发展。确保各梯级教师的成长和发展。

（5）组建青年教师成长工作室

结合学校“青蓝工程”，组建青年教师成长工作室。落实人员、场地、时间和召集人，创新活动内容和形式，在提高青年教师教育教学技能的同时，培养青年教师健康的志趣和爱好。

（6）确定团队发展愿景

教研组、年级组确定好团队发展愿景和研究的方向，切实开展工作，保证每周半天活动时间。着力打造团队合作的教研文化，形成特色。

（7）开展校本研训

以“专家引领、同伴互助、个人研修”为总体思路，通过专题讲座、课例研讨、教师发展论坛、经验交流、示范展示、技能竞赛、外出培训、挂职锻炼、走进名校、送教下乡等形式研究教师培训的针对性、实效性，建构教师培训模式，探索教师梯级团队专业化发展的途径和方法。

（8）“两杯”引领促成长

学校每年开展“秋实杯”和“高新杯”赛课活动各一次，人人参与，分学科及年级组进行团队打磨,促进教师成长和团队打造。

(9)成立学术委员会

学校学术委员会是学校最高学术审议机构。根据学科发展需要,设置以学科群为单位的学科组理事会,承担校学术委员会委托的相应职责:①为校长提供办学方向、学科建设、人才培养、科学研究、教师队伍建设、学术交流决策咨询。②从学术的角度审议学校发展规划、课程设置和教学管理,为提高教育教学质量献计献策。③教学引领,以教育教学为中心,通过课堂诊断、问题研究、专题讲座等研修活动,引领教师更新教育教学观念,提高中青年教师课堂教学和班级管理能力。④做好学校课题研究的常规指导与审查工作。每年对区级及以上课题的申报进行指导。参加一年一度的学校教育科研课题的立项评审工作以及各级课题的开题论证、中期检查、结题验收等工作,提出可行性意见与建议。⑤积极承担学校组织的学术年会、教育科研成果类的评审活动、学校“高新杯”与“秋实杯”的教育教学评优活动的评审工作。⑥积极参与学校教育教学中学生素养与能力测查工作,以及教师职称评定与审核工作。

(10)成立教师书社及开展读书沙龙活动

(11)开展教师团队拓展训练活动

3.成果形成阶段(2014 年 6 月—2014 年 12 月)

收集课题研究资料,进行分析、总结;对研究的可行性与价值性作一次新的分析;撰写研究报告。

九、课题预期成果

(一)文本成果

一是研究报告;二是教师团队选拔、培养方案及管理、保障制度;三是团队建设图文集;四是校本教材。

(二)实际成果

1.在教师团队中建立强烈的团队精神,浓厚的学习、研究氛围,蓬勃向上的专业发展追求。

2.教师个体专业素质高,专业水平好,各学科有一定数量的教学名师、学科带头人、教学能手、教坛新秀等。

十、课题的组织保障

1.领导机构保障

成立课题领导小组，课题研究小组，加强课题的领导和管理。

2.时间和人员保障

固定研究人员，定期组织主研人员例会，每周半天课题教师活动，确保课题的时间和人员到位。

3.制度保障

在学校科研制度基础上，制定本课题的学习制度和研究制度，梯级教师考核制度，工作室考核制度，确保课题的顺利进行。

4.经费保障

课题经费将纳入学校经费预算，保障课题的经费开支。

5.理论引领保障

聘请专家顾问，同时定期与重庆市教科院和九龙坡区教师进修学校、其他名校联系，坚持向专家请教，获取理论支持和方法指导。组织课题研究人员到先进地区学习考察。

“实施美的教育,构建美的课堂”的实践与研究开题报告

赵　平

“实施美的教育,构建美的课堂”的实践与研究课题是重庆高新区第一实验小学承担的重庆市规划办2012年度立项规划课题,预定完成时间2015年6月。下面,就本课题研究背景、意义、内容、方法,以及实施步骤和预期成果进行简要说明。

一、研究背景及意义

(一)研究的背景

《国家中长期教育发展纲要》指出“全面贯彻党的教育方针,坚持教育为社会主义现代化建设服务,为人民服务,与生产劳动和社会实践相结合,培养德智体美全面发展的社会主义建设者和接班人。”同时还提出:倡导启发式、探究式、讨论式、参与式教学,帮助学生学会学习。激发学生的好奇心,培养学生的兴趣爱好,营造独立思考、自由探索、勇于创新的良好环境。把提高质量作为教育改革发展的核心任务。

而在课程改革纲要中,教育部决定,大力推进基础教育课程改革,调整和改革基础教育的课程体系、结构、内容,构建符合素质教育要求的新的基础教育课程体系。改变课程过于注重知识传授的倾向,强调形成积极主动的学习态度,使获得基础知识与基本技能的过程同时成为学会学习和形成正确价值观的过程。改变课程结构过于强调学科本位、科目过多和缺乏整合的现状,整体设置九年一贯的课程门类和课时比例,并设置综合课程,以适应不同地区和学生发展的需求,体现课程结构的均衡性、综合性和选择性。改变课程内容“难、繁、偏、旧”和过于注重书本知

识的现状，加强课程内容与学生生活以及现代社会和科技发展的联系，关注学生的学习兴趣和经验，精选终身学习必备的基础知识和技能。改变课程实施过于强调接受学习、死记硬背、机械训练的现状，倡导学生主动参与、乐于探究、勤于动手，培养学生搜集和处理信息的能力、获取新知识的能力、分析和解决问题的能力以及交流与合作的能力。改变课程评价过分强调甄别与选拔的功能，发挥评价促进学生发展、教师提高和改进教学实践的功能。改变课程管理过于集中的状况，实行国家、地方、学校三级课程管理，增强课程对地方、学校及学生的适应性。

2012 年 7 月，重庆市教委出台了《重庆市实施义务教育“卓越课堂”五年行动计划》，决定通过“卓越课堂”建设，在 5 年内使义务教育阶段学校课堂教学符合新课程改革理念，全面提高教育质量。“卓越课堂”是指按照新课程改革的要求，坚持德育为先、全面发展、能力为重、以人为本、与时俱进，突出“一切为了每一位学生的发展”的核心理念，转变教师教学方式和学生学习方式，建立师生学习共同体，彰显多元、开放、包容的课堂教学文化，最大程度地优化教学环境、教学内容、教学方法与手段，形成最优化的课堂形态，全面提高课堂教学效率和育人质量。

九龙坡区的品质课堂，也提出认真贯彻落实国家课程新标准，深入推进课堂教学改革，提升学生学习力和提升教师教学力，全面提升课堂教学质量和效益，让课堂真正成为学生健康成长的快乐天地、教师专业发展的精彩舞台。其中有六个关键元素：第一，专业性，能够准确把握课堂教学的本质要求，正确处理教学中的基本关系，注重学科知识的整体性和学科之间的联系，充分体现执教者的教育专业素养和学科的专业特色。第二，全然性，能够坚持有教无类，因材施教，面向全体学生，促进学生全面发展，关注学生成长全过程，每一名学生都学有收获、学有进步。第三，趣乐性，能够创设民主和谐的师生关系和快乐自主的学习氛围，充分激发和培养学生的学习兴趣和学科爱好，让学生产生愉悦的求知体验并逐步形成好学善学乐学的优良品性。第四，思辨性，能够引导学生既善于合作学习和讨论交流，又要养成独立思考、乐于探究的习惯，积极发展学生的分析、综合、判断、推理等逻辑思维能力，致力于培养学生的质疑意识、思维品质和创新精神。第五，践习性，能够秉承生活教育理念，善于联系生活实际，引导学生在实践中学习、在学习中实践，学做合一、知行合一，培养学生的动手操作能力和实践能力。最后，化成性，能够充分体现知识的熏陶、文化的濡染、成长的激励、精神的感召和灵魂的牵引，具有浓郁的课堂文化气息和学生健康发展的生长气息，潜移默化，润物无声，产生优质的教学效果和长远的育人效应。

根据九龙坡区《“以生为本，减负提质”课堂教学改革指导意见》的精神，各学科课堂教学都应以激发师生教与学的活力为根本原则。我们高新区第一实验小学提出“建设美的校园，构建美的课程，培养美的老师，培育美的学生”。为实现“美的课堂”的构建，学校将以“美”的境界为目标，以提升课堂教学的艺术性为核心，以“科学性、人本性”为出发点，将自然美、社会美、艺术美等美的内容渗透到文化学科教学中去，“以美促智”“以美导真”，从而激发学生求知欲和审美情趣，提高学生观察、想象、表达、审美等能力。具体说，就是在各学科教学中选择“美”的教学手段，运用“美”的教学语言，显现“美”的教学内容，把握“美”的教学结构，创设“美”的氛围，从而让学生感受其美，理解其美，热情地创造美，最终达到教学的完美境界。使学科教学真正成为学生认知、情感、能力等优化和谐发展的阵地，成为学生愿学、乐学的舞台。在音、体、美轴心学科中，要十分重视培养学生艺术创造力，加强对学生审美情趣及表现美、欣赏美、创造美的培养；培养学生正确的审美观点，学会分辨生活中的真善美与假恶丑，以健康高雅的艺术标准来培养学生良好的审美情趣和审美鉴赏能力、审美创造能力。即通过艺术途径借助生动、鲜明、具体，富于想象充满激情的艺术形象引导学生认识世界并发展他们的形象思维，促进他们智力发展，提高他们艺术修养，同时陶冶净化学生的心灵，使他们形成高尚的道德和健康的人格。使课堂成为一种充满生机和智慧的艺术。通过打造“美的课堂”，成就“美的教师”，实现“美的教育”。

我们发现教师对课改理念还吃得不透，对新课改理念的认识还存在不足，教学观念转变不彻底，有的老师教学方式比较单一，导致学生的学习方式比较单一，还有教师讲学生听满堂灌的现象，有的课堂还存在学生被动学的现象；需要进一步摸清课堂教学现状；课堂教学效益不高，特别是培养学生美的素养、促进学生全面、个性和谐发展方面做得不够好；学生发展性评价方式需进一步深化；学校美的课程体系需要进一步建设；需进一步研究美的课堂教学策略；教师的教学能力和学校的品质课堂有待进一步提升；进一步提炼出“美的课堂”基本内容、构建美的课堂的基本操作模式及实施途径。

为此，我们将学校的“美的教育”办学理念与区的课改精神相结合，我们确立了《实施美的教育，构建美的课堂的实践与研究》这一研究专题。我校老师以饱满的热情投入到课改工作之中，将课改理念转化为具体的教学行为。

（二）研究的意义

1.构建“美的课堂”是师生生命成长的需要

本课题研究顺应了时代的要求。《教学美的价值及其创造》一书提出教学美是指教师和学生在教学过程中所共同创造的审美因素和美感效应综合而成的整体,教学美的存在形态是丰富多彩的,教学美对学生、教师、学校等具有多方面的价值。而美的课堂,是给人以身心的愉悦,使学生具有较好的美的感受,从生理素质、心理素质,还是思想政治素质、文化素质等方面,都有良好的促进作用。美的课堂是具有发展性的,是师生生命成长过程中的进步与创造。

2. 构建"美的课堂"是培养学生核心素养(深化课改)的需要

本课题促进美的课程的研究。2001 年新课程改革启动以来,我们围绕研究"怎么教"的问题做了大量的探索,学生的学习方式发生了根本性的转变,自主学习、合作学习和探究学习已成为学生课堂学习的三大主要方式。但是,教师被动地教固定的内容,学生面对的课程内容枯燥无味,学习负担重,学校课程缺乏个性,不能很好地服务于培养目标……这些问题困扰着我们,阻碍着课改的深入推进。为此,探索研究"教什么"的问题与研究"怎么教"的问题被一并纳入了我们的研究视野,作为学校深化课改的突破口。

研究"教什么",就是研究学校课程结构。好的学校课程结构能切实改变学校校园生活状态,焕发师生生命活力,更好地服务于学校的育人目标,凸显学校办学特色。结合时代发展、学生成长和教师发展的需要,学校主动为教与学搭设平台,主动构建个性化的学校课程体系,教师改变被动、僵化的状态,主动建构课程内容,主动研究美的课堂,学生由被动接受变成主动探究,学校的教育状态才会发生根本性的改变。

在第四届基础教育改革与发展论坛上,教育部基础教育二司副司长申继亮强调:"必须重视基础教育课程改革中学生核心素养的培养"。著名教育家陶西平先生在谈教育现代化的核心是人的现代化时指出:"从教育现代化构成要素的角度看,教育理念是核心;从实施途径的角度看,课程是核心……"

围绕学生核心素养的培养,探索构建具有学校个性特色的美的课堂,成为我校深化课改的重点研究方向。所以,学校通过申报和开展"美的课堂的实践与研究"的课题研究,对美的课程体系的构建,深化美的课堂特色进行研究,于促进学校品质提升、教师迅速成长和学生和谐发展,有着相当深远的意义。

3. 构建"美的课堂"是学校特色发展的需要

通过构建"美的课堂",培育"美的学生",成就"美的教师"。我们将学校的办学理念与区的课改精神相结合,落实以生为本、实现减负提质,打造九龙坡区的

“品质课堂”、重庆市的“卓越课堂”，对实施学校“美的教育”具有重要意义。

二、理论基础及依据

1.孔子教育思想理论

孔子是我国古代伟大的思想家、教育家，他的教育思想和教育实践的鲜明特点，就是通过审美的形式去促进人的和谐发展，塑造受教育者与现实社会相适应的完美人格。孔子穷其毕生之力孜孜以求的教育思想是人的全面和谐的发展。在教育实践中，孔子通常是以美育作为智育的一种教育形式来组织教育活动，真、善、美在培养人的活动中是和谐统一的。孔子早已看到美育与智育之间的内在联系，是中国古代第一个倡导和实践以美育人的教育家。

“千教万教，教人求真；千学万学，学做真人”是大教育家陶行知先生教育思想的精髓，其实质就是教育学生求真知，明真理，树美德，健美体，以真为美。

2.小学大美育系统论认为

赵伶俐老师的小学大美育系统论中提到了美育的总目标是“培养学生审美欣赏、审美表现和审美创造的能力，同时培养他们良好的人格品质行为，发展智力，增强体质，促进学生身心全面发展。”

3.十八大提出的教育方针

培养德、智、体、美、劳全面发展的社会主义事业建设者和接班人是我国教育方针的核心部分，它提出了教育所培养的人的合理素质结构。教育就是要使学生学会做人，学会求知，学会劳动，学会创造，学会生活，学会健体，学会审美。学生审美素质的提高，必然促进其他素质的和谐发展和提高，培养和发展学生的主体精神和创新意识。

4.“新课程标准”的基本理念

《新课标》强调指出：“应重视提高学生的品德修养和审美情趣，使他们逐步形成良好的个性和健全的人格，促进德智体美的和谐发展。”我们课堂面对的是有血有肉的人，凭借的是有情有趣的文本，构建的是平等、民主、和谐的课堂。

5.美的课程和美的课堂

以教育部《关于全面深化课程改革落实立德树人根本任务的意见》中明确提

出的“着力培养学生高尚的道德情操、扎实的科学文化素质、健康的身心、良好的审美情趣，努力使学生具有中华文化底蕴、中国特色社会主义共同理想、国际视野，成为社会主义合格建设者和可靠接班人”总要求为指导，根据九龙坡区教委《关于全面推进中小学校课程体系建设的指导意见》（九龙坡教办〔2015〕7 号）文件精神，重庆高新区第一实验小学在“为美好人生奠基”办学使命引领下，确立了“具有中国灵魂世界胸怀的大美学生”的培养目标，着力构建“美的课程体系”打造“美的课堂”。

三、核心概念的界定

本课题“美的课堂”在学校办学理念“为美好人生奠基”的引领下，确立了“具有中国灵魂世界胸怀的大美学生”的培养目标，提出学生发展的四大核心素养即学会做人——阳光性格，健全人格，高尚品格；学会学习——科学素养，探究能力，创新精神；学会审美——身心和谐，生活雅趣，人文情怀；学会合作——尊重意识，责任胸怀，世界眼光。

“美的课堂”核心是让美贯穿课堂教学中。我们构建“三三五”教学模式，打造个性课堂。“三美理念”，即追求师生关系和谐之美、教与学灵动之美、交流与评价生动之美。“三环节”教学流程，即美的引入——创设情境，激发兴趣，体现由形到情感受美；美的发现——自主探究，合作交流，体现由情到理欣赏美；美的升华——巩固运用，拓展提升，体现由悟到用创造美。注意处理好四个关系，即主体与主导、内容与形式、互动与调控、预设与生成的关系。“五还”策略，即主张把课堂的时间、空间、提问、评价的权利和学习过程还给学生。让“美的课堂”在国家课程总目标的基础上，突出对学生美的意识、美的素养、美的能力的陶冶和培养，促进学生和谐个性地发展。

四、国内相关研究综述

我国无锡市新区硕放实验小学的《构建审美化课堂的实践研究》主要进行的研究是：运用美育原理重塑课堂，有机地把知识性、趣味性和审美性融合起来，让学生在科学理性和人文素养上得到均衡发展，以此全面提高教学质量，促进学生身心的健康和谐的发展。东桥小学的《构建尚美课堂理论与实践的研究》重点研究的是：第一，进一步充实尚美教育理论。第二，通过本课题的研究，努力建构个性课堂理论，追求高效、活泼的发展性个性课堂教学模式。第三，通过本课题的研究进一步规范学校的教育科研工作，发展教师的教育科研能力和学生的自主、合作、探究的学习能力。

综上所述，以上研究用于课堂教学的可操作性不强，需要进一步研究完善，所以重庆高新区第一实验小学选择提炼出“美的课堂”的基本要素；构建“美的课堂”的操作模式，探索“美的课堂”评价标准，实施“美的课堂”的基本策略，建设完善“美的课程”体系等切入点进行研究。

“美的课堂”不是我们所创，古今中外有不少教育家都曾提出过，但是把“美的教育”理念深入学校及课堂，并致力于形成课堂实践探索，把高深理论转化为具体课堂教学实践，本课题的研究是有一定的创新意义和实践价值的。

五、研究目标及内容

（一）研究目标

1.总结提炼出“美的课堂”的基本内容。

2.构建美的课堂的基本操作模式。

3.探索出美的课堂的实施途径。

4.促进学生和谐的发展、教师教学水平的不断提升和学校品质的提升。

（二）内容

1.通过调研问卷，开展学校“美的课堂”现状调查研究，发现问题，找准起点，让研究更具有针对性。

2.通过文献研究，理清和完善“美的课堂”基本内容。

3.构建“美的课堂”教学模式和学科教学变式，研制“美的课堂”评价标准，转变教师教学方式和学生学习方式。

4.通过行动研究，探索“美的课堂”的教学策略，提高课堂教学的质量和效益。

5.促进美的课题校本教材的开发研究。

6.坚持过程性评价与终结性评价相结合，过程性评价以促进学生发展为目的，终结性评价以诊断问题为指向。坚持学生评、家长评、学校评、专家评的“多维度”评价。

六、研究的对象及范围

1.研究的对象

重庆高新区第一实验小学全体师生。

2.研究的范围

学科课题与教学。

七、研究方法及运用

1.文献法

文献法就是搜集和分析研究各种现存的有关文献资料,从中选取信息,以达到某种调查研究目的的方法。本课题主要使用此方法收集美的课堂的相关资料,为研究提供理论基础和实践方法。

2.行动研究法

行动研究是指在自然、真实的教育环境中,教育实际工作者按照一定的操作程序,综合运用多种研究方法与技术,以解决教育实际问题为首要目标的一种研究模式。本课题核心方法为行动研究法,在研究期间同时采用观察、访谈、网络研讨等形式进行研究。

3.经验总结法

经验总结法通过对实践活动中的具体情况,进行归纳与分析,使之系统化、理论化,上升为经验的一种方法。在本课题研究过程中,主要用于把调查到的、体验到的,通过实践等形式积累的经验及时进行整理总结,初步形成我校美的课堂的特色。

4.问卷调查法

针对“美的课堂”的实践和研究,设计问题与组织调研,开展课堂教学改革实践推进情况分析,以了解本课题实践研究前和推进过程中的现状,提出相关对策的研究方法。

八、研究思路

在本课题之下组建学校小课题组(语文学科“美的课堂”;数学学科“美的课堂”研究;综合学科“美的课堂”研究),以课题组研究活动推动校本教研,形成科研引领教研,教研围绕科研这样教科研一体化研究思路。采用分散与集中相结合的方式进行，先分学科、分年级边实践探索、边修改完善、边积累整理。以学科教研组为单位成立研究小组，确定研究子课题，进行分散研究，积累研究课例。各年级骨干教师集中整理课例，形成美的课堂的理论成果和操作模式。

九、研究计划及步骤

（一）第一阶段：课题准备阶段（2012 年 9 月—2013 年 3 月）

（聘请专家与课题组人员一道修改完善研究方案，形成开题报告并开题。）

主要工作：

1.成立课题组，明确任务，成立由校长引领，科研室牵头，教师自愿报名参与的科研小组。

2.写好课题论证报告，进行文件检索，写好文献综述，讨论并形成课题的研究方案。

3.申请立项。

4.根据立项通知书要求，形成课题开题报告，准备开题。

（二）第二阶段：课题实施阶段（2013 年 4 月—2014 年 4 月）

（建立机构、组织研究、认真实施、物化成果、形成特色等）

1.美的课堂基本操作模式建构阶段：

（1）研究各学科美的课堂导学案的基本模型

（2）研究各学科美的课堂的基本操作模式

2.美的课堂模式深入研究阶段：

（1）学生与文本、学生与学生、学生与教师有效对话的研究。

（2）“美的导入—美的发现—美的升华”教学设计研究

（3）不同学科不同课型的美的课堂变式研究

3.美的课堂评价研究阶段：

（1）美的课堂流程评价研究

（2）自主学习（发现美）—合作交流（欣赏美）—拓展提高（创造美）评价研究

（3）课堂教学的评价研究

（三）第三阶段：实验结题阶段（2014 年 4 月—2014 年 6 月 ）

1.整理实验成果，初步形成实验研究报告。

2.进行实验验证。

3.全面总结实验成果,形成结题报告。

4.成果交流、观摩等。

5.发现问题,初步确定下一轮研究的思路。

十、预期成果

1.《构建“美的课堂”的实践与研究》的研究结题报告。

2.美的课堂学科评价量表。

3.汇编教师研究论文集。

4.汇编优秀教学案例。

5.《实施美的教育,构建美的课堂的实践与研究》成果专辑。

“践行美的教育，建设美的校园”的实践与研究开题报告

侯　平　王　亮

一、研究背景、目的及意义

（一）研究的背景

党的十八大报告中指出：必须树立尊重自然、顺应自然、保护自然的生态文明理念，把生态文明建设放在突出地位，融入经济建设、政治建设、文化建设、社会建设各方面和全过程，努力建设美丽中国，实现中华民族永续发展。我国要建设“美丽中国”，就是要建设生态文明，保护与优化环境，只有人民生活环境舒适，生态优良，国家才能持续、高效的发展，才能建成繁荣的国家，美的国家。国家要建“美丽中国”，作为国家基层组织的学校更要义不容辞地建设“美丽校园”，只有全国各基层组织都建成美丽的组织、美丽的地方，才会有“美丽中国”。

我校实施“美的教育”，与国家建设“美丽中国”不谋而合、一脉相承，“美的教育”是“美丽中国”的有机组成部分，它从建设“美的校园”、构建“美的课程”、培养“美的教师”、培育“美的学生”四个维度来实施与研究，而建设“美的校园”又是“美的教育”的子课题及其有机组成部分。

打造“美的校园”是历史的选择、是国家的愿景、是学校发展的必然、是师生的期盼与幸福所在。

（二）研究的目的

建设美的校园，让学校建筑布局合理协调，环境整洁雅致，校园安定有序，人际关系和谐，洋溢着民主公平、诚信友爱、充满活力、人人和谐发展、校内外和谐配合的氛围，促进学校、教师、学生全面、协调、可持续发展。

1.让校园绿化、净化、美化，创建绿色生态的自然环境，形成具有特色的走廊文化、楼面文化、石刻文化、围墙文化、景观文化、名人文化、班级（教室）文化、办公室文化、食堂文化、安全文化、制度文化、理念文化、管理文化、精神文化，社团文化、教学文化、研究文化、活动文化、评价文化，以陶冶师生情操，让师生在优美的校园环境与文化中受到感染和熏陶，触景生情，因美生爱。

2.有效规范学生行为，以优美的校园环境让学生产生情感的反应和精神的共鸣，学生在欣赏美、享受美的同时自觉有效地规范自己的行为。

3.培养学生健康个性，以多彩的校园文化满足学生精神需求，促进学生心理健康。

4.培养学生正确审美观，让学生真正懂得“大方”“优雅”“气质”“风度”等词汇的含义，从而把这些词汇的内涵变成他们自觉的行为，使追求美、享受美、创造美成为他们生活的需要。

（三）研究意义

学生不是学习的机器，他们有追求美、享受美的需要和权利，他们有着自己多方位的人生兴趣与追求。建设“美的校园”，一是尊重了学生的个体生命，顺应了时代的发展与要求；二是将美真正落到实处，让学生在审美体验中意识到个体的存在，得到个体价值的实现与精神上的满足；三是只有以美育人，以情动人，才能让“美”深入个体，愉悦个体，起到以美育人的作用。

二、理论基础及依据

苏联教育家苏霍姆林斯基曾指出，“对周围世界的美感，能陶冶学生的情操，使他们变得高尚文雅，富有同情心，憎恶丑行。”我们的教育，必须使人的多种多样的才能、天赋、意向、兴趣和爱好等个性特点得到充分发挥。

联合国教科文组织发表的权威性报告《学会生存》中认为：“应该把培养人的自我生存能力，促进人的个性的全面和谐发展，作为当代教育的基本宗旨。”而“美的校园”正是通过构建高品质的校园文化环境，让学生在学习生活过程中发现美、感受美、向往美，让学生在美的教育中培养能力，塑造气质，全面发展。

三、研究目标

1.通过课题的调查和实践研究，促进“美的校园”审美功能的有效发挥，构建科学有序的校园文化格局。

2.引导学生关注“美的校园”，在校园生活中认识美、感受美、体验美、创造美，形成和谐健康的校园审美观，发展和提高学生的审美能力。

四、研究对象

1.美的校园环境，进行学校美的校园文化建设的调查和实践。

2.学生的审美需求，为营造美的校园而进行的创造美和享受美的过程。

五、研究方法

本课题主要运用调查法、行动研究法、观察法和经验总结法。

1.以文献调查法进行美的校园环境建设案例的研究。

2.以行动研究法、观察法对本校审学校美的校园化建设现实状况、实践活动进行研究。

3.根据学校美的校园文化建设现实需要进行问卷调查研究。

4.对学校美的校园文化建设进行阶段性经验总结。

六、研究内容

（一）梳理学校办学理念，确立美的校园建设目标。

通过全校的集体智慧，确立学校的办学理念和培养目标，提炼出校训、教师的工作样态、学生学习样态和美好的办学愿景。

（二）打造“景致怡人、和谐优雅”的精品校园

在“美的校园”的规划中，学校以环境育人、环境美人为宗旨，提出精美的精品校园目标，建设景致怡人、和谐优雅的校园物质文化，营造优美舒适的育人环境。

1.扩建一栋综合教学楼，增加教育教学与活动场地和各种功能用房。

2.改建一个大型学术报告厅，与市级示范校相匹配，能承担区、市、全国的大型赛课、论坛、学术报告。

3.为校园教学楼冠名。

4.尽心设计、种植、管理好校园的花草树木。

结合校园的建筑布局,匠心设计校园的花草树木,特别是新旧教学楼连接带、教学楼花池、花台、道路让校园绿树两侧更要精心规划,使校园绿树成荫,鲜花盛开,自然和谐,洁净优雅,让校园变公园、花园。

5.精心布置校园景观。

学校要重新按区域规划进行校园景观的设计,修建"名人文化长廊"、学生"漂书角"、制成大型"三字经"、安放毕业生对母校教师的"恩情石";建设"长城浮雕"、玻璃栏杆古诗词、"楼道文化""笑脸墙""班级文化墙""我型我秀自主展示舞台""科技植物园"等设施、景观与警语。

6.匠心打造特色功能室。

7.悉心布置班级文化。

8. 细心设计校园文化视觉识别系统。

(三)以人为本,不断优化美的校园管理文化

在管理中,学校把人性化管理作为管理创新的突破口和提高管理效能的重要的生长点,以实现和谐、美好、奋进的校园氛围。

1.以师为本,不断优化美的校园管理制度

学校要根据民主管理,激发教师的主人翁意识和工作责任感,调动教师的主动精神和创造意识,增强全体教职工对学校的管理更具信任感和归属感,学校与教师形成整体,共同奋斗的愿景来制定各项管理制度、议事制度、研究制度、考核制度。

2.把握制度与人文管理的切合点,不断提升美的校园文化管理艺术

在管理实践中,学校要注重互相尊重校园文化环境的营造,注重"刚"性与人文管理中的"柔"性深度融合的制度建设,要营造团结、和谐、奉献、进取的工作氛围,建立起宽松、清新、有人情味的美的校园文化,提升学校的管理效益。

七、研究时间

1.准备阶段(2012 年 6 月—2012 年 9 月)

(1)收集资料,进行前期策划

(2)开题及制订研究方案

2.实施阶段(2012年10月—2014年12月)

(1)改建学术报告厅工程
(2)扩建综合教学楼及其装修工程
(3)绿化与植物园工程
(4)校园文化外显与师生全员内化工程
(5)升旗台的维修和旗杆更换工程

3.结题阶段(2015年1月—2015年10月)

(1)成果资料收集整理
(2)撰写研究结题报告
(3)进行结题评审

八、保障措施

1.确立研究领导小组和研究成员

2.经费保障

美的校园建设包括硬件建设和软件建设，尤其是硬件建设需要资金才能实现，学校要本着厉行节约、精打细算、该用则用、用在刀刃上的原则，给予资金支持，确保达到预期研究与建设的效果。

“践行美的教育，培育美的学生”开题报告

白正全

一、课题研究的背景、研究的目的和意义及国内外研究趋势分析

（一）课题提出的背景

1.美丽中国梦

习近平总书记在2015年的“六一”寄语全国各族少年儿童从小学习做人、从小学习立志、从小学习创造，强调童年是人的一生中最宝贵的时期，在这个时期就注意树立正确的人生目标，培养好思想、好品行、好习惯，今天做祖国的好儿童，明天做祖国的建设者，美好的生活属于你们，美丽的中国梦属于你们。因此培育美的学生为美丽中国添砖加瓦就是我们共同努力的方向。

2.美的教育

重庆高新区第一实验小学在“为美好人生奠基”的办学理念下，开展“美育”特色教育，德育工作紧紧围绕“美的习惯一生相随”而展开，“美的习惯”的培养，不仅体现在在生活中能发现美、欣赏美、创造美，还应该用良好的文明礼仪来表现美，让美的意识、素养、能力、和礼仪伴随学生一生，去创造美的人生、美的生活、美的社会和美的世界。

3.为学生美好人生奠基

一个小学生优雅的外表、谦逊的言谈、适宜的举动，能为其今后发展奠定基础，

这样的学生往往都是长期的美的习惯的训练，最后习惯成了自然，表现出了美的一面。因此学生离不开行为习惯的培养，而美的学生就更离不开良好习惯的长期教育。

我校绝大部分学生都是独生子女，孩子们缺乏必要的文明礼仪习惯、更缺乏规范的行为习惯，家长和老师对不规范的孩子还没有较好的应对措施和改进方法。

为了践行学校美的教育，从建设美的校园，构建美的课程，培养美的教师，最终落脚点是培育美的学生，这是我们学校努力的终极目标，为此我们要通过多方努力共同营造一个和谐的氛围，为培育美的学生做好各种铺垫，在这样的校园背景下，“培育美的学生”的研究就显得十分必要。

（二）课题研究的目的和意义

1.研究目的

通过“践行美的教育，培育美的学生”的课题研究，不仅是在开展学校：创建“美的教育”卓越学校的实践与研究，也是学校德育研究的一个重要方向：旨在通过该德育子课题的研究更好地找出学生行为习惯培养的模式，找出学生不断进步的方向，找出学校德育特色发展螺旋上升的规律。

2.研究的意义

(1)实践意义

学生在校的点点滴滴都是行为习惯的最终体现，一个美的学生就要在反复的培训中由不美到美的过程，需要采用各种方法促进学生行为习惯向更高的方向前进，不仅包括培养小学生美的行为倾向，同时也包括矫正小学生不美的行为倾向，从而真正形成良好的习惯，进而培育美的学生。

(2)理论价值

通过此课题的开展，在教育教学实践活动中运用有利于学生美的行为习惯培养的策略，将有助于培养小学生美的行为习惯。帮助广大学生养成美的行为习惯，不仅对个人健康人格的培育，而且对一个民族良好形象的树立，都具有重要的作用。

（三）本课题在国内外同一研究领域的现状

国内外有很多教育机构或教师，对小学生美的礼仪研究比较多，主要集中在美的形体训练，美的语言交际训练，审美情趣等训练上。但对应学生内在素养，特别是学生美的行为习惯的训练比较少，我们课题组就主要以对小学生美的行为习惯为重点方向，从小学生最为重要的文明、学习、安全、卫生、两操等几个方面开展训练，促进学生在这些方面养成好习惯，由内到外地体现出美的形象与行为。

（四）本课题研究的理论依据及遵循原则

1. 本课题研究的理论依据

（1）素质教育理论

素质教育的基本理念：以人为本，一切为了学生，为了一切学生，为了学生的一切。素质教育的基本思路：以德育为导向，以心育为基础，以智育为主干促进整体素质的提高。学生素养的逐步提高的同时，其美的外在体现就能逐步呈现。

（2）养成教育理论

"养成良好习惯"的论述是叶圣陶教育思想的重要组成部分。在1979年，叶圣陶老先生在《当前教育工作中的几个问题》一文中更是强调：教育"往简单方面说，只须一句话，就是养成良好的习惯。"而"美的学生"最根本的研究就是良好习惯的培养，当学生有了良好习惯就一定能体现美的素养。

（3）德育回归生活的理念

德育实效性差的最大原因是人为地将德育从生活实际中分离出来。同样学生良好习惯的养成更是不可能脱离学生生活，来进行抽象化、空洞化的说教的，必须回归到社会生活和学生生活中去：关注和指导学生的现实生活，教育和帮助学生通过自己的劳动创造新生活，并以文明健康的方式享受新生活；关注和指导学生的学习生活，让学生热爱学习，学会学习；关注和指导学生的交往生活，让学生养成良好的日常生活方式和生活习惯。

（4）全体学生为主体的理念

要培养美的学生，只有充分发挥学生主体性作用，并让这种作用体现在实现目标要求过程中，培养起学生强烈的参与意识，增强敢于进行体验的勇气，培养他们坚强的毅力和一定的自制能力，让他们在成功体验中不断前进。

2.本课题研究遵循的原则

（1）整体性原则

德育内容是一个集合概念，它是政治教育、思想教育、道德教育、法纪教育、心理教育相互联系，相互渗透，互为条件，互为制约构成的统一体。德育过程是以形成受教育者一定思想品德为目标，教育者与受教育者共同参与的教育活动过程。

(2)主体性原则

在教育过程中，教师主体和学生主体双向互动，共同实现教育目标。学生道德认识的发展，道德情感的提升，道德行为习惯的养成是在教师的指导下自主完成的。

(3)实践性原则

教育过程本身是实践活动。教育活动有多种形式，既有课堂教育活动，又有课外教育活动；既有校内教育活动，又有校外教育活动。这些教育活动主题明确、针对性强，内容丰富多彩，形式生动活泼，是学生品德形成和发展的有效途径。教育实践活动是品德形成的唯一基础。

3.方针政策

小学生应该具有良好的行为习惯，我校开展的“践行美的教育，培育美的学生”的主要依据是国家颁布的《小学生日常行为规范》。

《小学生日常行为规范》(以下简称《规范》)是依据国家正式颁发的《小学生守则》制定的，是国家对小学生日常行为的最基本的要求。其目的在于加强对小学生的文明礼貌教育和行为训练，以促使他们从小养成良好的行为习惯。《规范》的内容共20条，不可能面面俱到，也不宜烦琐。小学生年龄小，因此，既要对他们严格要求，又要使他们生动活泼地得到发展。各地在贯彻《规范》时，应与《小学生守则》的教育和贯彻学校的各项规章制度结合起来。

二、课题研究的概念界定

美：它相对于不美的行为而言，在小学生的行为习惯中表现出的良好言行。

美的行为习惯：它是思想品德素质的重要组成部分，是指学生在长时期里逐渐养成的、一时不容易改变的良好行为、健康倾向或社会风尚。本课题涉及的“美的行为习惯”主要包括“做人、做事、学习”三大方面。具体指：美的文明礼仪习惯；美的守纪习惯；美的卫生习惯；美的安全习惯；美的学习习惯；美的与人合作共处的习惯；美的劳动习惯；美的生活习惯等。

小学生美的行为习惯培养的实践研究：就是通过行动研究、调查研究、个案研究等方法，寻找共性的、规律性的东西，矫正学生的不良习惯，探索小学生美的行为习惯培养的有效途径和方法，增强学校德育工作的实效性。

三、课题研究的目标和内容

（一）课题研究的目标

1.通过对照《中小学生行为守则》《小学生日常行为规范》上的要求，自主选择学生美的行为训练的要点，制定美的学生标准，然后采取灵活多样的教育活动形式，探索小学生美的行为习惯具体内容、具体目标以及培养的方法。

2.通过对学生美的习惯的培养，提高教师们进行班级管理的能力，丰富教育学生的手段和方法，总结出培养学生美的行为习惯的经验。

3.通过课题研究，在全校营造良好的全员育人、全程育人、全面育人的良好氛围，完善学校的管理学生的制度建设，形成具有我校特色的小学生日常行为规范。

（二）课题研究的内容

1. 根据《中小学生行为守则》《小学生日常行为规范》和小学生年龄特点制定出具有我校特色的美的学生日常行为规范。

2.对照规范，如何开展相应的实践活动，通过哪些有效的途径发挥最大的效益来培养和矫正学生的不良习惯，并能在实践中不断完善制定出的规范。

3.如何建立有效的《美的学生评价体系》，检测学生美的行为习惯的养成。

四、课题研究的对象和方法

（一）课题研究的对象

我校共有 50 个教学班，从低、中、高三个学段各选出一至两个班，与平行班进行对比。

（二）课题研究的方法

1.观察法

观察学生在学习、生活方面的习惯养成情况。

2.问卷调查法

通过访谈和问卷的形式在研究前、中、后期进行调查研究，分析学生良好习惯的养成的方法和途径。

3.行动研究法

采取丰富的实践活动形式，矫正或培养学生的习惯，并反思分析研究活动的效果。

4.个案研究法

选取不同层次的具有典型特征的学生进行跟踪分析研究。

5.经验总结法

对课题研究中所采取的方法、措施和获取的研究资料、取得的效果进行经验总结，争取发现并总结的规律，使课题具有一定的理论价值。

6.文献研究法

运用文献研究法，从相关的政策法规和学者论著中汲取营养和材料，为本课题的研究奠定坚实的理论基础。

五、课题研究过程及主要步骤、措施

（一）制定美的学生标准

根据《中小学生行为守则》《小学生日常行为规范》及我校的实际，制定《美的学生标准》，有针对性地进行编辑，确定训练的具体目标，以及达成的程度。

（二）培训课题组老师

1.课题培训

开展每月一次的课题例会，促进课题交流，强化课题过程督导。

2.业务提高

利用外出培训的机会，拓宽课题组教师的视野，增强课题组教师的研究能力。

（三）做好课题宣传动员工作

1.动员教师主动参与研究该课题积极性

通过动员课题组教师的积极参与，让老师充分认识到课题研究的重要性，课题不是教师的负担，而是要通过课题来促进班级学生的转化，更好地实施有效的德育干预，使学生的日常行为更加规范，教师的教育教学的任务更好地达成。

2.动员学生参与积极性

通过课题实施班级学生的动员，让学生明白通过课题研究就是不断寻找更加适合本班级的学生行为规范的途径和方法，使本班级的班风正。学风浓，以此来促进各科学业。

3.动员家长配合参与研究

家长的参与是课题研究的一个非常重要的力量。通过家长的参与，学生在家庭社区的监督更加落实，同时使教育更加持久。这样的力量一定要很好地保证，同时通过家长望子成龙的心理，一定要让家长更加关心该课题的过程，让他们随时参与到课题过程研究之中。

（四）践行美的教育培育美的学生的方法

1.课题前测

由课题组设计前测问卷，让实验学生答题，随后由课题组进行问卷分析，得出前测结论。

2.学生开展课题认知阶段

(1)制订“美的学生标准”，然后开展“标准”的的学习、掌握、运用。

(2)开展主题班队会，促进学生明辨哪些行为是美的，在分析、比较中，找准自己的行为是否符合美的标准。

3.加强训练，督促检查，教育工作

叶圣陶先生曾说：培养学生良好的学习习惯和高尚的道德情操，应从“大处着眼，小处着手”，在一举一动、一言一行中逐渐养成。而良好的习惯一旦养成，将会成为他们一生受用的宝贵财富。

为了让学生养成正确的习惯，我们课题组教师发现问题及时教育、检查、登记，发挥家长、小组长、教师等的作用，发挥锲而不舍的精神，开展反复的教育工作。

4.评价、激励

制定美的学生评价体系，利用班队会、午会等专题研究时间，先学习评价“美的学生风采”标准，然后开展评价。评价操作流程：自评、互评、师评。将最好等级中优秀学生全班公布，然后进行评价。

根据课题组确定的“美的学生风采”标准为内容开展评价，评价的等级分为三类：

A.自觉型——自觉经常做到

B.半自觉型——有时候能做到，有时候需要人提醒才能做到

C.督促型——多数时间做不到，需要人经常提醒

每月训练一至二个美的学生的标准行为习惯，然后开展评价。通过自评、互评、师评等方式开展。

如何激励呢？通过给学生发“美之星”、贴“美之星”、评选“十佳美之星”“十佳幸运星”等激励的形式。让学生积极参与到课题研究中来。同时通过家长参与评价后，可以由家长来颁发学生获奖情况，以此来促进学生及家长参与课题研究的积极性。

六、课题研究过程

本课题研究计划于2013年9月启动，计划三年时间完成，分三个阶段进行。

（一）准备阶段（2013年9—10月）

1.调查分析，摸清情况。通过采用教师观察、师生访谈、学生观察日记、学生小报等形式摸清学生生活和学习中存在的不良习惯、良好的习惯以及学生对这些现象的认识和重视程度，并进行一定量的数据统计，分析产生这些现象的原因。

2.根据不同年段的学生年龄特点，参照《小学生日常行为规范》的要求，结合我校的实际情况，初步确定了“低年级美的学生研究”“中年级美的学生研究”“高年级美的学生研究”这三个子课题的研究，分别由三个年段组长任子课题负责人，相应的班主任和任课教师来具体实施研究。

3.对参加实验研究的教师进行培训，学习理论，收集资料。对前人进行的研究资料进行收集，学习他们的研究策略和方法；学习相关文件材料，如《小学生一日常规》《小学德育纲要》《新课程实施纲要》等；学习有关习惯养成教育的论著，如《叶圣陶论文集》，促进实验教师进行习惯教育的重视。

（二）实施研究阶段（2013 年 11 月—2014 年 10 月）

1.各子课题制订研究实施计划，并分阶段研究

分别制订出“低、中、高年段美行为的习惯培养实践研究”子课题的实施方案。其具体思路：根据各年段的年龄特点，初步划分出不同年段所应该达到的美的行为习惯等方面的要求，然后开展具体的研究活动，探索影响学生美的行为习惯养成的一些主要因素以及养成这些习惯的具体途径、方法，收集学生个案，教育活动案例。

2.进行阶段性总结，收集过程性资料

随时注意收集事例（其中包括对学生不良习惯的矫正的事例），研究人员随时撰写能说明问题的学生个案，并对自己所开展的教育活动进行整理，撰写美的教育活动的案例，更进一步说明这些教育活动的成效，以便整理出具有一定特色的学生习惯养成的范例。

（三）成果总结阶段（2014 年 10 月—2016 年 6 月）

（1）资料分析。

主要是对课题中整理出教育活动案例以及学生个案，分析美的学生养成所受到各种因素的影响，分析各种教育活动开展的成效。

（2）总结课题成果（论文成果、教育教学案例、活动剪影等）。

（3）结题。

“美的教育”的实践与研究研究报告

尤 佳

由重庆市教育学会立项(课题批准号:CELS2012S048),由重庆高新区第一实验小学承担的《创建“美的教育”卓越学校的实践与研究》课题,于2012年12月至2016年03月历时三年,现已圆满完成研究任务,初步实现了研究目标。

一、研究背景及意义

(一)研究的背景

中共中央总书记、国家主席、中央军委主席习近平提出了让每个人都有人生出彩机会的教育观,2012年11月15日,刚刚当选中共中央总书记的习近平与中外记者见面,在谈到人民期盼时,首先提到了教育。“我们的人民热爱生活,期盼有更好的教育、更稳定的工作、更满意的收入……期盼孩子们能成长得更好,工作得更好,生活得更好。人民对美好生活的向往,就是我们的奋斗目标。”教育兴则国兴,教育强则国强。在习近平的心中,教育一直被放在优先发展的战略位置上。习近平同志还提出的“中国特色、世界水平的现代教育”,是“两个一百年”奋斗目标和中华民族伟大复兴中国梦的重要组成部分,也是一个完整的科学概念,包含着我国教育发展应当具有的中国特色、国际视野、时代特征等深刻内容。

《国家中长期教育改革和发展规划纲要》在国家教育发展改革指导思想中明确指出:“坚持全面发展。全面加强和改进德育、智育、体育、美育。坚持文化知识学习和思想品德修养的统一、理论学习与社会实践的统一、全面发展与个性发展的统一……加强美育,培养学生良好的审美情趣和人文素养。促进德育、智育、体育、美育有机融合，提高学生综合素质，使学生成为德智体美全面发展的社会主义建设者和接班人。”

《重庆市城乡教育改革和发展规划纲要》在如何深化教育体制改革上明确要求：加强美育，推进高雅艺术进校园，培养学生良好的审美情趣，提升人文素养，推进校园文化建设。开展积极向上、丰富多彩的文化娱乐活动，加强中华优秀传统文化和革命传统教育，弘扬红岩精神、抗战文化和三峡移民精神等本土优秀文化，塑造学生乐观健全的人格，培养学生积极健康的品质，提振学生的“精气神”。

《九龙坡区十二五教育规划》在推进学校特色建设上要求“坚持内涵发展，深化学校办学特色，打造以杨家坪、石桥铺为中心的现代教育特色片区”，要求学校“坚持‘一校一品牌’的思路，精心确立特色，用心打造特色，匠心物化特色，实现学校优质特色发展。”

重庆高新区第一实验小学隶属重庆市九龙坡区教育委员会管理。学校2001年建校，2005年成为重庆市示范小学，2010年成为全国特色学校，2015年迈上集团发展之路。由三校三园（即香榭里本部校区、美每家校区和宫和校区；重庆高新区第一实验小学幼儿园、半山公馆幼儿园和康德幼儿园）组成。香榭里本部校区坐落在重庆市九龙坡区石桥铺枫丹路222号，占地38亩，50个教学班，2 786名学生，160名教职工；三所幼儿园分布在渝州路街道香榭里社区，15个教学班，500余名幼儿，68名教职工。

学校曾荣获全国特色学校、全国教育科研基地学校、全国信息技术创新与实践活动先进单位、全国教育系统网站示范单位、重庆市示范小学、重庆市文明单位、重庆市依法治校示范学校、重庆市教育科研基地学校、重庆市中小学信息技术示范学校、重庆市艺术特色学校、重庆市少儿美术特色基地学校、重庆市足球特色学校、重庆市绿色学校、重庆市卫生工作与健康促进示范学校、重庆市家长学校示范校、重庆市校园最美书屋等荣誉称号。连续14年荣获区中小学层次目标综合督导评价考核一等奖。

学校在探索文化发展的进程中，经历了探寻特色发展的“科技教育”阶段（2001—2007年）和深化特色发展的“和谐教育”阶段（2008—2010年）后，迈入了深度特色发展的“美的教育”阶段（2011年以后）。在和谐教育的实践基础上，寻找到了学校的文化个性，由关注学校发展中的各种协同关系，转变到以学校个性发展为导向；由关注孩子的科技、绘画等素养，转变为满足学生面对未来生存和发展需要的核心素养。

但在前期的研究中，发现我校的办学特色还不够明显，办学理念还不够明确，校园环境的整体设计还不够系统，教师的教育教学能力还能更大的提高，学生的发展还跟不上时代的发展。为此,学校通过申报和开展创建“美的教育”卓越学校的实践与研究课题,对完善和丰富美的教育机制的构建,深化美的教育特色,探索具有卓越学校自身个性特征的特色发展、内涵发展道路,有着相当深远的意义,也让学校的发展有更大的前进空间。

(二)研究的意义

1.本课题对学校特色的发展起到引领作用

本课题研究顺应了时代的要求,促进了卓越学校“美的教育”特色的研究。近年来我校已在“美的教育”特色建设方面进行了初步探索。我校在创建特色卓越学校过程中,经历了从探索特色“科技教育”发展到“和谐教育”再到“美的教育”,走过了整整十年的特色建设之路。20 世纪 90 年代联合国教科文组织在《世界全民教育宣言》中提出了新的教育理念:“要满足人基本的学习需求,以帮助人们获得生存和发展的能力,并有尊严地工作和生活。”在 2011 年初,学校秉承发展的历史和对教育的新思考,提出了“崇和尚美,一生相随”校训,中国教育学会会长顾明远先生在 2010 年教师节欣然题写相赠。“崇和尚美”中的崇和,即崇尚和谐,着眼于学校教育环境中人与人、人与社会、人与自然、经济与文化的关系协调发展;尚美,即追求美好,在学习与创造的过程中鉴赏美、体验美、表现美。“一生相随”,即让学生通过学校教育所培养起来的美的诉求能伴随其一生,为孩子的将来能“有尊严地工作和生活”打上生命的底色。“美的教育”是教育终极的流溢,其赋美以特征,寓美于过程,以美为价值取向。“美的教育”不等于“美育”。“美的教育”是教育的宗旨和归宿,而不仅仅是指一种教育形态。我们认为,“美的教育”卓越学校,就是培养美的学生,是素质教育的最终目标,让学生在美的校园环境中受到美的感染和熏陶,在美的课程教育中得到美的培养和提升,让每个学生基本素质得到和谐发展,提高发现美、欣赏美、创造美、表现美的能力,让美的意识、素养和能力伴随学生一生,创造美的人生、美的生活、美的社会和美的世界。

2.本课题也为同类学校提供借鉴

本课题的研究,对同类学校在探索特色发展道路上的途径和模式,有重要的借鉴意义。“美的教育”是教育人的共同追求。人道主义认为:人是最高价值,而人的最高价值应是人的创造性潜能的实现,而人的创造性潜能的实现给自身和社会带来的愉悦的心理感受就是美。从这个意义上说,“美”以及“美的教育”是教育的最高价值、最高追求和最高感受。“美的教育”的目的就是希望通过“美的教育”，在“美的”卓越学校里培养“美的人”。我校“美的教育”在和谐教育的实践基础上，我们寻找到了自己的文化个性，那就是由关注学校发展中的各种协同关系，转变到以学校个性发展为导向；由关注孩子的科技、绘画等素养，转变为满足学生面对未来生存和发展的需要。这些探索，都可作为同类学校的借鉴。

二、理论基础及依据

（一）党的教育方针指导美的教育

《国家中长期教育改革和发展规划纲要（2010—2020年）》对党的教育方针的论述为：坚持教育为社会主义现代化建设服务，为人民服务，与生产劳动和实际相结合，培养德智体美全面发展的社会主义建设者和接班人。培养德、智、体、美、劳全面发展的社会主义事业建设者和接班人是我国教育方针的核心部分，它提出了教育所培养的人的合理素质结构。教育就是要使学生学会做人，学会求知，学会劳动，学会创造，学会生活，学会健体，学会审美。学生审美素质的提高，必然促进其他素质的和谐发展和提高，培养和发展学生的主体精神和创新意识。

（二）素质教育理论引领美的教育

美的教育是学校对素质教育的自觉优化和深层发展。素质教育思想中的素质是广义的。广义的素质指的是教育学意义上的素质概念，指“人在先天生理的基础上在后天通过环境影响和教育训练所获得的、内在的、相对稳定的、长期发挥作用的身心特征及其基本品质结构，通常又称为素养。主要包括人的道德素质、智力素质、身体素质、审美素质、劳动技能素质等。”坚持素质教育的主要意义在于：第一，一个人只有具备了良好的基本素质，才有可能实现向较高层次的素质或专业素质的“迁移”。基础教育以发展和完善人的基本素质为宗旨，因而不少人指出基础教育的本质就是素质教育。第二，从教育控制论的意义上讲，教育是一种人为的、优化的控制过程，以便受教育者能按照预定目标持续发展。

（三）新教育实验理论启迪美的教育

“新教育实验”源于朱永新教授的《我的教育理想》《新教育之梦》这两部个人专著。它的核心理念是：为了一切人，为了人的一切。它的目标追求是：追寻理想，超越自我。五个基本观点是：无限相信学生与教师的潜力；教给学生一生有用的东西；重视精神状态，倡导成功体验；强调个性发展，注重特色教育；让师生与人类崇高精神对话。新教育追求四重教育境界：成为学生享受成长快乐的理想乐园；成为教师实现专业发展的理想舞台；成为学校提升教育品质的理想平台；成为新教育共同体的精神家园和共同成长的理想村落。它的价值取向：只要行动，就有收获。

（四）苏霍姆林斯基“个性全面美的发展”理论蕴含美的教育

苏霍姆林斯基指出，所谓“个性全面美的发展”，即“意味着劳动与人在各类活动中的丰富精神的统一，意味着人在品行上以及同他人的相互关系上的道德纯洁，意味着体魄的完美、审美需求和趣味的丰富及社会和个人兴趣的多样”。

苏霍姆林斯基认为，必须使人的多种多样的才能、天赋、意向、兴趣和爱好等个性特点得到充分发挥。他强调说：我们的教育目标“就是让走向生活的每一个青年男女的才能得到最充分的发挥”。在苏霍姆林斯基看来，个性全面美的发展是对每一个受教育者的共同要求；而各种才能、兴趣、爱好的充分发挥则因人而异。

三、课题核心概念界定

美的教育：是指在学校“为美好人生奠基”办学理念的指导下，以创建美的校园、构建美的课堂、培养美的教师和培育美的学生为手段，从而培养学生发现美、欣赏美、创造美，表现美的意识、素养和能力，成为具有世界胸怀中国灵魂的大美学生的教育。

卓越学校：即优秀、出色的学校。本课题中的卓越学校是指学校在实现其基本教育功能的基础上，以美的教育理念为指导，在学校日常工作中融入美的环境、美的课堂来打造、培养师生美的意识、素养和能力的学校。

四、国内相关研究综述

为了寻求正确的研究方向，充分借鉴国内外相关研究成果，不断丰富美的教育的内涵，我们在申报过程中，详细查阅了国内外相关研究的动态和成果。

1.江苏省姜堰市东桥中心小学于2008年11月开始《构建尚美教育理论与实践的研究》，该研究以课堂为核心，充分挖掘教育资源中的“美”的因素，将各种教育资源中的美的因素与教育教学活动有机融合，从而培养学生崇尚美、追求美、欣赏美和创造美的教育。与我校的美的教育有相近之处，可谓英雄所见略同。但在实施渠道上，差别较大。

2.辽宁省盘锦市盘山县于2009年开展了《学科渗透美育研究》，侧重于从学科的角度，训练和培养学生美的能力，与我校的美的课堂建设，有相近之处，但在内涵上，与美的教育差别甚大。

3.江苏省吴江市铜锣中心小学的《农村小学臻美教育的实践研究》侧重于从课堂上实施美育，以课例研究为核心。此研究可供借鉴的是“臻美教育”从美术项目特色提升演变而来，对我校有一定的借鉴作用。但落脚点依然在一般意义上的美育，在研究思路和实践措施上不如我校的系统、明晰。

4.上海、南京等各地学校也在探究美的教育，教育学博士、珠海市教育学会会长钟以俊教授，提出了以“美的教育造就美的新人”的办学理念，学校在文化建设上着力突出审美的一面，并取得了很好的教育效果。他尊重每一个受教育者的活生生的人生体验和智慧，尊重他们的独立的认知、情感和价值选择的自主性，追求人性中更高贵的那一部分的发展。审美化的教育不是单纯的娱乐和个人情感的宣泄，而是教育者理性的升华和崇高精神的凝聚。但是没有建立学校美的教育的完整体系和评价标准，缺乏深入研究。

纵观国内外相关的研究，总体上讲，绝大多数的研究多限于一般意义上的美育研究，但国外很多国家在美育研究的突破上，起步早，落实到位，正如席勒所说：“在美生成的较高阶段上，美将把关注的目光转向塑造人本身的教育，美将与教育合辙并行。”但在提法的表述和概念的界定上，美的教育是当前唯一的，而且相对较为系统的。

但是把“美的教育”和“卓越学校”结合起来，要培养“美的教师”，培育“美的学生”，这些研究还是不够，还需要进一步研究完善，所以重庆高新区第一实验小学选择这个切入点进行研究。

五、研究目标及内容

（一）研究目标

1.提炼出美的教育卓越学校内涵。

2.探索出创建美的教育卓越学校的实施策略。

3.通过课题研究，培养美的教师和学生，彰显美的教育卓越学校办学特色。

（二）研究内容

1.“美的教育”卓越学校的基本内涵。

2.研制系列制度，保障“美的教育”卓越学校的构建和实施的细化研究。

3.通过文献、行动等研究方法，在研究中总结提炼出创建“美的教育”的实施策略。

(1)建设校园硬件环境，构建“美的教育的研究。

(2)构建“美的”课程体系建设实施。

(3)“美的课堂”教学模式的研究，促进“美的教育”卓越学校发展。

4.“美的教师”评价标准与建设“美的教师”，实施“美的教育”的研究。

5.“美的学生”评价标准与策略。

6.家校共育，促进“美的教育”和卓越学校的实施。

六、研究的对象及范围

重庆高新实验一小全体师生。

七、研究方法及运用

（一）问卷调查法

我们在每学期的家长开放日活动中开展了对家长的调查问卷，从中我们掌握了家长对学校“美的教育”下的“美的学校”“美的课堂”“美的教师”和“美的学生”的评价和了解。从反馈中，我们采纳好的意见建议，使本课题的研究更加充实。

（二）文献研究法

课题研究将对美的教育思想涉及的校园文化建设的文献、著作，进行深入学习、研究，对美的教育思想相关的校园文化建设内容等进行综合研究。

我们查阅了相关的文献如王义高的《当代宏观教育思潮之考察》、朱智贤主编的《心理学大词典》、瞿葆奎的《教育学文集·教育与人的发展》、苏霍姆林斯基的《帕夫雷什中学》，还收集了一些文章如江苏省姜堰市东桥中心小学的《构建尚美教育理论与实践的研究》、辽宁省盘锦市《学科渗透美育研究》等。

本课题主要运用文献查阅“美的教育”卓越学校的内涵和相关理论，作为课题的理论支撑，这些理论被用于教师培训和自修的阅读书目，并在教学中广泛运用，指导我们的课题研究。

（三）行动研究法

课题研究以行动法为主要研究方法。我们以“美的校园”“美的课堂”“美的教师”和“美的学生”为子课题进行了分部门的研究。每个子课题根据课题的研究重点，找到突破口，采用边实践、边总结的方法，发现问题、专题研讨、总结经验、提出改进方案，在此基础上形成富有学校特点，熔铸美的教育思想于特色校园文化建设的典型案例和校本教材、学校特色发展方案与人和精神内涵一体的研究。

（四）经验总结法

在课题研究中，我们认真总结“美的教育”卓越学校实践与研究中好的经验，把过程资料上升到理性层面进行分析，形成重要的成果专集《美的教育研究与实践》。

八、研究的成果

（一）总结提炼出了“美的教育”卓越学校的基本内涵

课题组提出了本课题的核心概念，即美的教育：是指在学校“为美好人生奠基”办学理念的指导下，以创建美的校园、构建美的课堂、培养美的教师和培育美的学生为手段，从而培养学生发现美、欣赏美、创造美，表现美的意识、素养和能力，成为具有世界胸怀中国灵魂的大美学生的教育；卓越学校是指学校在实现其基本教育功能的基础上，以美的教育理念为指导，在学校日常工作中融入美的环境、美的课堂，来打造、培养师生美的意识、素养和能力的学校。

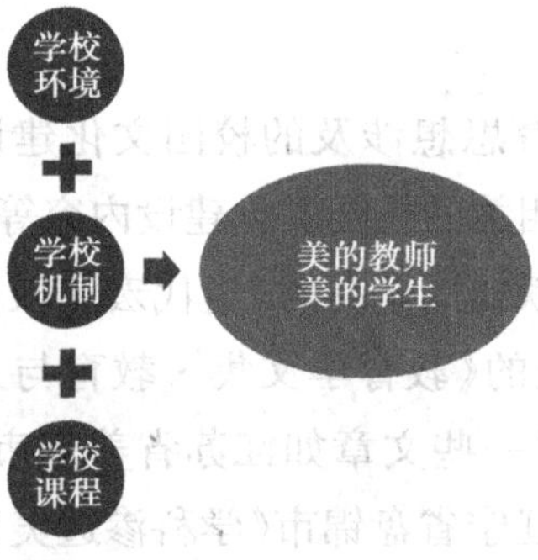

本课题包括五方面内涵，即环境、机制、课程、教师和学生。通过对学校环境、机制和课程的研究，打造美的教师和美的学生。在实施“美的教育”卓越学校实践与研究中高度概括出了七个“美的统一”的特色办学目标，即实现“办学思想上实现学生成长与教师成长的美的统一；教育观念上实现全面发展与差异发展的美的统一；教学目标上实现学生诸育协调发展的美的统一；学生素质上实现科学素养与人文精神的美的统一；教育对象上实现教育均衡与教育公平的美的统一；教育渠道上实现学校、家庭、社会的美的统一;育人环境上实现人与自然的美的统一。

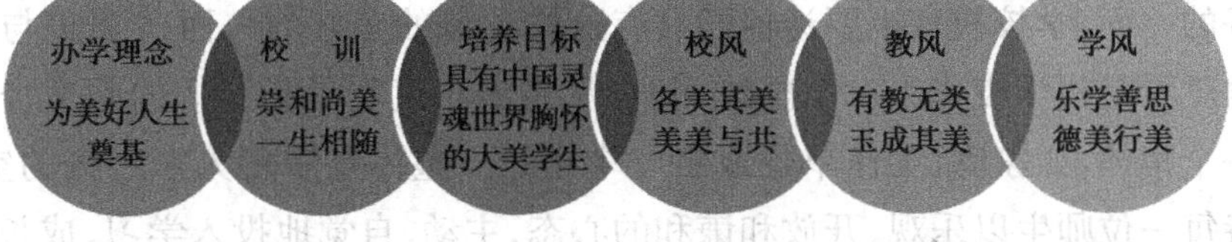

通过本课题的研究,还形成了“美的教育”卓越学校的文化体系,在“美的”基础上增加了尚美的思想:“让学生具有一定的发现美、欣赏美、创造美的意识、素养和能力,能使之伴随人的一生,去创造美的人生、美的生活、美的社会和美的世界。”此理念经过广泛的论证和验证,目前为重庆高新区第一实验小学所独有,符合学校的办学追求。

通过以“为美好人生奠基”为办学理念,以“培养具有中国灵魂世界胸怀的大美学生”为培养目标。“少年智,则国智,少年富,则国富,少年强,则国强”,“为中华之崛起而读书”,是谓中国灵魂;“少年雄于地球,则国雄于地球”,“先天下之忧而忧,后天下之乐而乐”是谓世界胸怀;美之小者为自己、为生活、为人生而美,美之大者为他人、为社会、为国家、为世界更美而美。著名教育家顾明远先生十分赞赏学校的办学理念,并亲笔题写了校名和“崇和尚美,一生相随”的校训,寄语孩子们“好好学习,主动参与,在活动中幸福成长”。“崇和”,即崇尚和谐;“尚美”,即追求美好;“一生相随”,即让学生通过学校教育所培养起来的对和谐的崇尚,对美好的追求能伴随其一生的成长、工作和生活,让孩子能拥有美好的人生和未来。

教师们以“有教无类,玉成其美”的崇高教师样态,“有教无类”,是学校教师长期坚守的教育原则:即教育的均衡与公平,让每一个就读我校的孩子都能得到教育,都能享有公平的学习和发展的机会,让每一个孩子在原有的基础上都能有所进步和提高,不放弃每一个孩子,让每一朵蓓蕾都绽放。“玉成其美”,体现的是我校实施教育的情感和方法。情感即真爱与责任:“放孩子在学校肩上,藏学生于老师心田”,以“成人之美”的善良和爱心滋润和丰满孩子的心田;方法即细腻和善教,让老师用自己丰富的学识、独特的魅力,以最能为学生接受和喜爱的方法进行教育,引领每一个孩子的成长、成才。“有教无类”是大道,然而大道无痕;“玉成其美”是大爱,然而大爱无形。从事最崇高的职业,必须有最崇高的动机。“有教无类,玉成其美”的完美结合,展现了我校教师的最佳样态,倾诉着我校优秀教师团队对教育的理解和追求。

促进孩子们成长为“乐学善思,德美行美”的个性学生样态,成就学校“各美其美，美美与共”的美好办学愿景。“各美其美”，期待全校每一位师生把他们认为最美好、最能展现自我风采的一面呈现给大家。每一位师生都有其作为一个人独特而美好的一面，学校教育也要让他们具有这样独特的美好的一面；“美美与共”，从现实角度看是指学校作为一个整体而言，从发展角度看是指我们的师生今后面对的每一个集体，如家庭、工作单位或者一个组织。整体是展现大家之美的空间，我们期待每一位师生以乐观、开放和谦和的心态，主动、自觉地投入学习、成长的过程中去，通过学习、欣赏他人之美，促进自己更美，促使整体实现卓越，让大家都美、更美成为共同的追求。每一个孩子在父母眼里是最美的，每一个学生在学校和老师的眼里是最美的，但“一枝独秀不是春，百花齐放春满园。”我们要努力让每一朵最美的小花在学校这个大花园里得到最美丽的孕育，在今后的生活和社会这个更大的花园里得到最美丽的绽放！

同时，也形成了“美的课堂”核心理念，即“让美贯穿课堂教学”。具体化为“三美”——师生关系的和谐之美、教与学的灵动之美、交流与评价的生动之美。要求教师在教学行为中“有教无类，玉成其美”，要求学生在学习行为中乐学善学，德美行美，师生共同努力，达成各美其美，美美与共。

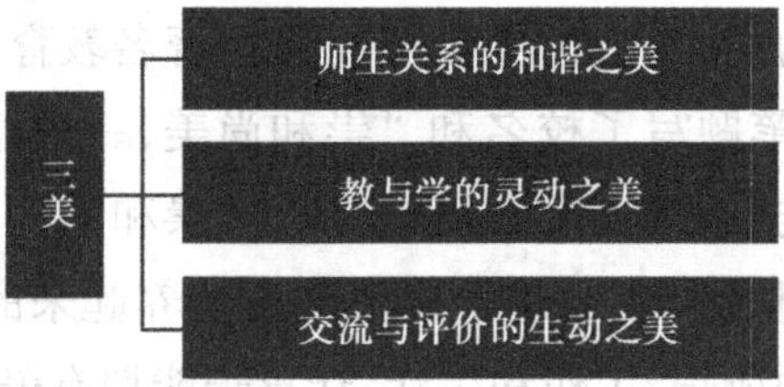

（二）建立了各类保障机制，确保“美的教育”卓越学校的实施

为了使“美的教育”在我校真正的落地生根，我校进行了管理机制的探索，形成美的管理文化。同时也建立了各类保障制度，让“美的教育”在我校得到更好的研究。

首先，在确立了办学理念和办学目标后，我们发现需要运用高效的管理体系来保障理念和目标的实施。我们运用科学的管理体系，建立明确的工作、价值、互动的校园管理流程，提高教育教学质量，实现学校的可持续性发展。在这思考下，我校把管理部门进行了新的分工，成立了三部一室的管理机构。

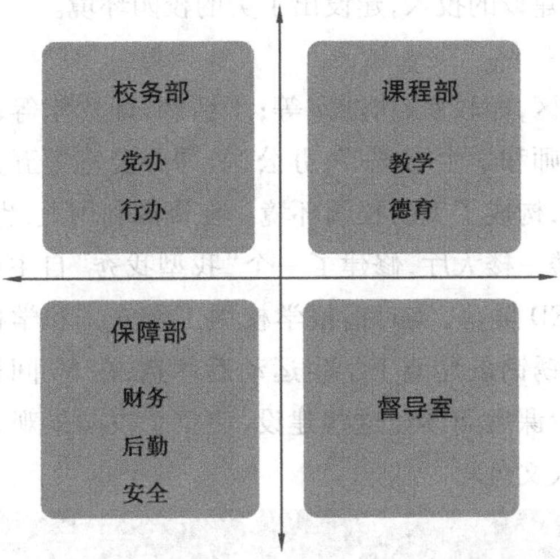

秉着科学、人文、公平、发展和体系性的原则，通过教师酝酿、教代会代表提案、学校行政会商议回复、提交教代会审议后试行，最后征求意见并形成学校管理制度的民主管理流程。从上至下，从下至上，反反复复多次论证后修订后才形成了一系列的保障制度，如涉及教师切身利益《教职工岗位设置和人员竞聘工作实施方案》《教职工绩效工资考核实施方案》《科研管理条例》《班主任管理条例》《教师年度考核方案》《骨干教师管理条例》和《名师工作室管理条例》等。最终形成了重庆高新区第一实验小学教师工作手册。

（三）提炼出创建“美的教育”的实施策略

1.建设美的环境，构建“美的教育”卓越学校

要建设好“美的教育”卓越学校，我们首先要保障有一个美的校园环境，因此，

我校加大对校园环境建设的投入,建设出了美的校园环境。

(1)校园合理分区

学校硬件由教学区,即教室、功能室等;生活区,即食堂等;运动区,即操场、游泳馆等;休闲区,即教师和学生书吧等;办公区,即办公室等五大区域构成,每个区域的布局都独具风格,构成了美的校园环境。在资源利用上,也实现了空间的合理利用。例如:在成美楼一楼大厅,修建了一个“我型我秀”自主展示舞台;在乐器室旁边的空地上安装 LED 屏幕,实时播报学校周工作安排和学校本周大事;在运动场四周安放了十张不锈钢条凳便于学生运动后休息,在 50 间教室外设置了 50 根外木质条凳,便于学生课后阅读。这些建设,使整个校园景观结构更显得科学、合理,富有现代气息和人文色彩。

(2)布置校园景观

学校重新按区域规划进行校园景观的设计,修激励学生奋发向上的“名人文化长廊”;雕展现我国古代劳动人民创造的伟大的奇迹“长城浮雕”,在校园玻璃栏杆上磨砂制作经典的古诗词 100 首,展示名师风采的“楼道文化”等。

(3)打造特色功能室

学校特色功能室既是美的校园建设的重要内容,也是宣传和展示学校“美的教育”特色的重要窗口。学校修建了全天候开放的学生书吧和教师书吧,展示学校办学成就的校史馆，修建了4个“美术教师工作室”和“童画苑”和全区最好的“录课室”。

(4)布置班级文化

教室作为小型文化场，是学生学习的地方。优美、整洁、有序的教室环境有利于学生的文化学习和审美陶冶。

(5)设计校园文化视觉识别系统

在“崇和尚美，一生相随”校训的指导下，学校根据晋·王羲之《兰亭集序》中的“惠风和畅”、《论语·颜渊》中的“成人之美”和《墨子·亲士》中的“任重致远”，为校园内三栋教学大楼分别冠以“畅和楼”“成美楼”“致远楼”。

建立了完整统一的校园品牌形象，设计了全套视觉识别管理系统，主要包括视觉基础要素系统和视觉应用要素系统两大部分。例如：学校标志规范、学校标志字体、学校标准色、学校专用印刷字体设定、办公事务用品设计、学校视觉环境系统设计、学校宣传系统等。

重庆高新区第一实验小学校徽

(6)改造校园设施设备

学校改造了网络、广播、音响等系统，以及改造了多功能厅，并加大力度培训教师，使学校如今的教育教学艺术又上了一个新台阶。学校班班通建设56间和云课堂实验班1间，以及新的机房2间、资源平台2个，多媒体设备每间教室都有，且短焦投影，班班电子白板，教师更新笔记本电脑120台，增容网络20兆，全力保障美的课堂等教育教学和管理。

(7)自主谱写校歌，让校园文化更系统化发展

为了让学校发展更加系统化，我校结合“美的教育”理念，谱写出了重庆高新区第一实验小学校歌《美 · 一生相随》，并找专业录音棚录制了独具我校特色的MTV。每周一的升旗仪式，我校学生都会齐唱校歌，学生们在校歌中感受着美的教育。

2.构建“美的”课程体系，推进美的教育卓越学校的实施

我校依据国家教育方针，立足学校“美的教育”特色实际，基于学校的办学使命和培养目标，提出了学生发展的四大核心素养，构建出了“美的”课程体系更好

地实现“美的教育”卓越学校的研究。

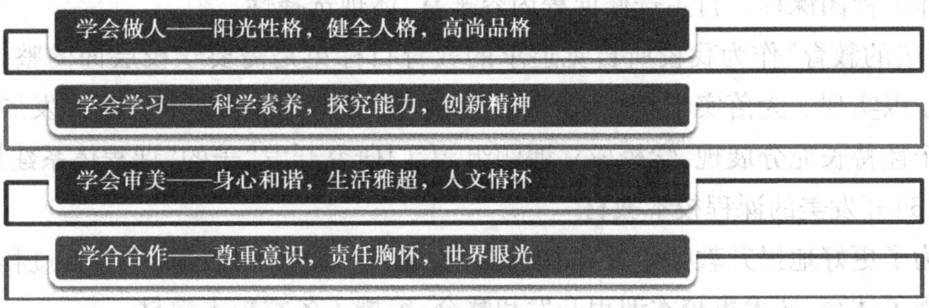

学会做人——阳光性格，健全人格，高尚品格
学会学习——科学素养，探究能力，创新精神
学会审美——身心和谐，生活雅超，人文情怀
学合合作——尊重意识，责任胸怀，世界眼光

核心素养

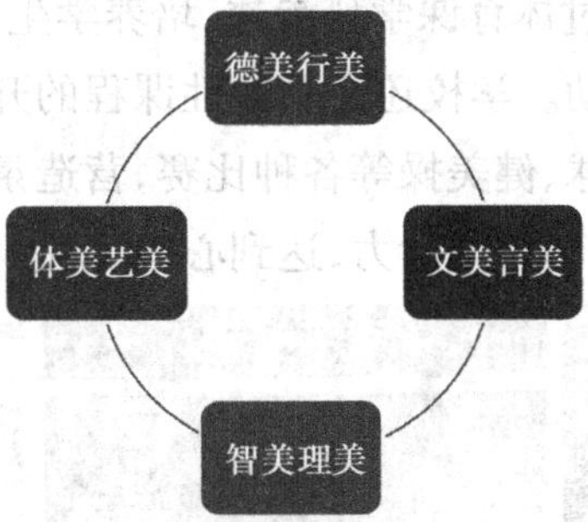

课程目标

在国家课程总目标的基础上，突出对学生美的意识、美的素养、美的能力的陶冶和培养，促进学生和谐个性地发展。为了更好地达成“美的教育”卓越学校所需的课程设计，我校把课程设置分为以学科为中心的基础课程和以社团为中心的特色课程。

(1)基础课程——夯实学生基础知识和基本技能，培养美的学生

以学科为中心的基础课程，在落实《课标》“夯实学生基础知识和基本技能”的要求之上，突出在学科教学中陶冶学生美的意识，培养学生美的素养和美的能力。充分发掘学科课程中的美元素。将品德与生活、品德与社会纳入培养品格之美的学科课程，语文、英语纳入培养表达之美的学科课程，数学、科学和信息技术纳入培养思维之美的学科课程，音乐、美术和体育纳入培养气质之美的学科课程。突出每一门学科课程综合实践活动的开展。

(2)特色课程——让学生发展特长，展现个性之美

以社团为中心的特色课程，学生根据兴趣需要选择课程内容，激发潜力，发展特长，展现个性之美。

必修：开设《尚美课程》、环境文化、主题活动、主题实践课程，引导学生做最美的自己。

选修:开设心理游戏、主题阅读、英语会话、思维体操、实践创新、运动健康、艺术创作等社团课程。自主选修课程内容丰富,体现选择性。

“美的教育”作为我校所自觉追求的教育目标更是需要学校层面的整体课程设计予以实现。为落实学校“为美好人生奠基”的理念,促进学生多元发展,鼓励学生个性特长充分展现,学校成立课题组,专门研究开发“美的”课程体系建设。

(3)开发美的课程校本教材

为了更好地提升教师的教育教学能力,培养出美的学生,课题实施过程中,我校加强了体育、艺术类校本课程开发和整合,编撰了各类校本教材。

我校还结合小学生年龄特点开发了《乒乓球》《篮球》《足球》《羽毛球》《艺术体操》等球类校本课程,通过体育课学科渗透,培养学生掌握运动技能,喜欢球类运动并主动参加各种球类活动。学校还注重隐性课程的开发,定期举办体育节、运动会、游泳、篮球、乒乓球、足球、健美操等各种比赛,营造氛围,提高学生的锻炼意识,促进学生保持旺盛的体力、精力与活力,达到心智、情感和社会性美的发展的境界。

开发出了国画教学校本教材《儿童水墨情趣》,激发了学生对美术,对水墨画的兴趣,提高了学生的艺术素养,塑造了学生的美的心灵。教材根据小学生的特点编排了15课教学内容,例如城市交响曲、大眼睛等。这些内容都是取材于儿童的生活,适用于1~6年级学生。在国画课上,学生的欣赏美、表达美、创造美的能力都得到了提高,同时也营造学校浓厚的艺术氛围。

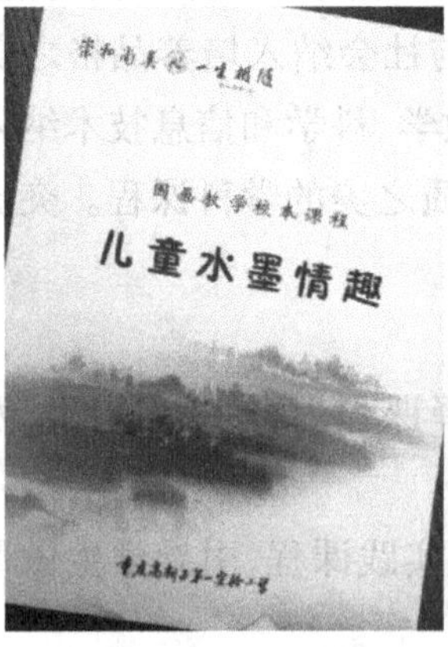

3.构建“美的课堂”教学模式

为了更好地对创建“美的教育”卓越学校课题进行研究，学校在美的课程基础上，构建了美的课堂的模式来培养美的教师和学生。

（1）美的课堂的教学模式（“三四五”模式）

①三个环节是美的引入，即创设情境，激发兴趣——由“形”到“情”感受美；美的发现，即自主探究，合作交流——由“情”到“理”欣赏美；美的升华，即巩固运用，拓展提升——由“悟”到“用”创造美”。

②注重处理好课堂教学中的四个关系：即主体与主导的关系、内容与形式的关系、互动与调控的关系、预设与生成的关系。

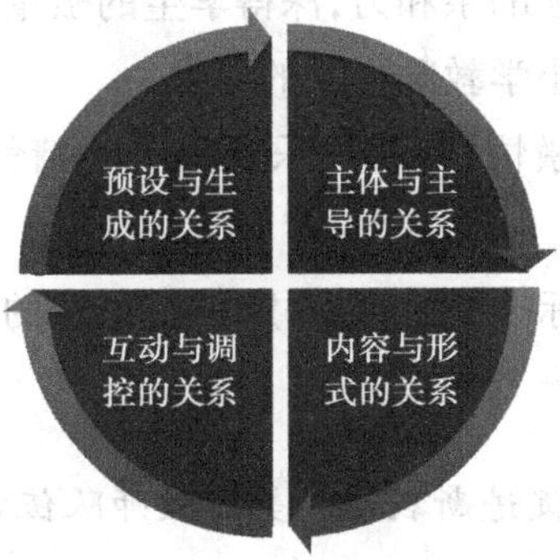

③五个策略是把课堂的时间，课堂的空间，提问的权利，评价的权利，学习的过程还给学生。

（2）制订美的课堂评价量表

根据“美的课堂”核心理念“让美贯穿课堂教学”，以及美的课堂的美的引入、美的发现、美的升华三环节教学流程，再结合九龙坡区品质课堂教学评价量表，学校制订出了美的课堂教学评价量表。

我校通过构建美的课堂模式，更加丰富了“美的教育”卓越学校的内涵，探索出了“美的课堂”的核心、策略、结构以及氛围。近两年，学校的发展突飞猛进，承办全国、市区级赛课研讨活动30次，接待来自全国、市区级参观团25个，美的教育促进了学校发展，提升了学校声誉，举办了全区各学科教研，引领了课改，承办全区课改现场会，示范了课改，使“美的课堂”文化在全国全市产生广泛的影响和辐射作用。在“美的教育”卓越学校的探索过程中，学校“美的课堂”特色逐渐凸显，崇和尚美一生相随的教育品牌得以确立。

（四）打造“美的教师”队伍，为实施美的教育奠定基础

为了让“美的教育”卓越学校更加彰显特色，学校打造了一支“美的教师”队伍，并制定了“美的教师”评价标准。

标准1：关心爱护学生成长，认真教育学生，能为学生成长提供营造和谐、互动、愉悦的环境氛围。

标准2：不断加强作为小学教师的内在修养，不断提高教育教学的能力和水平。

标准3：对学生具有较强的亲和力，深得学生的敬重和喜欢。

标准4：穿着打扮符合小学教师形象的要求。

标准5：有饱满的工作激情，有积极乐观向上的精气神，对学生成长具有较大的影响。

根据“美的教师”评价标准，学校也制定了一系列的活动和制度，促进“美的教师”成长。

1.运用“抢逼围”活动，促进新教师向美的教师队伍靠近

由于学校的不断发展壮大，每年都会有不少新教师加入，他们可能是通过人才引进方式进入学校的优秀教师，可能是通过公开招聘的在职教师，还可能是通过双选的优秀大学生，他们的加入，无疑给学校发展注入了新鲜血液和生机活力。特别是针对刚踏上工作岗位的大学生的实际情况，学校通过“抢、逼、围”的培养形式，缩短新教师的适应期，促进新教师的快速成长。

2.建立研修共同体,提升美的教师

组建学科名师工作室,由校长担任总领衔人,学科邱丽霞担任学科工作室领衔人,选拔了邓剑东、陈静、刘剑英、张祖琴、彭廷美几位教师入室研修。陈静、刘剑英老师先后获得了全国中小学语文主题阅读实验课题研究会的赛课一等奖,邓剑东老师则分别获得了第五届全国小学语文教师素质大赛一等奖和2014年全国小学语文青年教师教学观摩活动特等奖,邱丽霞、张祖勤、彭廷美多次指导中青年教师参赛,成果显著,成就了一批名师队伍。2013年8月,彭廷美老师被特聘为2013年中小学新教师培训授课教师。由教研组长、备课组长、学科领衔人、指导教师组成的第二梯队教师,是学校教师团队建设的重要环节,是学校发展的中坚力量。工作中我们本着“选好人员、磨砺成长”的原则通过微格研究、重建课研究等途径,培养其较强的责任感,扎扎实实的研究态度,精湛的教学功底,娴熟的教学技能,“让骨干先富起来”,形成以点带面的辐射。

3.组建导师制“一帮一”协同发展共同体,引领美的教师

学校指派优秀教师和薄弱教师、新教师结成“一帮一”帮教带教共同体。李雨佳、周煦琅、周雪梅、徐怡、黄飞、陈立等青年教师均在参加工作后不久就迅速成长起来,成为体育、语文、数学、英语、信息技术、美术等学科的中坚力量,由徒弟成为师傅,继续带领着新的一批青年教师走上成长之路。

4.开展校本教研，打造美的教师团队

结合学校实际情况，组建了集体备课学科教学研究团队，给每个团队指派联系指导行政，每学期定期开展活动，上传活动材料（教学设计、导学案、课件等）。还通过专题讲座、课例研讨、教师发展论坛、经验交流、示范展示、技能竞赛、外出培训、挂职锻炼、走进名校、送教下乡等形式，促进了教师的专业化发展。

5.以赛代训，打造美的教师队伍

“秋实杯”和“高新杯”赛课活动以学校“建构美的课程体系，提升美的教育内涵”的工作主题为指导，为中青年教师提供展示的平台，充分发挥中青年骨干教师的示范引领作用，为青年教师学习本校教师教学经验提供平台，并积极开展构建“美的课堂”教学研究，不断提高教师的教学水平，进一步提高教学质量，促进了教师成长和团队打造。

（五）培养“美的学生”，展现美的教育卓越学校

1.确立了美的学生培养目标

美的教育培养目标就是要培养四美学生，即学习美、行为习惯美、身体美、个性美。四美的具体内容、目标及评价标准为：

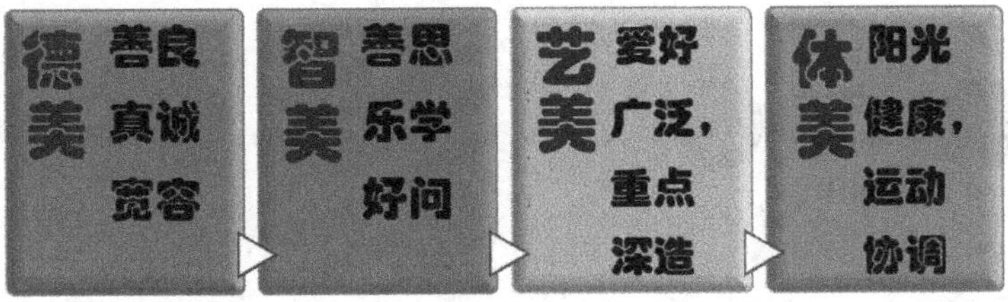

2.制定《美的学生风采》，开展美的教育特色的实践活动

《美的学生风采》“三字经”讨论修改后，以学校美术特色为抓手，由学生根据内容自主配画面出版了《美的学生风采》一书，以图文并茂的方式呈现读本。同时制作了《美的学生风采》音频资料，学校利用每天上午的晨读开展美的学生风采的背诵；开展美的学生风采背诵比赛；开展集体放学时的集体背诵等形式引导学生学习内化。为了更好地展示学生美的个性发展，我们把“美的学生”风采作为学校必修课程《尚美课程》的学习内容，让“美的学生”风采更好地渗透到学生的言行当中。

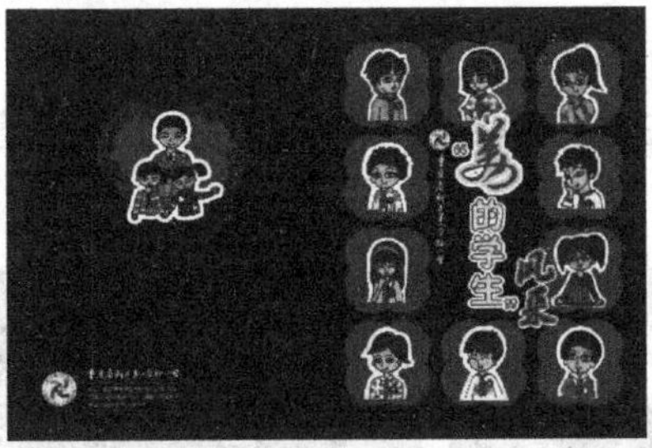

3.实施了《美的学生标准及评价体系》，促进美的学生发展

《美的学生标准及评价体系》体现了全员育德思想和学生自主管理原则。具体做法是：每周五之前，各班开展美之星评价，将评价结果公示在班级的美之星统计表中，并将自己班级中最优秀的学生向学校大队部推荐，助其积极参加全校的十佳美之星的评比。每周学校大队部开展十佳美之星评比；卫生美、课堂美、两操美、行为美等系列的美的班集体评比。学校每周开展一次十佳美之星颁奖；美的班集体颁奖；以及十佳幸运美之星与校长共进午餐等奖励方式。

美的学生评比人数逐年增长：

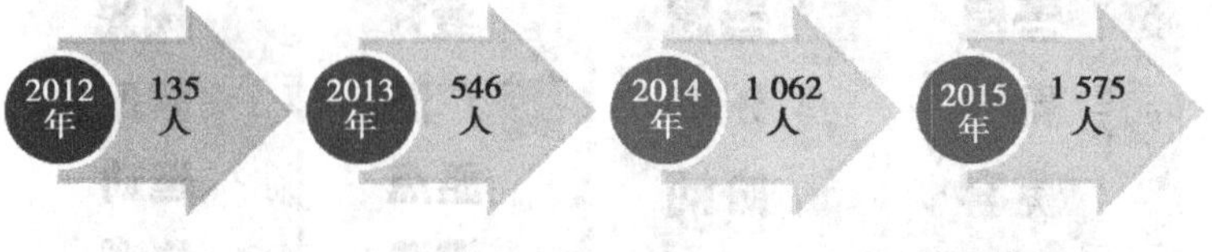

在班级开展“美之星”评价中，各班级又会根据各班班情制定切实可行的班级评价标准。

认真开展一系列文明礼仪教育活动，培养学生美的行为习惯；培养了学生阅读经典的兴趣和习惯，让学生从经典中学习美的行为。

4.营造育人氛围培养美的学生

校园里，老师慈祥的关爱和友好的提醒，清洁工阿姨由衷的表扬，保安叔叔高竖起的大拇指，同学之间的相互欣赏和鼓励，父母的欣喜与骄傲。无不滋养着孩子们的心灵，呵护着孩子们的成长。体育节、科技节、跳蚤市场、“我要上‘六一’”等一系列活动，激励着每个孩子上进、求善。全面育德，全员育人，把德育渗透在校园的每个角落，为每个孩子的每一次经历点赞，为每个孩子的每一个细节点赞，把每个种子播种在每个孩子的心田。每个孩子在重庆高新区第一实验小学的培育下都认为自己是最美的！

5.能力测查督促美的学生

我校继原有的发展性评价方法，继续完善过程性评价方式，开展各学科能力全面测查，各个年级都制订了符合课标中规定的年段目标的能力测查方案，对期末测试起到了很好的补充作用，在学生的口语表达、动手能力、实践操作和知识运用等方面落实了评价细则，为促进学生生活化学习、实践化学习奠定了坚实基础，将教师以往单一关注卷面考试的观念转变为全面发展学生能力素养。

语文能力测查项目如下：①朗读或背诵。②口语交际。③体验倾听之得。④好书推荐。⑤口语作文。

数学能力测查项目如下:①整理单元内容,用手抄报形式展示出来。②设计漂亮的图案。③综合实践。④寻找生活中的数学问题素材。⑤根据统筹的思想制定流程图。

对各综合学科,根据新课标对学生能力素养要求,完善以往的学生能力测查方案,学校教学部门对照各学科的方案开展测查,如英语要考查学生的口语交流能力,音乐要考查学生的音乐表现力,美术要考查学生的创作能力等。

我校总是在学期前组织教师对下期的各学科能力测查制订详细可行的方案，使教师和学生重视学习过程，将培养学生能力落实到日常教学过程中，让老师们树立：测查不是目的，真正目的是让老师们重视在过程中培养学生能力，使学生成为“美的教育”卓越学校里的“美的学生”。

（六）家校共育，打造“美的学生”

1.完善组织机构，保障家校共育

（1）建立以学校教育、家庭教育为主的学校、家庭、社会教育的美的关系，这是实施美的教育的基础。学校要多开展家长会、家访、家长接待日等家校联系活动；定期对学生进行法制教育。这些措施对于建立健全学校、社会、家庭三位一体的思想道德教育网络，为学生健康成长营造美的氛围很有帮助。

（2）学校成立了家长委员会，出台了《重庆高新区第一实验小学家委会工作职责》，而且定期开展会议与家长随时沟通，让家委会代表更加清楚自己的职责，更加明晰如何通过家校合作更好地促进学生发展。

（3）党支部、德育处积极成立现代学校家长和学校关系发展的市级课题，深入调查研究，制定相关制度。

2.建立平台，促进家校共育

（1）学校微信公共平台的实施，加强了家长对孩子在校学习生活情况的了解，增进了家长与学校的沟通交流。

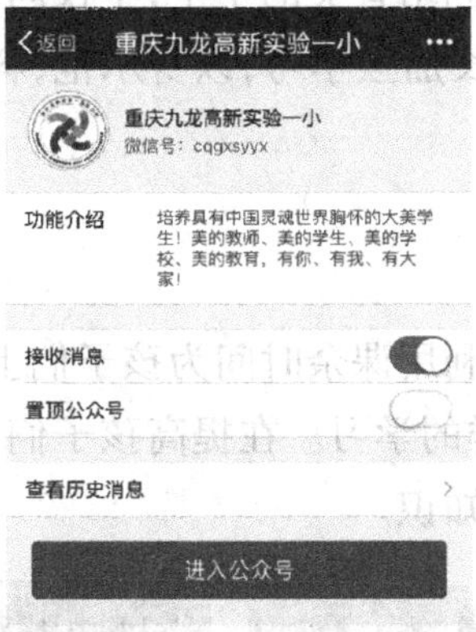

（2）校园网站（http://xxl.cqxinya.net/）、QQ群等平台的利用使教育教学工作开展得更顺利。

3.展示家长风采，促进家校共育

家庭是孩子最初受到教育的课堂，父母既是孩子的家长，又是孩子的第一个教师，是孩子学习的榜样。家庭环境的状况和父母的言行，对子女的成长起着潜移默化的重要作用。在整个行为训练和习惯养成过程中，注重与学生家长紧密联系，强调互访，要求互励，进一步加强对家长的文明礼仪教育，以期获得更佳的效果。

为引领家长树立正确的教育观，引导家长共同培育美的学生，学校向家长发放了“美的家长风采”和“美的家长” 手册，引领家长加强学习，以身示范，科学、正确地教育孩子。

4.开展家长课堂，实现家校共育

我们充分运用家长资源，让家长们到校或者利用课余时间为孩子们上课，带领孩子们走出课堂、走出校园，为孩子们展示不一样的学习。在提高孩子们的学习兴趣的同时，也让孩子们了解到了更多书本以外的知识。

九、研究影响与效果

（一）研究影响

近两年，学校的发展突飞猛进，承办全国、市、区级赛课研讨活动 30 次，接待来自全国、市、区级参观团 25 个，美的教育促进了学校发展，提升了学校声誉，美的教育也得到了广大领导、专家和来宾的一直认可。

2012 年 12 月 17 日，广东省佛山市南海区龙门实验小学的部分领导和教师代表前来我校参观访问。

2013 年 03 月 26 日，四川省凉山州小学校长高级研修班代表团 40 多名校级干部在西南大学培训部陈老师、王老师的带领下，参观考察了重庆高新区第一实验小学。凉山州校长考察团的几名校长在观看学校校园文化建设后谈了考察学校的感受:一是学校教师、学生自信、阳光,校园生机勃勃;二是学校“美的教育”特色突出,办学成效显著。

2013年11月23日上午,广州市白云区校长考察团40多名校长在区进修学院钟院长的引荐下,考察了重庆高新区第一实验小学。考察团40名校长对学校的办学特色非常认同,校长们纷纷表示,一定将我校的经验带回去,用于指导学校的建设和发展。

2013年11月28日,在重庆市教育评估院的组织下,重庆高新区第一实验小学秦登伟校长、杨洪主任、胡凤主任、张祖勤老师、周煦琅老师一行到遵义工农小学参加校园特色文化建设交流活动。秦校长用真挚、朴实的语言,大量生动、鲜活的图片,感人肺腑的视频,立体而全面地呈现了学校“美的教育”理念的探索与实施,学校特色办学经验以及学校校园文化建设取得的丰硕成果。整个会场不时地响起老师们热烈的掌声和由衷的赞叹声!

2013年12月6日上午,广州市白云区校长考察团20多名校长在聚德教育葛勉锋董事的带领下,考察了重庆高新区第一实验小学,这是继11月23日白云区校长团来校考察后第二个来校考察的白云区校长考察团。重庆高新区第一实验小学“美的教育”办学特色给来宾们以巨大的心灵震撼,校长考察团领队余振江主任听了秦校长的报告后非常兴奋,现场赋了一首《“美”高新一小之美》的小诗来表达自己的激动之情。

2014年5月28日,重庆市教委周旭主任一行视察重庆高新区第一实验小学。周主任对学校的办学理念、育人环境、特色办学、校园文化建设成果、六大功能室建设都十分赞赏。他这样评价道:“这就是一所‘老百姓身边的好学校’。”

2014年09月,重庆晚报发表了《美的教育为学生美好人生奠基》的文章,赞叹了重庆高新区第一实验小学教师教育之美。

2015年7月3日下午,城口县校长考察团30多名校长在重庆市教科院原副院长陈定凡的带领下,考察了重庆高新区第一实验小学。考察团的校长们对学校的办学特色非常钦佩,纷纷表示,认真学习重庆高新区第一实验小学成功经验,用以指导自己学校的特色建设和发展。

(二)效果

随着学校美的教育理念的不断提升和在学校的深入实施,学校的各个方面得到了很大的提升,无论是学生综合素质和个性特长方面,还是教师专业化水平,乃至学校品牌和特色凸显都实现了跨越式发展,至今全市、全国50余所学校带队到校参观考察或交流学习。

(1)促进了学生综合素质的全面发展和个性特长的充分展现

在“美的校园、美的课堂、美的课程”里，学生真正体验到了学习的乐趣、思考的力量、合作的愉快、创造的喜悦、运动的舒畅、个性的张扬、收获的惬意；在学习和实践的过程中培养了感受美、理解美、鉴赏美、表现美、崇尚美，进而按照美的规律创造美的能力，逐渐形成生活的激情、美好的品行和健全的人格，进而达到乐学善思，德美行美。在学生自信心和归属感形成的同时，综合素质得到发展，个性特长得到充分展现，综合能力也得到全面提升。在学校承办的全国小学音乐、语文、数学、信息研讨会，重庆市小学语文、音乐、科学、英语、安全教育等学科赛课活动中，学生的表现得到了与会专家和教师的称赞。近三年来学生在全国省市组织的艺术教育、体育、科技创新、信息技术、演讲比赛等各类竞赛中成绩斐然，在各级各类比赛中，学生荣获国家、市、区级奖项达3 000项次。

学生的个性发展显著：兴趣爱好得到了很大的提高，很多学生参加了各级各类的比赛并获奖。

(2)促进了教师专业化水平的迅速提升

美的教育的实施，转变了教师的教育教学理念，学校在德育和教学过程中的探索和改革及“有教无类，玉成其美”在学校校本教研中的实践，激活了教师教育教学创新的激情和对教育工作的热情，教师教育研究的积极性和对教育工作的归属感得到提高，教师的专业化水平得到提升，专业素质和整体实力明显改善。

自开展课题研究以来，我校老师在各级别的赛课、论文等活动中获得了各种奖项。胡风老师出版了《学院派精英——青花水墨》画册，韩平老师著有《走在路上——韩老师和她的学生们》的著作，刘玲和何清平等教师编写重庆市信息、科学、英语教材或教辅资料等。

(3)促进了学校特色发展和品牌创立

“崇和尚美，一生相随”的校训已逐步渗透到学校生活的每一层面、每一环节之中，给学校的发展注入了灵魂，在学校中有效推进提升了学校的办学品位，学校的办学质量和社会家长满意度也大幅提高。学校呈现出了快速发展的局面，学校连续十四年荣获九龙坡区教育教学质量一等奖和办学水平一等奖，学校先后获得“全国教育科研基地学校”“全国信息技术创新与实践活动先进单位”“全国教育网站系统示范单位”“全国特色学校”“重庆市示范小学”“重庆市依法治校示范学校”“重庆市教育科研基地学校”“重庆市中小学信息技术示范学校”“重庆市少儿美术特色实验学校”等。举办全区各学科教研，引领课改；承办全区课改现场会，示范课改；承办国家市级赛课活动，使“美的课堂”文化在全国全市产生广泛的影响和辐射作用。在美的教育的探索过程中，学校办学特色逐渐凸显，美的教育品牌得以确立。

研究“美的教育”卓越学校实践与探索的过程中，学校的人际关系大为改善。学校领导强调在各项工作中高度重视人的因素，正确认识人的价值，充分发挥人的主观能动性，以谋求人的自由全面发展，确立了人在管理过程中的主导地位，并在实际活动中处处强调“以人为本”。管理者高度重视教师的价值、潜能、作用、行为、动机、要求等，关注教师的情绪、生活和情感体验，关注教师道德生活和人格养成，建立充分体现尊重、民主和发展精神的新型的人与人之间的关系，让学校每一个教职工的积极性和创造力充分发挥起来，达到最大化、最优化，既获得被尊重、被理解的感觉，又充满成就感、价值感和幸福感。学校人际关系实现了良性循环：学校领导之间思想统一，职责分明，团结协作；领导与教师之间互相信任不猜疑、互相交流不隔膜、互相支持不拆台、互相谅解不指责、互相关心不冷漠；教师之间互敬互重，融洽相处，精诚合作，亲密无间；教师与学生之间彼此尊重，彼此关爱，相互信任，平等合作；同学之间平等互助，亲近友善，相互学习，相互激励；美的环境激发了师生工作和学习积极性，促进了校内外教育诸因素的全面和谐之美，有力地推动学校各项工作的顺利发展。

总之，“美的教育”可以凝聚人心，“美的教育”可以团结力量，“美的教育”可以发展事业，这样的一所学校，难道不是“美的教育”卓越学校！校园奏响美的旋律，必将为学校、教职工和学生的发展注入活力。我们始终用美的音符推动学校稳定持续的发展，以发展增美的教育、以改革促美的教育、以公平求美的教育、以稳定保美的教育！

十、问题与讨论

“美的教育”卓越学校的实践与研究不是什么新生事物，也不是课题组的独创，但它的确推动了我校各项事业的协调发展，尤其是教育教学质量的提高，使我校在区域内赢得了良好的社会声誉。当然，我们也清醒地认识到，我们对于“美的教育”的理论思考和研究还比较肤浅，我们的实践探索也并不深入，值得我们进一步探讨的问题还有很多很多，这里有几个问题我们必须澄清：

1.“美的教育”卓越学校的实践与研究是一个长期渐进的过程，不是一朝一夕所能形成的。面对时代发展、社会进步，我们的教育知识、教育技术、教育方法，必须与时俱进，不断创新，与时代发展同步并适度超前，否则就会停滞不前，这就要求我们深化课程改革，深化人事制度改革，深化分配制度改革。“美的教育”卓越学校的创建，应是一个不断调整、修改、净化的过程。

2.通过全体师生的共同努力，不断探索，我们营造了“美的”课堂。但是“美的”课堂的策略亦需不断地完善，迎接一个个新的挑战，才能让课堂永远充满美。如，“美的”课堂与教学效率的关系，为追求“美的”课堂，教学形式灵活多样。处理好“美的”课堂与教学效率的关系问题急需我们进一步探索。“美的”课堂与学生全面发展的联系。再如，“美的”课堂对学生身心的发展是有益的，但如何在美中促进学生的全面发展，亦需我们进一步探讨。

3.学校虽然不断投资，很大程度地改善了教育教学及环境设施，但与我们打造“培养具有中国灵魂世界胸怀的大美学生”的目标仍有一定距离；我们的校园文化还需要进行整体的构思与设计，深化细节，科学发展。

4.家校教育是永恒的主题。尽管我校的家校关系很融洽，家长都认可，但是新时期新的家长和社会的飞速发展，还需要进一步的思考与探索，使之成为我校美的教育一个特色分支。

十一、结论与建议

（一）结论

实验证明：经过近年来的研究，“美的教育”已成为我校文化的核心和灵魂，从学校管理教育、教学，正全方位、有目的、有计划、有步骤地朝着“卓越学校”的目标发展。

1.学校领导的高度重视和反复根植相关理念是课题顺利开展的坚实保障。

学校领导坚持以教育科研为先导，给予课题大力支持，学校成立课题领导小组，在反复的探索中，形成了学校“美的教育”的核心理念，过程中加强对教师的培训学习，提高了教师的思想意识和对“美的课堂”教学运用的认识。

2.提炼出“美的教育”基本内涵，探索构建出“美的教育”特色的策略，形成具有鲜明特色的美的校园文化，得到了全国、市、区各级专家和同行的高度认同和肯定。

在课题研究中，“为美好人生奠基”的办学理念已经深入人心，“美的教育”的内涵已成为重庆高新区第一实验小学每位教师、家长和学生的共同目标。通过校园环境的打造，建设了一个美的校园环境，近年来，学校已接待了各级各类的参观和学习，也得到一致认同和好评，并在区域内小有名气。

3.总结出“美的教育”理念下的“美的”课程体系建设的具体目标和可操作性课程的分类体系，成为本次课题研究的亮点。

课题实施以来，在市教育学会和区教师进修学院专家的引领和指导下，学校经过深入思考、反复论证，构建出“美的”课程体系建设，总结出“学会做人、学会学习、学会审美、学会合作”的核心素养和课程目标，即“德美行美、文美言美、智美理美和体美艺美”。根据“美的教育”卓越学校的特点，提出了具有“美的”学校特色的基础课程和特色课程，并在这基础上，自主开发了多门校本课程，编写了校本教材，这些都为课题研究打下了坚实的基础。

4.构建了重庆高新区第一实验小学“美的课堂”的“三四五”教学模式和“美的课堂”教学评价量表，形成了可行的操作模式是课题研究的关键。

通过课题研究，学校秉承“让美贯穿课堂教学”的核心理念，从课程到课堂推进，从可持续发展的角度探索“美的课堂”的目标任务构建了能围绕核心素养来实施的“美的课堂”的教学模式，即“三四五”教学模式。老师们在此基础上根据学科、教学内容以及自身特点，围绕本学科的学科核心素养和培养目标，积极探究出有效的教育教学策略,并形成学校"美的课堂"教学评价量表。

5.围绕"美的教育",提炼出培养"美的教师"的七大策略,成为课题研究取得良好效果的有效途径。

课题的研究,很好地促进了学校系统、科学的组建教师队伍的整体发展,从而解决了教师队伍建设中的各种实际问题,真正实现了教师梯级建设和团队科学、和谐、可持续的自主发展。

6.根据"美的学生"的培养目标,探索出《美的学生标准及评价体系》,实现了家校共育,促进"美的学生"成长,成为本次课题的一大收获。

课题组经过反复实践讨论,结合学校实际,研制出《美的学生标准及评价体系》,用"四美学生"的标准去要求、评价考核学生,提高了学生自我评价的能力。通过家校共育,引领家长树立正确的教育观,从而促进了"美的学生"的成长。

通过课题研究,学校把"崇和尚美,一生相随"作为学校文化的核心和灵魂,从学校管理教育、教学全方位、有目的、有计划、有步骤地为学生的美好人生奠基拉开了序幕,美的教育对促进学生美的成长、促进教师美的发展、促进学校美的提升都起了极其重大的作用。"美的教育"已成为学校亮丽的办学特色,提升了学校办学品位,培养了具有中国灵魂世界胸怀的大美学生的学校教育本质。

(二)建议

在实施以"为美好人生奠基"为核心的"美的教育"卓越学校的实践与研究是一个长期的过程,学校投入大量的经费进行环境整治和硬件建设,同时在美的办学理念形成中、美的课程构建中、美的课堂研究中和美的校园文化建设中有很大的投入。由于学校是义务教育国家公办学校,基本没有自筹资金,在研究过程和校园文化建设的过程中,总感觉有些力不从心。希望上级教育行政主管部门和课题研究管理部门能给予更多的资金投入,解决课题组研究的后顾之忧。

在接下来的实践操作中,后续的工作和评价的跟进要及时。学校还需要进一步推广"美的教育",让其他学校和"美的教育"研究结合起来,使之融合发展。

在十多年的办学历程中,重庆高新区第一实验小学承党政之关怀,沐九龙之文明,乘课改之东风,将始终不渝地坚持"崇和尚美,一生相随"的教育理念,以"生本导学课堂教学改革"和"校本课程素质教育发展"两大平台,不断提高学生的学习能力、自主能力、表达能力、领导能力、创新能力和审美能力。我们将继续加强"美的教育"卓越学校特色的实践与研究,努力提升学校教育的质量,把我校创建成巴渝教育的示范品牌,阔步向中华名校的目标迈进。

“美的教师梯级团队建设”的实践与研究研究报告

李 洁

课题提出的背景、课题的界定、课题研究的意义 、课题研究的原则、国内外研究现状、课题的理论依据、课题研究的目标与内容、课题研究的方法和步骤见“美的教师梯级团队建设”的实践与研究开题报告。

一、研究的成果

（一）科学组建多元教师梯级团队，“美的教师”梯级发展得以实现

1.梯级团队建设

(1)确定六梯级教师团队

在对教师专业素质状况进行调查的基础上，综合教师的发展潜质、专业素养、自我发展意识、取得的成绩和在学校发挥的作用等因素，把教师分为六个梯队：青年教师—校级教坛新秀—校级骨干教师、名教师—区级骨干教师、名教师—市级骨干教师、名教师—国家级骨干教师、教学名师。并明确梯级教师职责、任务和培养推进办法。

(2)划分三梯级教研团队

根据自主研究能力，从四个维度(团队领导承担的责任、团队成员学习深度、团队成员研究能力、校本研究活动的组织水平)，区分出的三类教师团队，分别是带着团队智慧来的参与信息创生的研究型教师团队、带着大家期盼来的教研信息共享的适应型教师团队、带着个人耳朵来的教研信息独享的应付型教师团队。

(3)区分三梯级组长类型

从教研组、备课组活动开展情况和组长作用发挥的情况看,我校教研组长、备课组长划分为以下三种类型。

表1　三梯级组长类型

类　型	特　点	教研活动	发挥作用
迷茫依赖型	盲目服从,缺少自主灵活性,工作缺乏方向	不太正常	较弱
沟通调适型	善于沟通,研究主要依靠外部资源,自身缺少引领性的学术功底	维持常规 后劲不足	一般
自主创生型	有思想,问题意识强,研究意味浓,有时比较主观,沟通发生障碍	有一定深度 专题性明显	较强

通过组建梯级团队,不断查找问题和持续改进,“美的教师”梯级发展得以实现。以美术教研组为例,在专研型组长的辐射引领下,使得随后两个梯队的美术教师迅速成长起来。胡凤组长在美术方面的造诣颇深,是市级美术骨干教师、中国国画家协会会员、重庆市美术家协会会员、重庆市女子书画家协会会员、重庆市青年书画社副社长、中国王羲之书画艺术研究院特聘副院长、九龙坡区美术家协会副秘书长、中国中小学艺术教育学会特邀理事,多次在市区级比赛中获奖并在各级刊物上发表作品。在她的引领示范下,先后带领出一大批成绩卓越的教师梯队:陈立老师参加全国美术教师基本功竞赛,获得全国美术教师基本功小学组全能一等奖;尤佳老师多次代表学校参赛获得市区级比赛的一等奖;范川老师在区美术教师基本功大赛中获得综合评选一等奖;黄茜老师也多次在市区级赛课和比赛中获奖。

2.名师工作室建设

组建学科名师工作室,由校长担任总领衔人,学科邱丽霞担任学科工作室领衔人,选拔了邓剑东、陈静、刘剑英、张祖勤、彭廷美几位教师入室研修。陈静、刘剑英老师先后获得了全国中小学语文主题阅读实验课题研究会的赛课一等奖,邓剑东老师则分别获得了第五届全国小学语文教师素质大赛一等奖和2014年全国小学语文青年教师教学观摩活动特等奖,邱丽霞、张祖勤、彭廷美多次指导中青年教师参赛,成果显著,成就了一批名师队伍。

3.青年教师成长工作室建设(即青蓝工程)

学校指派1、2梯队优秀教师,及薄弱教师、新教师结成“一帮一”帮教带教16个共同体。李雨佳、周煦琅、周雪梅、徐怡、黄飞、陈立等青年教师均在参加工作后不久就迅速成长起来,成为体育、语文、数学、英语、信息技术、美术等学科的中坚力量,由徒弟成为师傅,继续带领着新的一批青年教师走上成长之路。

4.发展愿景引导

教研组、集体备课组工作愿景:资源共享,携手成长。

5.校本研训

结合学校实际情况,组建了集体备课学科教学研究团队,给每个团队指派联系指导行政,每学期定期开展活动,上传活动材料(教学设计、导学案、课件等)。还通过专题讲座、课例研讨、教师发展论坛、经验交流、示范展示、技能竞赛、外出培训、挂职锻炼、走进名校、送教下乡等形式,促进了教师的专业化发展。

6.“两杯”引领

“秋实杯”和“高新杯”赛课活动以学校“建构美的课程体系,提升美的教育内涵”的工作主题为指导,为中青年教师提供展示的平台,充分发挥中青年骨干教师的示范引领作用,为青年教师学习本校教师教学经验提供平台,并积极开展构建“美的课堂”教学研究,不断提高教师的教学水平,进一步提高教学质量,促进了教师成长和团队的打造。

每一年的“两杯”,达到全校全员参与,35岁以下的青年教师参加每学年上期的“高新杯”,35岁以上的教师参加每学年下期的“秋实杯”。学校成立了专门的领导工作小组、评委组,各年级各科老师均到场进行观摩学习并撰写评课,每次展课赛课还邀请了国培班、联盟学校和各班家长来交流观摩,达到共同学习和提升的目的。教师们在“美的”课程体系的指引下,积极探索和深化“美的”课堂实践,彰显“美的教师”风采并继续深化“一手抓研究,一手抓质量”的教学管理思路。

7.学术引领

在“美的教师”梯级团队建设的基础上,成立“学术委员会”,提名公选组建邓剑东等17名同志为学校首届学术委员会委员。胡凤同志任学术委员会主任委员,赵平同志任学术委员会副主任委员，王家梅同志任学术委员会秘书长，刘建英同志任语文组理事长，李琼同志任数学组理事长，伍小琴同志任综合组理事长。

学校学术委员会自成立以来，承担了科学研究、教师队伍建设、学术交流决策咨询等任务，引领教师更新教育教学观念，提高中青年教师课堂教学和班级管理能力，此外还担任了学校“高新杯”与“秋实杯”的教育教学评优活动的评审工作，参与了学校教育教学中学生素养与能力测查工作以及教师职称评定与审核工作。以培养“美的教师”梯级团队为载体，整体提升学校的内涵发展。

8.理论学习规划引领

(1)理论学习

从学校发展和教师专业发展的需要出发，教师的教育教学理论需要不断地提升，学校定期和不定期组织相关教师教育内容的专题讲座，邀请专家到校讲学，为教师发送教育专著，组织开展教师读书活动、论坛沙龙，外派教师参加各级各类培训学习等，作为促进学校教师专业发展的一个很好的途径。这种“走出去，请进来”的方式，促进了广大教师理论修养的提高。学校还固定了每周学习时间，加强教师自我学习研讨，定期学习与课题研究有关的理论，并要求教师做好学习笔记。

(2)职业规划

教师职业发展规划是实现教师专业化可持续发展的一种有效手段，教师有了明确的奋斗目标，才会有前进的动力。学校专门聘请专家到校进行“教师职业规划和专业发展”的专题讲座，指导教师进行自我剖析，正确分析自己的优势和弱势，再根据自己的优势和特长，制订三年职业发展规划和学期发展目标。然后，教师再根据学校的要求和自身实际，提出有效达成目标的措施和需要学校提供的帮助。再次，教师将自己的个人规划上传到校园网以监督实施。最后，教研室在认真阅读和分析青年教师的成长规划基础上，针对每个教师实际情况，确定培养基点，采取相应的培养措施，引领教师有目标的、积极地工作和生活。

9.梯级团队推进

在课题研究中，我们始终重视思考策划工作。我们要求第一、二梯队教师：明特色，明责任，强理论素养，强专业引领，打造特色展示课，使新辟课型“成型化”，成为品牌教师。第三、四梯队教师：明目标，明差距，强学科素养，强研究能力，打造专题研究课，使成熟课型“精品化”，成为骨干教师。第五、六梯队：明自我，明理念，强好学精神，强教学基本功，打造学习汇报课，使成型课型“普及化”，成为合格教师。

(1)骨干教师引领,形成内核

由教研组长、备课组长、学科领衔人、指导教师组成的第二梯队教师,是学校教师团队建设的重要环节,是学校发展的中坚力量。工作中我们本着“选好人员、磨砺成长”的原则通过微格研究、重建课研究等途径,培养其较强的责任感,扎扎实实的研究态度,精湛的教学功底,娴熟的教学技能,“让骨干先富起来”,形成以点带面的辐射。具体做法是:

①了解个体差异,积极推动研究;教科室认真解读每位骨干,制定切实可行的培养措施。

②发现问题困惑,连续驱动学习;针对每个个体存在的问题,提供不同的培训学习机会。

③营造信任氛围,鼓励公开自我;确定“重心下移,双不越级”工作原则,给予骨干充分的工作自主权。

④掌握技能技巧,学会倾听回应;定期组织专题培训,诊断问题,交流工作心得,相互启发学习借鉴。

⑤关注变化生成,引导连续改进;密切关注每位骨干的思想、工作动向,及时给予帮助和肯定,促进连续改进。

⑥注重经验梳理,形成知识积淀;组织专项培训(简讯、案例撰写等),开展各类评选活动,提供展示机会,形成典型经验。

⑦非正式对话,让研究成为常态。加强与骨干的对话交流,把指导、研究形式灵活化、常态化。

(2)潜质教师跟进,以点带面

应该说我校是优秀教师的聚集地,他们都来自于各个学校、地区的领军人物,他们富有教育激情,善于展示、敢于创新。在学校浓郁的教研氛围感染下和学校的精心培育下,在各级各类技能竞赛中获得过不俗的成绩,有很大的发展潜力和良好的发展前景,是学校梯级教师团队中的第3、4梯队。具体做法是:

①成立学科名师工作室,建立工作室成员准入制度,让潜质教师入室研修。

②明确入室研修的目标、职责和任务,交付研修项目。

③签订学校与各学科工作室协议和学科工作室领衔人与入室研修学员协同发展协议。

④引导入室研修学员拟订个人职业发展规划,激发发展意向,明示研修内容,调试研修策略,关注研修成果。

⑤完善入室研修学员任务跟进考核办法,搭建平台,激发全面和谐成长。

(3)青年教师培养,承上启下

我校教师平均年龄30多岁,青年教师在学校占比极大,在学校发展中的作用不容小觑。为此,我们积极探索促进青年教师成长的新思路,奏响青年教师成长"六部曲"。即在制订"一个规划"、依托"两个载体"、明确"两个要求"、拓宽"三条渠道"的多元培养路径中,实现青年教师的快速成长,促进学校的内涵式发展。

"一个规划":组织教师职业发展规划与专业成长专题培训,引领青年教师进行自我剖析,根据自身的优势和特长,拟订适合自己的职业发展规划。

"两个载体":即"一坊一工程"——教研组工作坊和青蓝工程。它们提供青年教师交流思想、讨论人生、分享快乐,进行业务研讨、开展团队拓展训练、组织亲近自然、关爱社会、野外休闲等活动,开展心理咨询服务和亲子教育培训等平台,把工作、学习、生活有机的结合在一起,缓解工作压力,增进彼此了解,增强团队凝聚力,激发工作内驱力。

"两个要求":为了鼓励青年教师在教学研讨活动中敢于大胆表达自己的见解,营造民主的、互动的、参与的、平等的教研氛围,学校明确了校内外活动"两个要求"。一是外出培训"四个一"要求,凡是送出去参加市级及以上培训学习的老师,回校后都要撰写一篇学习心得体会,在教研组做一次专题交流,交一张带有培训主题的照片,在教育教学实践中有一点变化;二是校内教研活动"三个一"要求,即至少发现一个亮点,指出一点不足,提出一条合理化建议,杜绝只带耳朵参加活动的教研信息独享现象,鼓励青年教师带着期盼和团队智慧参与信息共享与创生,督促青年教师带着问题参加培训学习,带着思考的大脑进入培训学习状态。

"三条渠道":即"专家引领、同伴互助、自主研修"三条校本教研渠道。一是邀请市内外教育教学专家到学校做专题讲座和经验介绍;送教师参加高层次的培训学习,感受先进发达地区的教育理念和教学方式;给每位青年教师指派一位经验丰富的指导教师,对青年教师进行一对一的帮扶;给青年教师发送教育专著,鼓励青年教师亲近教育大家、名师,接受人格熏陶和新理念洗礼;组织青年教师观看名师大家的课堂教学实录,分主题进行"美的发现、美的过程、美的升华、小组合作……"系列精细化教研。二是组织开展丰富多彩的校本研训活动,如教研组或学校层面的献赛课活动、教研沙龙、论坛、经验交流、学习汇报等;每周一次的学科组集体备课活动、教师社团活动等,让青年教师在团队发展愿景的引领下培养积极向上的情感,学习他人的优势和长处,弥补自身教学中存在的不足和缺陷;教研组层级的"课型研讨"磨课活动,以参加各级各类献赛课活动为契机,倾全组乃至全校之力精心打磨优质高效的课例。三是充分利用各种机会对青年教师进行深入细致的宣传,引导青年教师树立教师的人格品质本身就是教学质量的思想，让青年教师充分认识到“教师成长的不可替代性”，只有潜心修炼、净化灵魂、陶冶情操，远离铜臭，培养自己的精神气场，增强自己的人格修为，才能为提高自身教育教学质量增加保险系数。鼓励青年教师把“阅读、教学、写作”作为自己的常态工作，始终如一地坚持下去。

(4)新教师入格，激活内驱

由于学校的不断发展壮大，每年都会有不少新教师加入，他们可能是来通过人才引进进学校的优秀教师，可能是通过公开招聘的在职教师，还可能是通过双选的优秀大学生。他们的加入，无疑给学校发展注入了新鲜血液和生机活力。特别是针对刚踏上工作岗位的大学生的实际情况，学校通过“抢、逼、围”的培养形式，缩短新教师的适应期，促进新教师的快速成长。

①早计划：就是做好新教师培养的早计划、早安排、早行动。一是在新教师报到时，我们就明确教学的科目和班级，引导新教师有意识地熟悉教材，学习相关的学科教学知识、学生教育知识、课堂教学技能等，备好储备课。二是在开学前召开结对教师工作会，给每位新教师都指派一位教学经验丰富的指导老师，当场签订“师徒结对协议”，明确师徒的职责和义务，让师徒都知晓学校对新教师的培养目标，对新教师的基本工作要求、教学工作要求、业务学习要求、教学基本功要求等，由指导教师指导新教师上好第一堂课。三是开学后立即组织专门的新教师培训活动，帮助新教师制订职业发展规划，分析自己优势、劣势，确定发展愿景，制订长期、短期发展规划和发展措施，说出达成愿景需要学校提供的帮助等。一方面使新教师在教学、学习、生活中有依靠，有方向；另一方面也使学校对新教师的帮助和培训更有针对性、实效性。四是组织学校的形势报告会，让新老师了解学校办学的理念、发展愿景、目标定位、学校发展面临的机遇与挑战，以及学校对教师发展的要求等，让新教师尽快调整心态，以行走的姿态融入到教育教学工作之中。

②多学习：就是新教师的“读”“听”“讲”“写”，要求他们一年站稳讲台，成为合格教师。

“读”。一是学校根据财力每年为教师征订大量的教学刊物和辅助工具书，美化教师阅览室，开展每年一届的“读教育经典，做学习型教师”读书节活动，推荐或发放书籍，通过写读书笔记、心得体会、论坛、演讲等形式，文化“耕心”。二是教研组间每周一篇理论文章的学习，结合学科教学实际，把握前沿教学动态，了解新观念、新方法、新策略，跟进时代步伐。

“听”。树立开门办学的思想，向社会、家长、同伴开放课堂，“吞吐吸纳”。实行"推门听课"制度,明确各级教师推门听课的目标任务,要求新教师先听课后上课,先模仿后创造,鼓励新教师多听课,大胆听课,敢于听课。多听指导教师的样板课,了解怎么把握教材重难点和知识结构;多听班主任老师的课,了解班主任对学生规范的整体要求;多听优秀教师的课,学习优秀教师如何通过最佳的组织、安排、引导,激发学生高涨的情绪、充沛的情感和对学习浓厚的兴趣,从而形成"教师、教材、学生"相应互动的教学境界。多跨学科听课,融合不同学科教学的方法和思想,力争把简笔画、韵律、节奏、动漫、故事、现代教育技术等生动形象的引入课堂,增强课堂的吸引力。

"讲"。站稳讲台是作为教师最起码的要求。任何对新教师的磨砺,最终都要回归到三尺讲台。创造机会,搭建平台,开展形式丰富的"五课"活动,如新教师模仿课、新教师亮相课、新教师考核课、同课异构课(同课异案、异案同课)、主题教学研讨课、竞赛课等等。一是让新教师先选择一堂适合自己风格的优质课(可以是学校老师的样板课,也可以是在网络学习的录像课)进行学习,然后再模仿上课;二是由新教师自主选择适合自己的课题上亮相课;三是集体备课同一教案各自上课或者先各自上课再集体讨论优化教案;四是课型研讨课;五是开展各级各类的赛课活动,展示自我,体验成功。

"写"。教学反思是教师成长的阶梯,记录曾经的迷茫,见证洒下的汗水,奠定坚实的基础。叶澜教授说:"一个教师写一辈子教案难以成为名师,但如果写三年反思则有可能成为名师。"所以有优秀教师是"写"出来的说法。因为只有反思才能发现问题,只有发现了问题才能寻找到解决问题的方法,并在发现问题、解决问题的过程中,不断完善自己,提升自己。学校鼓励教师一课一反思、一课一心得,及时总结自己教学中成功点和缺陷,给下一届的老师以提示。将教学反思纳入教学常规检查的范畴,督促教师善待反思,全方位地反思,有效地反思。

③造氛围:"一滴水只有融入大海,才会展现出它汹涌澎湃的生命力!"。在学校教学教研中,没有优秀的个人,只有优秀的团队,"氛围造就人""环境造就人"。树立团队观念、共同成长的意识,在新教师培养上要倾其教研组、年级组、备课组之力,甚至是倾全校教职工之力,帮助新教师早日过好班级管理和教学常规以及课堂教学基本功关。这就要求学校各级管理者树立现代角色意识,做新教师个性特点的解读者、问题的诊断者、发展的促进者,着力为新教师发展营造浓郁的、和谐的互帮互学、团结友爱、积极进取的氛围。教研工作做到:

一是校内教研活动"四定",定时间、定主题、定地点、定人员,做到时间有保证,内容有创新,人人有收获。

二是校内教研活动人人做到“三个一”:发现一个亮点、指出一点不足、提出一条建议,避免和事佬“只种花不栽刺”和带着个人耳朵来“只进不出”的教研信息独享现象,要求所有教研成员都要带着大家的期盼来,带着团队的智慧来,参与信息创生,实现教研信息共享。

三是送培教师完成“四个一”,即写一篇学习心得体会并在组内交流,交一张带有主题的照片回学校,上一堂体现学习收获的公开课,学以致用,在日常教学中有一点点变化。

四是“全力以赴”,重视每一位教师的每一次展示自我的机会。只要有教师参加各级各类的优质课竞赛活动或者展示活动,全体教师全程参与全程覆盖的跟进,从备课、说课、试讲课、评课,到再次备课、说课、再讲课、评课,有时候打磨一节优质高效的课要循环好几次。如邓剑东老师参加全国的小学语文优质课竞赛,就经历了几百次的教案修改和无数次的磨课,从而“磨出群体智慧、磨出教学对策、磨硬教师基本功”,最终获得全国的特等奖和一等奖。再如周雪梅老师参加市里数学优质课比赛,全组老师经历了几十次磨课,从教师的姿态、眼神、手势磨到课件制作、教学结构、知识呈现、学法引导,磨出了市级一等奖。

(二)促进教师专业素质提高和学生综合素质能力的提升

1.促进了学生综合素质全面发展和个性特长充分展现

在“美的校园、美的课堂、美的课程”里,学生在美的教育所创设的独特魅力与感染力、丰富多彩的教育教学活动中,真正体验到了学习的乐趣、思维的力量、合作的愉快、创造的喜悦、运动的舒畅、个性的张扬、收获的惬意;在学习和实践的过程中培养了感受美、理解美、鉴赏美、表现美、崇尚美,进而按照美的规律创造美的能力,逐渐形成生活的激情、美好的品行和健全的人格,进而达到乐学善思,德美行美。在学生自信心和归属感形成的同时,综合素质得到发展,个性特长得到充分展现,综合能力也得到全面提升。在学校承办的全国小学音乐、语文、数学、信息研讨会,及重庆市小学语文、音乐、科学、英语、安全教育等学科赛课活动中,学生的表现得到了与会专家和教师的称赞。近三年来学生在全国、全市组织的艺术教育、体育、科技创新、信息技术、演讲比赛等各类竞赛中成绩斐然,在各级各类比赛中,学生荣获国家市区级奖项达 3 000 项次。在这期间,学生的学习成绩显著提高,我校连续获得办学水平督导评价一等奖。

2.促进了教师专业化水平的迅速提升

美的教师的实施，转变了教师的教育教学理念，学校在德育和教学过程中的探索和改革及“有教无类，玉成其美”在学校校本教研中的实践，激活了教师教育教学创新的激情和对教育工作的热情，教师教育研究的积极性和对教育工作的归属感得到提高，教师的专业化水平得到提升，专业素质和整体实力明显改善。自开展课题研究以来，我校邓剑东老师在全国学语文赛课活动中代表重庆市参赛获得特等奖，另外，李雨佳、周煦琅、周雪梅等19位教师，在体育、语文、数学、英语、小学科学、音乐、信息技术、美术、安全教育等学科，分别荣获国家、市级优质课竞赛一等奖。邓剑东等老师5次在重庆市小学“卓越课堂”学科教学研究中现场讲课。邓剑东、周煦琅等老师在市区全国逐渐成为名师，被邀请到全国多地献课讲学。多篇论文发表在各级给类杂志中，二十几篇教科研优秀成果论文获市一、二、三等奖，有韩平老师的一本著述《走在路上——韩老师和她的学生们》出版发行，刘玲、何清平等教师编写重庆市信息、科学、英语教材或教辅资料，胡凤老师还出版发行了《学院派精英——青花水墨》画册等。

3.促进学校办学水平和教学质量的提高

“崇和尚美，一生相随”的校训已逐步渗透到学校生活的每一层面、每一环节之中，给学校的发展注入了灵魂，在学校中有效推进提升了学校的办学品位，学校的办学质量和社会家长满意度也大幅提高。学校呈现出了快速发展的局面，学校连续十四年荣获九龙坡区教育教学质量一等奖和办学水平一等奖，学校先后获得“全国教育科研基地学校”“全国信息技术创新与实践活动先进单位”“全国教育网站系统示范单位”“全国特色学校”“重庆市示范小学”“重庆市依法治校示范学校”“重庆市教育科研基地学校”“重庆市中小学信息技术示范学校”“重庆市少儿美术特色实验学校”等光荣称号。举办全区各学科教研，引领课改；承办全区课改现场会，示范课改；承办国家市级赛课活动，使“美的课堂”文化在全国全市产生广泛的影响和辐射作用。在美的教育的探索过程中，学校办学特色逐渐凸显美的教育品牌得以确立。

近两年，学校的发展突飞猛进，承办全国、市区级赛课研讨活动30次，接待来自全国、市区级参观团25个，美的教育促进了学校发展，提升了学校声誉。

美的教师研究的实践与探索的过程中，学校的人际关系大为改善。学校领导强调在各项工作中高度重视人的因素，正确认识人的价值，充分发挥人的主观能动性，以谋求人的自由全面发展，确立了人在管理过程中的主导地位，并在实际活动中处处强调“以人为本”。管理者高度重视教师的价值、潜能、作用、行为、动机、要求等，关注教师的情绪、生活和情感体验，关注教师道德生活和人格养成，建立充分体现尊重、民主和发展精神的新型的人与人之间的关系，让学校每一个教职工的积极性和创造力充分发挥起来，达到最大化、最优化，既获得被尊重、被理解的感觉，又充满成就感、价值感和幸福感。学校人际关系实现了良性循环：学校领导之间思想统一，职责分明，团结协作；领导与教师之间互相信任不猜疑、互相交流不隔膜、互相支持不拆台、互相谅解不指责、互相关心不冷漠；教师之间互敬互重，融洽相处，精诚合作，亲密无间；教师与学生之间彼此尊重，彼此关爱，相互信任，平等合作；同学之间平等互助，亲近友善，相互学习，相互激励；美的环境激发了师生工作和学习积极性，促进了校内外教育诸因素的全面和谐之美，有力地推动学校各项工作的顺利发展。

总之，校园奏响美的旋律，必将为学校、教职工和学生的发展注入活力。我们始终用美的音符推动学校稳定持续的发展，做美的教师，促美的教育！

二、后续研究中努力的方向

1.进一步科学完善教师梯级队伍建设的考核评价办法，激励教师自主发展和提高。

2.进一步优化教师梯级团队的划分，提高教师发展方向的针对性。

“实施美的教育，构建美的课堂”的实践与研究研究报告

彭廷蓉

由重庆市教育科学规划办立项（课题编号：2012-08-002），由重庆高新区第一实验小学承担的“实施美的教育，构建美的课堂”的实践与研究课题，于2012年9月至2015年12月历时三年多，通过研究，有效地解决我校课堂教学中教学方式单一、学生个性发展不够和谐、综合素养培养不够重视、教学效益不够高等问题，教学质量明显提升，“美的课堂”特色彰显。现已圆满完成研究任务，初步实现了研究目标。

研究的背景、意义、理论基础、研究目标、研究方法参见相关开题报告。

一、研究的成果

（一）摸清美的课堂现状（研究前后的对比）

在研究先后，我们对课堂现状作了一系列的调查，调查结果如下：

表1　师生关系和谐之美

师生关系和谐美	师生关系的和谐	一般	非常和谐
	面向全体学生	多数学生	全体学生
	营造宽松的课堂氛围	一般	课堂氛围愉悦

表2　教与学灵动之美

发现美	教学方式美	教学方式灵活	一般	灵活
		课堂上把时间、空间、提问的权利、评价的权利、学习的过程还给学生	一般	以学生为中心的教学
		组织学生自主学习、合作交流、探究学习	一般	非常充分
	学习方式美	课堂上学生主动参与学习，在自主学习、合作交流中积极思考、动手实践	一般	非常好
		大胆发表自己的见解	一般	很好
		学生的语言美、情感美、习惯美、实践美	一般	是
		学生乐学善思	一般	好
	教与学灵动美	课堂上教师的引导适时、适度、有效	一般	是
		学生的思维活跃、方法灵活、交流生动	一般	是

表3　交流与评价生动之美

交流与评价生动美	交　流	学生交流生动、语言表达美	一般	很好
		学生流露的情感美	一般	好
	评　价	学生用美的语言开展自评	一般	好
		学生用美的语言互评	一般	很好
		师生用美的语言共评	一般	好

（二）践行“美的教育”理念，提炼“美的课堂”个性

“美的课堂”核心是让美贯穿课堂教学中。我们构建“三三五”教学模式，打造个性课堂。“三美理念”，即追求师生关系和谐之美、教与学灵动之美、交流与评价生动之美。“三环节”教学流程，即美的引入——创设情境，激发兴趣，体现由形到情感受美；美的发现——自主探究，合作交流，体现由情到理欣赏美；美的升华——巩固运用，拓展提升，体现由悟到用创造美。注意处理好四个关系，即主体与主导、内容与形式、互动与调控、预设与生成的关系。“五还”策略，即主张把课堂的时间、空间、提问、评价的权利和学习过程还给学生。让“美的课堂”在国家课程总目标的基础上，突出对学生美的意识、美的素养、美的能力的陶冶和培养，促进学生和谐个性地发展。

表4　培育“美的”学生

美的学生	表达美	交流与评价生动	创设交流、评价的机会
	思维美	学会学习	创设独立思考的环境
			创设自主探究的氛围
			培养学生的科学素养
			开展学习美之星评比活动
		学会创造	创设创造美的机会
			给予创造美的素材
	合作美	学会合作	创设合作学习的环境
			开展合作学习美小组评比活动
	气质美	学会审美	培养学生的人文素养
			开展丰富多彩的活动，陶冶学生的情操
			为学生身心健康创造条件
	品格美	学会做人	注重学生美的行为习惯培养
			注重培养学生高尚的品格
			教师用健康的身心影响教育学生
			教师用阳光的性格影响教育学生
			教师用健全的人格影响教育学生

表5 培养“美的”教师

美的教师	教学观念美	教学观念新	研培结合，转变教师教学观念
	教学方式美	自主学习	处理好主体与主导的关系
		合作交流	处理好自主与合作的关系
		教学方法灵活多样	处理好互动与调控的关系
	教学语言美	教学语言规范、优美	创设美的语言环境
	教学内容美	教学内容富有内涵	处理好内容与形式的关系
		教学内容呈现方式美	处理好预设与生成的关系
	教学结构美	美的引入	创设美的情境，激发学习兴趣
			启迪学生思维，明确学习目标
		美的发现	把时间、空间、提问、评价的权力和学习过程还给学生
		美的升华	为学生提供拓展提升的环境
	教学氛围美	师生关系和谐	把微笑带进课堂
			把民主带进课堂
			把鼓励带进课堂
			把宽容带进课堂
	交流与评价美	评价多样元化	学生自评、生生共评、师评与师生互评相结合
		交流与评价生动化	感受生动
			语言生动
			表情生动

美的课堂是以美的教育为境界，以“三美”为理念，以美的课堂评价维度为标准，通过营造美的课堂氛围，选择有效的教学方式，建设高效灵动的课堂，培养学生发现美，欣赏美、创造美和表现美的能力和素养，达成美的教育目标。美的课堂特征表现在：师生关系和谐美、教与学的灵动美、交流与评价的生动美。

（三）美的课堂基本操作模式

1.“三美”理念

即师生关系的和谐之美、教与学的灵动之美、交流与评价的生动之美。构建自主探究、高效灵动的课堂，促进师生和谐发展。

(1)师生关系的和谐之美

美的课堂追求师生关系的和谐之美。美的课堂体现为诸多关系的协调整合，因此，教师要积极营造和谐、民主的课堂氛围。教师把微笑带进课堂，让学生身心轻松愉悦；把鼓励带进课堂，激发学生的自信心；把民主带进课堂，让学生畅所欲言；把宽容带进课堂，让学生大胆质疑。老师善于调动学生学习的积极性、主动性；学生才能够积极主动参与到学习活动中来。教师启动，学生主动，师生互动，共同营造民主、和谐的课堂教学氛围。

(2)教与学的灵动之美

美的课堂追求教与学的灵动之美。对课堂教学中超越预设、灵性涌动的即兴生成，教师要善于巧妙处理。课堂，是师生之间，生生之间的交互影响、交互活动的学习过程，是一个以文本为载体的生命交流和碰撞的过程，是一个课程内容不断生成，课程意义不断提升的过程。在这个学习过程中，教师尊重生成，及时调动学生交流分享，让课堂迸发生命的火花。由于学生的年龄特征和认知水平，导致了课堂生成难免存在缺陷和遗憾，这时就需要教师适时、适度、有效发挥引导作用，让学生在迷途中被唤醒，去发现、去领悟，去提升，使课堂涌动出智慧的波澜，闪动着灵性的活力。面对课堂上富有价值的生成资源，教师应不拘泥于预设的教学流程，而是善于捕捉课堂上的生成资源，运用好指导策略，巧妙处理生成资源，从而真正让课堂教学呈现出灵动的生机和跳跃的活力。

(3)交流与评价的生动之美

美的课堂追求交流与评价的生动之美。课堂上运用“学生自评、生生共评、师生互评”相结合的多元评价方式来进行评价。学生自评，实事求是，允许自我鼓励和欣赏；生生共评，欣赏为主，先提优点后提建议，促进互相学习共同进步。生评老师，大胆评价，挑战权威。师评学生，激励为主，建议适度。交流与评价的生动，其一是语言的生动；其二是表情的生动；其三是感受的生动；其四是倾听的生动。课堂上力求评价多元化，评价生动化来实现交流与评价的生动之美。“三美”理念，旨在指导构建自主探究、高效灵动的课堂，促进师生和谐发展，是美的课堂的主要指导思想。

2.构建了“美的课堂”的三环节教学流程

课堂教学的三个环节：美的引入，即创设情境，激发兴趣——由“形”到“情”感受美；美的发现，即自主探究，合作交流——由“情”到“理”欣赏美；美的升华，即巩固运用，拓展提升——由“悟”到“用”创造美。

美的引入——创设情境，激发兴趣：重点是培养教师创造力和创新思维，具有美的思维能力，提升美的课堂设计能力；也是激发学生学习兴趣，吸引学生学习，达到智美中的乐学状态，让乐学为善思做好铺垫。

美的发现——自主探究，合作交流：在学生的自主探究中教师需耳听六路眼观八方，洞察毫厘，了解掌控学生的学习状况，并根据情况适时恰当的给予帮助、点播、启发，这是训练教师驾驭课堂的能力的战场，也是培养教师业务精湛之美最佳措施；在这个环节里，教师把微笑带进课堂，让学生学得轻松；把实践带进课堂，让学生充分动手；把鼓励带进课堂，让学生愉悦课堂；把竞争带进课堂，让思维碰撞。学生在探究、质疑、合作、交流、解答中善思、乐学、好问的智美能力又充分得到锻炼。

美的升华——巩固运用，拓展提升：由“悟”到“用”创造美”中是教师的专业知识得以发挥，学科素养得以展现，对生活的热爱得以呈现最好见证，也为培养教师的大爱之美搭建了非常好的平台，同时充分地锻炼并提高了学生的创新思维、乐学态度和兴趣爱好。

如体育老师罗春来执教《保卫钓鱼岛》一课，教学设计十分精彩，无论从情境创设还是学生活动的安排都非常有创意，纸飞机、纸榴弹、玩具枪、沙包等的活动中让学生在玩中学，在玩中解决重难点，在玩中培养了学生的爱国情结，从开课到结束可谓一气呵成，师生在忘我的境界中愉快的结束了本次教学内容。音乐课杨春燕老师执教的《春天举行音乐会》一课让人耳目一新，杨老师充分利用歌词中的内容进行了发声练习、情境导入等，把一首偏长的歌曲分段学习，春雨、春风、春雷、春水这四个小演员贯穿其中，老师从声音、力度、节奏、情绪的演唱让每个角色都赋予了生命的色彩，课中跌宕起伏，高潮不断，在愉悦中，在和谐中，师生享受着音乐的盛宴；老师的教学中都充分展示了轻松、愉快、互动、关爱等和谐的课堂氛围。

我们的学生说，我们的课堂就是要让我们自己学、自己说、自己想、自己做。

3.处理好四个关系

注重处理好课堂教学中的四个关系：即主体与主导的关系、内容与形式的关系、互动与调控的关系、预设与生成的关系。

(1)主体与主导的关系

教师作为教学中的组织者、引导者、合作者,教师要不断更新观念,找准自己的位置,加强自身修养,不断充电,加强人格修养,建立新型的师生关系,要发挥好主导作用。课堂教学中要以学生为主体,以学定教,运用好本课题中提到的"五还"策略,适时组织学生开展自主学习、合作交流,适时开展师生合作,适时进行引导点拨,提高学习效率。

(2)内容与形式的关系

教学形式和教学内容是教学活动最主要的两个方面,两者相互联系,相辅相成。教学活动中形式为内容服务的,根据学生的年龄特点,需要丰富的形式来激发学生的学习积极性,但是不能过分注重形式,要注意教学内容的实质,注意保证教学活动的实效,要处理好教学内容与教学形式的辩证关系。

(3)预设与生成的关系

预设与生成是辩证的对立统一体,课堂教学既需要预设,也需要生成,预设与生成是课堂教学的两翼,缺一不可。预设体现对文本的尊重,生成体现对学生的尊重;预设体现教学的计划性和封闭性,生成体现教学的动态性和开放性,两者具有互补性。教学既要重视知识学习的逻辑和效率,又要注重生命体验的过程和质量。为此,要认真处理预设与生成的关系,使两者相相辅相成、相互促进。首先要以预设为基础,提高生成的质量和水平 。教师先要深入钻研教材,读懂教材,把握教材的精髓和难点。必须对教材有全面准确的理解,真正弄清楚教材的本意,尊重教材的价值取向。在这个基础上,结合儿童经验和时代发展去挖掘和追求教材的延伸义、拓展义,去形成学生的个性化解读。教师要精心地预设,课前尽可能预计和考虑学生学习活动的各种可能性,减少低水平和可预知的"生成",激发高水平和精彩的生成。然后以生成为导向,提高预设的针对性、开放性、可变性 。

(4)互动与调控的关系

在课堂教学中,要组织学生交流多方互动,生生互动、师生互动,使课堂成为交流互动的课堂,同时教师要发挥好调控作用,要让学生的交流围绕重难点,围绕关键问题,把握好互动节奏,不要让学生随意互动,纠结次要问题、偏离交流主题,要适时进行调控。

4.美的课堂中"五还"策略,助推美的课堂构建

"五还"策略,即把课堂的时间和空间、提问和评价的权利,学习、认知和习得的过程还给学生。在美的课堂中实施"五还"策略,是对"学生为主体"的教学原则

的具体解读和细化，是“以生为本”的课堂理念的真正体现。

如何落实“五还”策略呢？我们在美的课堂建设过程中深切感受到，关键还在于教师教学思想和课堂观念的转变，老师在课堂上的权力和地位还需要进一步厘清。落实“五还”，就必须弄清楚老师在课堂上应该做什么和怎么做的问题。对此，我们认为。

还时间，就要求老师少讲，精讲，能不讲的就尽量不讲。还时间的本质就是把话语权还给了学生。

还空间，就是要老师要融入学生中去，把课堂变成以学为主的课堂，而不是以教为主的课堂。老师永远站在讲台上，则学习的空间永远是教师的。

还提问权，就是要在组织学生学习的过程中生成问题，而不全是教师课前预设问题，更不是老师在课堂上繁琐地提问题和学生回答问题。老师在课堂上可以为学生示范如何提问题，或者诱导学生提出问题。

还评价权，老师的评价往往一锤定音，难以有人质疑，而学生间的相互评价和自我评价则更具开放性，更易激发学生的自豪感。老师尽量少作决定的评价，但要给学生讲清楚评价的原则和方法，即指导学生如何评价他人和评价自己。

还学习过程，老师确立了自己在课堂上作为指导者、组织者和参与者的地位，则学习、认知和习得的过程就自然地还给学生了。

（四）“美的课堂”的实施策略

为了落实“美的课堂”的构建研究及实践，更好地提高教师的教学能力，我校积极探究实施“美的课堂”的实施策略。

1.制定系列制度，保障“美的课堂”实施

在该课题的实施与开展中，学校在中央教科所李继星教授领导的专家团队的指导下，开展了区级课题《现代学校小课题制度建设的实践研究》实验研究，努力建立起“统一领导，全程指挥，分级管理，层层负责”的科研管理系统及机制，力求做到校领导意识到位，课题组指导工作到位，教科室促使落实到位，学科组操作到位，全校教师行动到位。在此基础上，进一步建立健全系列的规章制度，如：研究课制度、沙龙制度、案例制度、考核奖惩制度、督导评估制度、小课题研究制度等，用制度来规范操作，用制度来加强管理。以保障“美的”课堂实施。

2.校级小课题研究，深化“美的课堂”实施

根据我校“实施美的教育，构建美的课堂”的市级课题研究目标，学校全面开

展实践与研究，每学年各学科的老师们围绕这个课题积极申报校级子课题，平均每学年审批约10个校级课题深入研究，如数学组的“构建美的课堂之小组合作学习的实践与研究”、英语组的“小学高年级英语课堂学生参与式评价的问题与对策研究”、如何对新接班级实施美的教育、音乐组的“小学音乐课堂习惯培养的研究”等。各小课题组从实际出发，认真撰写研究计划、实施计划，老师们通过每一学年的扎实实践研究，学校科研室的督导考核，取得了一定的成果，并做了阶段小结、结题工作，还有不少的课题被评为优秀课题，研究过程扎实，丰富了“美的课堂”研究，深化“美的课堂”建设。全方位提高“美的课堂”研究实效，提升“美的课堂”品质。

3.行政、骨干教师引领“美的课堂”研究

首先是有一个团结、合作、敢想、能干、肯干的行政班子，每一位行政成员都是教学、教研的一把好手。在校长的引领下，沿着正确的方向，按计划进行着研究。再就是有一支师德高尚、业务精良，在社会上有较大影响的“名师”队伍，一支优秀的市、区、校级骨干教师队伍。我校有市级、区级各科骨干教师十多名，他们在教学、教研中发挥着极强的骨干引领作用，提升了学校教学、教研的整体水平，如语文组邓剑东老师、周煦琨老师，数学组周雪梅老师、英语组何清平老师等，在全国、全市、区都有很大的影响力，加快了课题研究的速度、加大了研究的力度、加强了研究的深度。

4.努力培养“美的”教师

(1)多层次培训，打造美的教师

学校秦登伟校长亲自培训学校全体老师，从学校“美的”教育、“美的”课堂、“美的”课程等方面，分别与老师们进行全面的沟通和解读，组织老师们开展论坛活动，使全校老师更新观念，对学校办学理念等形成共识。

各教研组制订了各组的教研活动计划，定时间、定地点、定内容认真开展各组的教研活动。学科组的老师们每周开展一次小教研，并且低段和高段各有专门的负责人，把教学研究的重点放在教师的专业成长上，提高教师的专业水平。例如，品德组老师们利用教研时间，组织教师们观看网上的优质课，并进行讨论，让教师们有所思、有所得。老师们积极参加市级教研会、培训会，如2012年暑期全校数学老师参加学习重庆市教科所组织的《2011版新课程标准》的学习，综合实践学科的老师们参与了重庆市综合实践活动赛课的听课活动，学习了沙坪坝区开展的小课题研究，受益匪浅。美术学科陈立和黄茜老师，在全区美术教研活动中，带领学生参加了九龙坡区美好九龙绘画汇报讲演，不但老师做了发言，学生也做了交流。学校各学科组老师积极承担区教研活动教研课任务，学校积极承办区学科教研活动，语文组邓剑东、周煦琅、刘剑英老师，数学组周雪梅、肖小彬、张婷婷老师，美术组尤佳、陈立、黄茜老师，英语组何清平、徐怡、曾洁等多次上去教研课，在锻炼中成长。彭廷美、陈静、刘剑英、周雪梅、凌琪、何清平等老师参加了重庆市国培，语文组邓剑东老师参加重庆市名师工作室成员培训、彭廷美参加重庆市培训者培训、周煦琅、邓剑东参加九龙坡区未来教育家培训、周雪梅老师是九龙坡区名师工作室成员。数学组张婷婷等老师参加区微课制作的培训，胡凤、邓剑东、周雪梅等10位老师参加的英式教育培训，杨鸿芳、韩平、程治禄老师参加的区学生心理辅导培训等。

请专家、大师来校指导。请进来：请中国教科所李继星教授对全校教师进行培训，使老师们进一步更新观念。先后请贾志敏老师来校上课等指导3次；请全国名师走进校园，承办名师高效同课异构活动10余次左右，在我校协办市级、国家级学科赛课活动或国家级优质课展示活动多次，区级赛课活动或教研活动、展示活动多次，在我校组织开展市、区级《新课标》培训者培训、全员培训多次，这些活动的开展使我校教师得到很多学习培训的机会，进一步解放思想，更新观念，提高“美的课堂”实施水平。

走出去学习培训。我校教师每2年平均每人走出重庆市外如山东、上海、北京等地学习培训1次，在市内学习培训多次。使老师们能领略到不同地域的老师们的教育教学理念，学以致用，以提高自己的教学水平。

(2)以赛促研，打造美的教师

为了更好地提高教师们的业务水平，我校每学年定期开展“高新杯”青年教师优质课竞赛和“秋实杯”中老年教师展课活动。要求人人参与研究、人人展课、人人评课，选出决赛选手，教研组集体打磨，力求在赛课活动中展现最美的课堂。两杯赛既检阅“美的课堂”构建及实施情况，又为进一步深化研究提供依据。两杯赛课，正是在学校积极构建“美的”课程体系，全校教师深入践行“美的教育”的背景下举行的。老师们所展示的课，充分展示了“美的课堂”培养学生——“学会做人”“学会学习”“学会审美”“学会合作”的核心素养，全面彰显了“美的”课程体系所倡导的“心美文美”“智美理美”“体美艺美”“行美德美”的课程目标。通过赛展活动，打造美的教师。

(3)师徒结对，打造美的教师

我校每年新进的年轻教师都在20多人，为了让年轻老师在短期内能快速成长起来,学校开展了师徒结对的教学活动。在平时的教学工作中,徒弟会经常去听师傅的课,师傅也会不定时地下到班级听各徒弟的课,针对徒弟的弱项给予指导,并给各个徒弟有针对性地上示范课。我校每个学科都有师徒结对一帮多的教学活动,例如,英语学科李亚楠老师的区送教下乡复习课,师傅徐怡老师一句一句地修改教案,并集合全组,进行专题研究磨课,并根据课堂提出很多好的教学建议。让每位英语老师在看别人课的同时,意识到自己的课堂问题,学习先进的教学经验。体育组伍小琴老师,一个人带领3个徒弟,任务很重,但徒弟的每节课都认真指导,从不怠慢;现在二年级数学组的刘娜、王霞、邓练华三位年轻教师,从一年级开始,每天都是先听同年级王家梅或孙佩老师的课,再修改教案,然后上课,她们很快能独立担任自己的教学工作。

5.精心培育美的学生

(1)搭建平台,培育美的学生

以课堂教学为载体,老师们精心组织教学,培养美的学生。搭建平台,以丰富的活动培养美的学生:每年学校有来自全国、重庆市、九龙坡区的各种教学活动或教师教学竞赛活动、教育活动,如全国语文、数学优质课大赛获奖教师的展课活动,语文、数学、英语、音乐、体育等市级学科优质课展课活动,全国小学数学文化优质课赛课活动,全国主题阅读赛课活动,区卓越课堂展示活动,九龙坡区读书日活动,建队日市级活动,全国主题阅读千人诗会等,让学生在美的课堂中或活动中增长见识,得到美的熏陶,绽放自己的精彩。学校组织学生参加全国、重庆市、九龙坡区各级组织的各学科或主题活动,如学生参加全国青少年“鸟巢杯”趣味运动会、参加南京青奥会、参加重庆市篮球比赛,参加各种科技比赛,参加全国、重庆市英语“外研杯”比赛,参加重庆市管弦乐队比赛,参加重庆市汉字听写大会,参加全国、重庆市各种绘画比赛,重庆市征文大赛等,都取得很好的成绩,学生在这些活动中得到了美的培养。学校每学年定期组织学生开展春秋两季体育运动会、合唱或器乐合奏比赛、社会实践活动、科技节、英语缤纷节、跳蚤市场、游园活动、我要上六一以及假期的游学活动等,很好地培育了美的学生。

(2)开发教材,培育美的学生

学校教育理想与目标的达成需要经由具体的课程设计予以实现,“美的教育”作为我校所自觉追求的教育目标更是需要学校层面的整体课程设计予以实现。为落实学校“为美好人生奠基”的办学理念,促进学生多元发展,鼓励学生个性特长充分展现,学校校本课程开发按照依据以学生需求为主、教师特长发挥、符合学校实际、突出办学特色、注重隐性课程开发五个原则，从促进学生身心发展的体育活动类课程、塑造学生和谐心灵的艺术教育类课程、培养学生创新意识的科技类课程、培养学生动手操作能力的手工制作类课程。每个领域又设若干课程模块四大领域开展工作。

实现人的全面和谐发展是和谐教育的根本追求，但就过去学校教育的现实来说，距离这样一种理想还有诸多差距，具体体现在以下几个方面：首先，在身心和谐发展方面，更多地注重了心智的发展而忽略了身体锻炼的重要性；其次，在和谐心灵的养成方面，美育的作用被忽略。针对这些不和谐因素，我们在课题实施过程中，加强了体育类校本课程开发和整合、艺术类活动类校本课程的开发和整合。

以美健体——突出体育类校本课程开发，促进学生身心和谐发展。

健全的灵魂寓于健康的身体之中，健壮的身体是生命活力之源。青少年正值长身体的关键时期，也正值身体内的生命活力蓬勃萌发时期，需要有较为充裕的时间进行身体运动与锻炼。为此学校在保证体育课时开设的同时，还为学生的体育锻炼提供较为充裕的时间、空间及条件设施保证，将体育锻炼渗透在学校生活之中，成为学校教育的一种主导性价值观，将课间及课外活动的时间充分利用起来，将学生在这方面的兴趣与积极性以恰当的形式组织与调动起来，在设施和用具方面提供最大可能的便利。为使大课间活动更好地开展，学校开发了学生课间活动游戏，将学生喜欢的“大摇绳”“踢毽子”“花皮筋”等传统项目吸收进来，并通过学生推荐自己创编了适合不同学段的课间游戏，极大地丰富了学生的课间活动。我们认为掌握一种体育技能，就会爱好一种运动，主动经常参加这种运动，学生一生都会受益，为此我们结合小学生年龄特点开发了《乒乓球》《篮球》《足球》《软式垒球》等球类校本课程，通过体育课学科渗透，培养学生掌握运动技能，喜欢球类运动并主动参加各种球类活动。学校还开发了《健美操》《游泳》课程。学校还注重隐性课程的开发，定期的体育节、运动会、篮球、乒乓球、足球、课间舞等各种比赛，营造氛围，提高学生的锻炼意识，促进学生保持旺盛的体力、精力与活力，达到心智、情感和社会性和谐发展的境界。

以美怡情——突出艺术类校本课程开发，以美育塑造和谐心灵。

当代哲学家李泽厚先生认为，美是人存在的一种境界，是“自由的形式”，是一种本体性的愉悦体验，指向人“合目的性（善）与合规律性（真）相统一的实践活动和过程本身”。美育在个体的心灵塑造中发挥着统领性的作用，它将“真”与“善”有机地融合在个体的创造性实践与个体心灵的建构过程之中，并能给人昭示出一种本体性的关怀，美育与智育之间存在着内在的关联，所谓“以美启真、以美储善”

即是此意。我们加强美育教育，首先渗透在学校生活的各个方面，体现于各门知识领域之中，其次加强艺术类课程的设置，在艺术课上，学生可以形成欣赏美、表达美、创造美的能力，这本身就是一种陶冶与创造的过程。艺术技能的传授赋予学生以感受与表达美的工具，艺术氛围的创设则从整体上陶冶学生的美的情操。其次注重开发艺术类校本课程，做到普及与提高相结合，在普及方面学校开设了少儿《国画》校本课程；在提高方面学校成立了星光美术社团、舞蹈、民乐、管乐等多个社团，把水平高、有兴趣的学生吸引进来，开发了配套的校本课程，定期开展活动，极大地促进了学生的特长发展。再次创设艺术教育的氛围，定期开展艺术节、艺术社团开放周、比赛演出等活动，营造学校浓厚的艺术氛围，激发学生的艺术兴趣，提高了学生的艺术素养，塑造了学生的和谐心灵。

以丰富的活动——突出活动类校本课程开发

为尽可能地丰富学生的成长经历，培养学生的健全人格。学校围绕小学生成长的多元需求构建了具有学校特色的学生活动，形成了节日庆典类、主体活动类两个大体系，涉及艺术、科技、体育、英语、社会实践、德育教育等的经典活动项目，学生在活动中提高了能力，陶冶了情操，综合素质全面提高。

开展课辅活动，培育美的学生

根据学校“各美其美，美美与共”的办学愿景要求，每学期学校在每周周四下午，全校每位老师根据自己的专长及兴趣各开设 1 个课辅班，以弥补学生个性发展的需要。制订课程方案，安排具体的教学内容、教学目标、教学时间，开设了如课本剧、演讲、口语交际、数学思维、各种体育球类、田径、拉丁舞、民族舞、管乐、各种手工、古筝、科技小主人等 110 个班，让学生根据自己的学习兴趣、特长，实行网上选课、学习走班，学生很喜欢课辅活动，使他们能得到更美的培养。

6.形成了新的发展性评价方式

我校继原有的发展性评价方法，完善过程性评价方式，开展各学科能力全面测查，各个年级都拟订了符合课标规定的年段目标的能力测查方案，对期末测试起到了很好的补充作用，在学生的口语表达、动手能力、实践操作和知识运用等方面落实了评价细则，为促进学生生活化学习、实践化学习奠定了坚实基础，将教师以往单一关注卷面考试的观念转变为关注全面发展学生能力素养。

语文能力测查项目如下：朗读或背诵、口语交际、好书推荐、口语作文。

数学能力测查项目如下：整理单元内容，用手抄报形式展示出来；设计漂亮的图案；综合实践；寻找生活中的数学素材；根据统筹的思想制订流程图等。

对各综合学科，根据新课标对学生能力素养要求，完善以往的学生能力测查方案，学校教学部门对照各学科的方案开展测查，如英语要考查学生的口语交流能力，音乐要考查学生的音乐表现力，美术要考查学生的创作能力等。

我校总是在学期前组织教师对下期的各学科能力测查拟订详细可行的方案，使教师和学生重视学习过程，将培养学生能力落实到日常教学过程中，让老师们树立：测查不是目的，真正目的是让老师们重视在过程中培养学生能力，使学生得到提高。

（五）制订"美的课堂"评价量表

根据"美的课堂"核心理念"让美贯穿课堂教学"，以及"美的课堂"美的引入、美的发现、美的升华三环节教学流程，再结合九龙坡区品质课堂教学评价量表，学校制订出了美的课堂教学评价量表。从教学目标的确定，教学流程的设计，教学效果的达成，以及时间的分配几个维度考虑，对教师如何教，学生如何学进行全面评价。教学评价量表既是对教学效果的检测，也是进行教学设计的指导；学校要求老师根据美的课堂理念与评价量表撰写具体教案，根据教学评价量表教师进行自我评价，自我反思，改进教学方法，教学研讨时教师之间进行相互评价，学校也根据此量表对教师课堂教学进行检查和考核，每学年"高新杯""秋实杯"展课赛课评课活动、师徒活动考核课、干部听课评课等通过此评价量表进行量化，以检阅老师们构建或实施"美的课堂"教学效果。各学科还根据学校量表结合学科特点制订了学科美的课堂评价量表，如数学学科。通过使用该评价量表，老师们对教学目标的设计更准确，教学环节更清晰，教学重难点也得以突破，教学效果明显提升，学生自主学习的能力、发现美、创造美、表现美的能力更强了，教师的教学能力得以提高。

（六）物化成果

1.形成了《美的课堂文集》

形成了《美的课堂文集》，内容包括语文、数学、英语、体育、科学、美术、品德、音乐等学科各1节"美的课堂"教学设计及以上学科课程体系建设论坛。学校教学部门根据"美的"课程体系方案及学校"美的课堂"实施要求设计出了"美的课堂"教学设计框架，主张老师们在教学中更明显地体现出"三美"理念，"五还"策略，处理好四个关系，以课堂教学为载体，各学科多次打磨展示课。在2015年12月1日我校承办的重庆市卓越课堂展示活动中，分语文、数学、英语、科学、品德、体育、音乐、美术几个学科分设8个分会场，进行了全学科的教学展示，不仅如此，全校其他所有的课堂均向来宾开放，一个学校能同时高质量地展示各个学科，得到了来自全市200多名与会者的一致好评。

2.多篇论文获奖或发表

老师们在“美的课堂”教学实践研究中总结，写出的论文在各级刊物获奖或发表数十篇。如由赵平、侯平、彭廷蓉合写的论文《实施美的教育　建设美的课堂》在《教育科研》上发表。吴明华、赵平、侯平所写报道《主题阅读，在入与出之间体验和升华》于2013年6月在《中国教育报》上发表。杨鸿芳老师的论文《如何在音乐课堂中实施美育》2015年11月荣获重庆市第七届中小学生艺术展演论文类比赛三等奖等。

3.形成了“美的课堂”教学设计模板

根据美的课堂三环节要求，从教学环节、教学实施流程、设计意图三个方面进行教学设计。目前，各科已基本形成了一套完整的经典的“美的”课堂教学设计。

4.形成了学科“美的课堂”教学设计集

分学科按照“美的”课堂教学设计模板，撰写了学科较高质量的教学设计。

5.形成了“美的课堂”里“美学生”评价标准

根据学校“为美好人生奠基”的理念，提炼出我校学生的学风是：乐学善思，德美行美，是从孩子终身发展的角度为他们选定的学习方法、学习情感和学习目标。

善思，即要善于学习，是学习的方法论。老师们要帮助孩子培养良好的学习习惯，掌握学习方法，促进学习效益的提高。用什么方式学得最好，学得最快，是每一个孩子都需要解决的问题。

乐学，即要快乐学习，是学习的情感论。子曰：“知之者不如好之者，好之者不如乐之者，可谓乐学”。学习任何一样东西，强迫是最无效的方法，当一个人真正喜欢上某一个事物，他就会非常有兴趣地去关注、研究，不用任何人去强加给他。在乐学的基础上，作为师者，悉心指导，巧加指点，自然获得事倍功半的效果。故师者倡导学生乐学需经历三个阶段：产生兴趣——成功收获——自觉投入。

二、研究影响与效果

（一）研究影响

近几年来，我校构建“美的课堂”的实践研究也得到了广大领导、专家和来宾的一致认可。来自重庆市璧山区，四川达州、凉山州，广东佛山市南海区、广州白云区等几十所学校或市区考察团的领导老师来校参观考察，对学校“美的课堂”高度赞赏。

（二）效果

1.促进学生发展

此课题的实施，有力地推动了我校美的课堂变革。通过美的课堂评价，改变了教师的教学方式，也转变了学生的学习方式。使学生学会学习，学会合作，学会探究，为学生的美好人生的发展奠定了坚实的基础。2014 年，重庆市学校评估组的专家在对我校进行评估时曾盛赞我校的课堂教学为“美的课堂”。学生在各级各类比赛中脱颖而出，名列前茅；我们的学生在国家、省、市、区有关单位和部门举办的语文、数学、英语、信息技术等各类学科竞赛中，捷报频传，创出了令人瞩目的佳绩。所有这些，都受到了相关领导和社会各界广泛的赞誉和高度的评价。具体表现在：学生表达能力提升、动手实践能力增强、思维能力提升了。

（1）提高学生的能力素养

2015 年 12 月 1 日，由重庆市教育科学研究院主办的重庆市小学卓越课堂现场会重庆高新区第一实验小学分会场，重庆高新区第一实验小学学生们的现场辩论赛展示，围绕着“生二胎的利与弊”辩题，正反双方选手针锋相对。开篇立论便各抒己见，咄咄逼人，攻辩环节更是言辞激烈，互不示弱：“难道你不知道生养一个孩子需要付出诸多精力，花费大量金钱吗？你家具备这些条件吗?”“多生一个孩子除了能够陪伴你度过孤独的时间，还会让你学会谦让、包容、分享，有利于你的健康成长。”这场迸发思维火花，闪耀语言表达之光的辩论赛赢得了会场老师一阵阵热烈的掌声。辩论赛学生的表达能力、思维能力正是我校学生的实际水平。

（2）学生的个性发展显著

兴趣爱好得到了很大的提高，很多学生参加了各级各类的比赛并获奖。学生的个性发展显著，兴趣爱好得到了很大的激发，特长得到发展，在体育、科技、美术、英语等方面，参加全国、市、区级中获奖项达几千人次。如在2013年全国趣味田径运动会鸟巢杯上获得冠军，团体总分第一名。单项获得4个第一，2个第二，1个第三的好成绩。2014年在南京，由国际田联、北京田联举办思维世界"青奥杯"趣味田径运动会，获得团体总分第3名。学生参加2013年12月14日举行的第24届重庆市青少年科技模型大赛，我校的13名同学（重庆市272名小学生）获得第24届重庆市青少年科技模型大赛（下半年）手摇发电机一、二、三等奖。全市有115名小学生获奖，全市获奖率42.3%。我校16人参加，13人获奖，获奖率81.3%。

近年来，荣获全国第三届、第四届"百灵杯"少儿大奖赛个人第五名者于苏豪取得包括重庆市围棋锦标赛"优秀儿童"称号在内的，全国、省级各类比赛奖项和荣誉称号二十次，并多次入选重庆市棋类青少年优秀后备人才库。于苏豪之所以在特长教育方面取得的一系列成绩，既是因为围棋教练的精心指导，更得益于重庆高新区第一实验小学"为美好人生奠基"的办学理念，学校鼓励每一个学生把他们认为最美好、最能展现自我风采的一面呈现给大家，让每一个学生都成为最美的自己。

（3）学生的学习成绩显著提高

我校年年获得"九龙坡区教学质量先进集体称号。

2.促进教师发展

2010年，学校就敏锐地意识到，新课程带来的大变革将不仅仅是教育形式和学习方式的重大变化，更重要的是将对教育的思想、观念、模式、内容、方法和组织等各方面产生深刻的影响。我校教师认真开展"美的课堂"构建的实践与研究，在专业能力上提升很快。

学校语文、数学、英语、科学、体育、美术、音乐等学科教师，近30人次加全国、市、区级赛课获得一等奖。如邓剑东老师2014年10月，代表重庆市参加2014全国小语学会组织的教师青年教师教学大赛荣获一等奖。本课题的实验使全校教师整体都得到很大的提高。

（1）形成了美的教育物化成果

①各项人性化的管理制度集。

②"美的课堂"的课堂录像光盘、赛课获奖光盘。

③美的班级文化集——《走在路上——韩老师和她的学生们》

④美的教育论文专辑——《走在美的教育路上》。

⑤"美的课堂"研究专辑。

⑥美术校本教材《儿童水墨情趣》

⑦《美的课堂》文集。

⑧“美的课堂”教学设计。

(2)促进了教师专业化水平的迅速提升

美的教育的实施，转变了教师的教育教学理念，学校在德育和教学过程中的探索和改革，“有教无类，玉成其美”在学校校本教研中的实践，激活了教师教育教学创新的激情和对教育工作的热情。教师教育研究的积极性和对教育工作的归属感得到提高。教师的专业化水平得到提升，专业素质和整体实力明显改善。自开展课题研究以来，我校邓剑东老师在全国小语赛课活动中代表重庆市参赛获得特等奖，另外，李雨佳、周煦琅、周雪梅等19位教师在体育、语文、数学、英语、小学科学、音乐、信息技术、美术、安全教育等学科，分别荣获国家、市级优质课竞赛一等奖。邓剑东等老师5次在重庆市小学“卓越课堂”学科教学研究中现场讲课。邓剑东、周煦琅等老师在市区全国逐渐成为名师，被邀请到全国多地献课讲学。在这些过程中，牟映、胡凤、赵平、彭廷蓉、李洁、余小容、何清平、罗春来、伍小琴等老师获得国家级、市级赛课一等奖指导奖。

多篇论文发表在各级各类杂志中，二十几篇教科研优秀成果论文获市一、二、三等奖等奖，有韩平著述的一本《走在路上——韩老师和她的学生们》，刘玲、何清平等教师编写重庆市信息、科学、英语教材或教辅资料，胡凤老师还出版发行了《学院派精英——青花水墨》画册等。

今天看来，该课题从思想萌芽、思路理顺、合作撰写到独立申报的整个过程，恰恰就是我校教师自主研究意识觉醒的过程，是学校范围内研训一体化校本培训启动的过程，极大地促进了一大批教师的成长与发展。

(3)转变教学方式，提高课堂效益

传统的教学方式基本是听讲，学生处于一种被动接受的状态。新课程大力提倡自主、合作、探究式的学习方式，培养他们的创新精神和实践能力。先进的教育理念要通过先进的教育方式体现出来，观念更新本身也要在教育方式转变中进行。学生的自主性、独立性、能动性和创造性将因此得到真正的张扬和提升。因而，教学方式的转变被看成是本次课改的显著特征和核心任务。

因此，我们注重从“经历、体验、探究、感悟”等这些重要的行为动词来达成教学目标，将单一、被动的灌输式教学方式转化为自主探究、合作交流、操作实践等多元化的学习方式，使学习过程更多地还原为学生思考、质疑、批判、发现、求证的过程，为学生搭建好思维的脚手架。由学习方式引发课程的整体改革。教师们渐渐地从居高临下的绝对权威转向“平等中的首席”，由关注自我向关注学生转变，师生关系发生了实质性的重新定位。

现在,我们欣喜地看到,在我校实施新课程的课堂上,课堂正慢慢变为学生探索世界的窗口。学生活中的数学、读身边的语文、探寻大自然的奥秘、获得合作的乐趣,生活融入甚至成为课堂教学,课堂教学本身就是生活。可以这么说,这样的每一堂课,都是师生人生中美好的记忆,是不可复制的生命体验。

3.促进学校发展

自开展该项课题研究以来,一种与该项课题相匹配的观念、行为、管理、资源设施等都在被重新构建。

(1)建立健全一整套教科研管理体系

在该课题的实施与开展中,学校努力建立起“统一领导,全程指挥,分级管理,层层负责”的科研管理系统及机制,力求做到校领导意识到位,课题组指挥工作到位,教科室促使落实到位,学科组操作到位,全校教师行动到位。在此基础上,进一步建立健全系列的规章制度,如:研究课制度、沙龙制度、案例制度、考核奖惩制度、督导评估制度等,用制度来规范操作,用制度来加强管理。

(2)产生一定的辐射作用和区域影响

在九龙坡区品质课堂建设中、重庆市卓越课堂的研究中,我校“美的课堂”多次展示交流我们的研究成果,产生了积极的影响。我校开展了多次教学研究、观摩活动,对区内外很多学校发挥着很好的辐射作用。与九龙坡区的9所小学结为1个联盟体,每学期组织的各级大型展示活动、比赛活动都邀请联盟学校的老师和领导参加,用联盟学校的领导和老师们的话说是引领着他们的发展。

如2015年12月1日,我校的重庆市“卓越课堂”展示活动现场会,此次展示分两个阶段。第一阶段进行的是“美的课堂”观摩与各学科“美的”课程建设研讨。彰显了在学校“美的”课程体系统领下的各学科之美,诠释了学校“三美”课堂理念的师生关系和谐之美、教与学灵动之美、交流与评价生动之美,赢得了听课教师的一致好评。

第二阶段秦登伟校长以《构建“美的”课程体系 打造“美的”课堂特色》为题,结合翔实、丰富的图例,从课程背景、课程结构、课程评价、“美的”课堂模式等方面深入地阐述了学校是如何一手构建“美的”课程体系,一手打造“美的”课堂特色的,引发了会场强烈的反响。

重庆高新区第一实验小学“美的”课程、“美的课堂”在本次活动中美丽绽放,赢得了与会领导、专家、老师的高度赞扬。

三、问题与讨论

构建"美的课堂"是在我校"美的教育"理念指导下，为了转变教师教学观念，改变教学方式，为了提高课堂教学效率，提高学生素养，提高教育教学智慧而开展研究的，基本达到课题组制订的目标，尤其是教师教学方式的转变、学生学习方式的转变、学生能力的提高方面，我校在市、区内赢得了很好的社会影响。当然，我们也清醒地认识到，我们对于"美的课堂"的理论思考和研究还比较肤浅，我们的实践探索也不是很深入，值得我们进一步探讨的问题还有很多，这里有几个问题我们必须澄清：

1."美的课堂"的构建也是一个长期渐进的过程，不是一朝一夕所能形成的。面对时代发展、社会进步，我们的教育知识、教育技术、教育方法必须与时俱进，不断创新，与时代发展同步并适度超前，否则就会停滞不前，这就要求我们深化课程改革，深化人事制度改革，深化分配制度改革。"美的课堂"是课堂最完美的状态，是一个永恒的主题。所以应是一个不断探索、不断调整的过程。

2.通过全体师生的共同努力，不断探索，我们进行了"美的课堂"构建。但是"美的课堂"的策略亦需不断地完善，迎接一个个新的挑战，才能让课堂永远充满美。如，美的课堂与教学效率的关系，为追求美的课堂，教学形式的灵活多样，使课堂呈现出灵动的美，同时教学效率高。处理好"美的课堂"与教学效率的关系问题急需我们进一步探索。再如，美的课堂与学生全面发展的关系，美的课堂对学生身心的发展是有益的，但如何在美中促进学生的全面发展，亦需我们进一步探讨。

四、结论与建议

（一）结论

通过课题研究，学校把"和谐美、灵动美、生动美"作为"美的课堂"的的核心理念，在课堂教学中以美的引入、美的发现、美的升华为基本流程，很好地提高了学生感受美、发现美、创造美、表现美的能力。总结提炼出"美的课堂"的基本内容，探索构建"美的课堂"的实施策略，使老师转变了教学观念，学生改变了学习方式，形成"美的课堂"的评价量表，提高了课堂教学效率，提高了教育教学质量，得到了全国、市、区各级专家和同行的高度认同和肯定。"美的课堂"已逐渐成为我校学生喜欢的学习乐园、教师喜爱的课堂，对促进学生美的成长、促进教师美的发展、促进学校美的提升都起了极其重大的作用。"美的课堂"提升了学校教学质量，使素质教育真正落到了实处。

（二）建议

在后续的实践研究中，希望能有更多的经费让老师们多走出去学习别人的经验，打开视野，然后在学习的基础上创造性地工作。

在接下来的实践研究中，还要加大力度、加强深度，进一步深化、细化研究工作，使课堂更有美的质感。坚持以“为美好人生奠基”的办学理念，以“美的课堂”为主阵地，不断培养学生的学习能力、自主能力、表达能力、领导能力、创新能力和审美能力，努力提升学校教育教学质量，把我校创建成巴渝教育的品牌，并阔步向中华名校的目标迈进。

“践行美的教育，建设美的校园”的实践与研究研究报告

杨　洪

重庆高新区第一实验小学承担的课题《“美的教育”的实践与研究》（课题批准号：2007-TS-160）的子课题—《“践行美的教育，建设美的校园” 的实践与研究》，于2012 年 12 月至 2014 年 12 月历时三年，现已圆满完成研究任务，初步实现了研究目标。

研究目的、意义、理论基础及依据、研究方法等参见相关开题报告。

一、研究内容

从课题申报开始，我们进行了以下内容的研究。

（一）梳理学校学办学理念，确立美的校园建设目标

办学理念是学校发展的灵魂，是学校精神的集中表现，也是美的校园建设的核心和依赖。黑格尔曾经说过“美在于理念”，美的校园所反映的审美形象，必将最终皈依于学校的理念形象、精神形象。

我们主要从两个方面入手，开展学校办学理念的调研：一是认真梳理学校办学十年的特色发展历程；二是探讨大家认同和期待的学校未来发展形象。前者我们概括出学校在探索文化发展的进程中，经历了探寻特色发展的“科技教育”阶段（2001—2007 年）和深化特色发展的“和谐教育”阶段（2008—2010 年）后，迈入了深度特色发展的“美的教育”阶段（2011 年以后）。后者我们提炼出“为美好人生奠基”的办学理念，确立了以“培养具有中国灵魂世界胸怀的大美学生”为培养目标，用著名教育家顾明远先生亲笔题写的“崇和尚美，一生相随”为校训，把“有教

无类，玉成其美”的作为教师们工作的崇高样态，以“乐学善思，德美行美”作为促进孩子个性成长的学生样态，让“各美其美，美美与共”成为学校未来发展的美好办学愿景。

随着学校办学理念和办学目标的确立，经过不断的摸索，大家一致认为学校应该创建“教师幸福工作，学生快乐学习”这样一种审美理念。“美的校园”文化建设也应遵循和体现这样的一种“美”。

（二）打造“景致怡人、和谐优雅”的精品校园

在“美的校园”的规划中，学校本着环境育人、环境美人的宗旨，提出了“生态、雅致、人文”的原则，以独特、精致和美为目标，建设景致怡人、和谐优雅的校园物质文化，营造优美舒适的育人环境。

1.用心为校园教学楼冠名

在“崇和尚美，一生相随”校训的指导下，学校根据晋·王羲之《兰亭集序》中的“惠风和畅”、《论语·颜渊》中的“成人之美”和《墨子·亲士》中的“任重致远”，为校园内三栋教学大楼分别冠以“畅和楼”“成美楼”“致远楼”。寓意孩子从小学做助人爱人的谦谦君子和学校集团化发展“均衡优质、负重前行、惠及全体”的美好愿景。

2.尽心设计校园的一草一木

依据绿色学校和花园式学校标准，遵循绿化原则和植物配置规范，结合校园的建筑布局，尽心设计校园的一草一木，让校园绿树成荫，鲜花盛开，自然和谐，洁净优雅。

3.精心布置校园景观

成功的校园景观，一定是自然美、和谐美、个性美的有机结合。它既是学校气质一种直观的外显，也是最能打动人的地方。本着环境育人的原则，学校构建以美为核心的校园环境，通过精心布置校园景观，丰富学校内涵，提升学校品位，使校园蕴涵着高雅的情趣美和淳厚的和谐美。

4.匠心打造特色功能室

艺术气息浓郁的功能室，既是学校办学理念和学校校风体现，也是宣传和展示

学校“美的”教育办学特色的重要窗口。学校通过匠心打造特色功能室，让学生在鲜活、生动的学习环境中学习美、认识美和感受美，让学生拥有美丽的心灵和美好的情怀，提高他们审美的能力。

5.悉心布置班级文化

杜威说：“想要改变一个人，必先改变他的环境，环境改变了，他就被改变了”。班级文化是校园环境文化的核心，整洁、雅致、积极的班级文化能起到润物无声的教育作用。学生大部分时间在班级学习，他们既参与班级环境文化创建，同时也不断受到班级环境文化的熏陶和教育，班级文化直接影响着学生的思想和行为。在班级文化的构建中，学校按照“以物化人、以美育人、以情感人”的要求，认真设计，精心布局，形成了“一班一品”的格局，通过独特的班级文化风貌来展示学生的真善美。

6.细心设计校园文化视觉识别系统

为建立完整统一的校园品牌形象，在本课题研究过程中，学校设计了完整的视觉识别系统，对学校标志、字体、标准色等作了统一的规范。设计既展示重庆高新区第一实验小学是现代化教育的一流窗口学校，又突出“为美好人生奠基”的办学理念；既体现学生热情奔放，奋发向上的朝气，又蕴含改革创新和培养具有中国灵魂世界胸怀大美学生的培养目标。

（三）以人为本，不断优化美的校园管理文化

随着社会的发展，教师变得越来越有“个性”，“自我实现”的倾向正在迅速扩展。规章制度的管理只能解决“不可这样做”，而不能解决“如何做得更好”的问题。在管理中，学校把人性化管理作为管理创新的突破口和提高管理效能的重要的生长点。

1.以师为本，不断优化美的校园管理制度

“人既是发展的第一主角，又是发展的终极目标”。在管理中，学校始终秉持“以人为本”的管理理念。在“以人为本”中始终坚持“以师为本”和“教师第一”的管理思想，通过科学、民主的校园管理增强学校管理的透明度，增强全体教职工对学校管理的信任感，使学校与教职工形成一个整体。

2.把握制度与人文管理的切合点,不断提升美的校园文化管理艺术

在管理实践中,学校既非常注重互相尊重校园文化环境的营造,又注重将制度管理中的“刚”性与人文管理中的“柔”性深度融合,以人性化管理措施调动教师工作的积极性、主动性和创造性。如:教师平时忙于教育教学,很少有时间照顾自己的父母、配偶和孩子。当教师的直系亲属生病住院时,他们又非常期盼得到亲人的照顾。根据这一实际情况,学校及时修订了原来的病事假制度,拟定了“教师的直系亲属生病住院时,教师在安排好自己工作的前提下,可以到医院照顾直系亲属一周而学校不计假”的请假制度。又如学校教师子女就读育才中学、重庆外国语学校等名校时,有的教师还没有向学校提出,学校工会就主动帮教师子女联系好学校和班级。这些人性化的管理举措有时让教师眼含热泪,有的教师动情地说:“我们唯有努力干好本职工作,才能对得起学校的关爱”。团结、和谐、奉献、进取的工作氛围的营造,让学校建立起宽松、清新、有人情味的美的校园文化,提升了学校的管理效益。

二、研究成果

经过三年的课题探究,在课题组全体成员的努力下,本课题完成了课题研究任务,基本达到了预期目标,已经形成了初步成果,取得了较好的研究效果。经过总结归纳,具体分为以下几个方面:

(一)美的校园建设,提高了学生的审美能力

校园环境作为学校文化内涵和文化底蕴的重要承载者,具有重要的育人功能。美的校园环境建设既是一种文化建设,也是一种美学建设,它反映了学校的文化品位和审美水准。为了突出美的校园的育人功能,在进行美的校园的具体建构过程中,我校结合办学理念,认真进行校园环境规划,实现美的校园环境精品化、个性化、序列化、人性化,让美的校园处处透射出独特的感染力和凝聚力。

1.通过美的校园建设的“精品化”,提升学生的审美能力

打造精品校园环境赢在细节。学校在美的校园建设中,以“独特,和谐”为目标,使校园蕴涵着高雅的情趣美,隐现出淳厚的和谐美,让学生接受美的熏陶,让学生在美的校园环境中快乐学习与生活。

一是打造精致的校园景观,让学生受到美的熏陶。学校按区域规划进行校园

景观的设计，体现了美的校园的精致。“修”——激励学生奋发向上的“名人文化长廊”、学生读书休闲乐去的“漂书角”和体现师生浓浓情意的“恩情石”；“雕”——展现我国古代劳动人民创造的伟大的奇迹“长城浮雕”、在校园玻璃栏杆上磨砂制作经典的“美的诗篇”和竹简制成的大型“三字经”；“挂”——出类拔萃学生的“笑脸墙”“今天你阅读了吗”读书提示语以及展示名师风采的“楼道文化”；“建”——充满童真童趣的“我型我秀”自主展示舞台、彰显各班气质和特色的“班级文化墙”以及培养学生观察力的科技植物园，十多处的雅致景观让人目不暇接。精致的校园景观，使校园蕴涵着高雅的情趣美，丰富了学校内涵，提升了学校品位，学生快乐学习和生活在优美的环境中。

二是构建雅致的班级文化，让学生受到美的浸润。雅致的班级文化充满浓郁的文化气息，不仅有利于学生的文化学习，也会让学生的心灵受到美的浸润。我们统一在每间教室门口设置了“班级公示栏”，主要对家长公示班级的主要信息。在教室里面设置了图书角、益智区、卫生角、美之星展示墙、才艺展示画廊、星星闪亮等。图书角主要是摆放图书和儿童读物，丰富学生的课余生活；益智区增设了益智玩具，如跳棋、象棋、围棋、帮助学生互动交流，为学生提供快乐天地。才艺展示画廊主要展示学生的优秀书画作品和优秀作文，激励同学们相互学习，共同进步。

三是营造艺术气息浓郁的功能室，让学生受到美的陶冶。艺术气息浓郁的功能室既是美的校园建设的重要内容，也是宣传和展示学校办学特色的重要窗口。基于“只要养成了阅读的习惯，就相当于在他的心脏安上了一台永不停歇的发动机”的理念，学校修建了全天候开放的学生书吧和教师书吧。为展示学校建校15年的办学成就，学校修建了校史馆：原中国教育学会会长——顾明远先生为学校题写的校训，学校发展的各个历史阶段，全校师生获得8 000多项次奖励，学校获得160多项次荣誉都可以在这里找到痕迹。为展示学校中国画美术特色，学校还修建了4个美术教师工作室和童画苑，学生参加各级美术竞赛的获奖作品、重庆市美协、重庆市书协的领导到校欣然泼墨题写的墨宝都呈现在这里。为教师“高新杯”“秋实杯”赛课提供更舒适的赛课场所，学校还修建了全区最好的“录课室”。学生书吧、童画苑、校史馆、学生作品展览室、美术教师工作室、录课室等充满浓郁艺术气息的功能室让“美的教育”展览空间变成流动的艺术馆。学生流连其间，不仅是视觉上的享受，更有心灵的洗礼。

2.通过美的校园建设的“个性化”，提升学生的审美能力

在本课题研究过程中，学校设计了个性鲜明的视觉识别系统，主要包括视觉基

础系统和视觉应用系统两大部分。第一部分主要包括:学校标志、学校标准字体、学校标准色、学校专用印刷字体设定、基本要素组合规范等。第二部分主要包括:办公事务用品设计、学校视觉环境系统设计、学校宣传系统等。如学校校徽就是由四只孩子的小手交叉缠绕,寓意和谐、融洽与团结;四只小手顺时针旋转,构成风车造型,寓意活力四射,互动交流;红、黄、绿、紫四种亮色,取自阳光沐浴下的花园,代表花样少年,寓意丰富多彩的校园生活。每一只小手既代表每一个孩子自己,又代表和自己所在集体的人一起展示风采的时候,吸取他人的优点和长处,促进整体的进步和卓越。

3.通过美的校园建设的"序列化",提升学生的审美能力

在美的校园文化的规划和布局中,学校严格遵循整体性原则和统一性原则,让每一个布局,都能反映出学校独特的文化品质和审美情趣。

一是实现了学校所有的指示标识的"序列化"。大至学校每栋教学楼入口处的楼层指引牌,小到每个教室、功能室及洗手间的门前指引标志。这些指示标志均以蓝色为底色,彰显沉稳厚重的底蕴;文字统一为明亮的白色,笔画秀美的楷体如人端正站立,自显一番风流。如此具系统性、标准性、特色性的美的校园规划,给学校打造了良好的社会形象,激发学校全体成员的活力。

二是实现了学校所有文化设计的"序列化"。学校精心设计每一面墙壁,既设置内容丰富、主题突出的"美的橱窗"系列展区,又构建了色彩怡人,美观大方的班级文化展示区和办公室文化展区,实现了让每面墙壁也会说话的目标。充分利用了每一个楼道,对 学校"美的教育"作全面的阐述和展示,有"大队部成员展示墙""美的学生三字经展示墙""阅读之星展示墙""学校大事记展示墙""传统文化教育展示墙""学校校史墙"等,每一个楼层都是一个主题,每一条走廊都是一个整体,引导着学生流连其间,感受着美的熏陶。

4.通过美的校园建设"人性化",提升学生的审美能力

学校在美的校园的建设中很好地体现人本原则,通过园景设计、楼道文化、道路文化、文化墙等来营造出人性化的空间,提升校园的文化品位,让人在繁杂的学习间隙享受到怡人的文化熏陶。

一是按照"生态、雅致、人文"的要求,做好校园区域划分。校园分为教学区、生活区、运动区、休闲区、办公区等五大区域,每个区域的布局都独具风格,主题突出。这里四季长青、丹桂飘香、鲜花盛开,校园的一草一木、一砖一瓦都是彰显"美

的教育”文化品位的标志。无论是长城浮雕还是花草树木，无论是草地上的文化石还是台阶上的展示舞台，总能彰显出学校热情阳光、开放创新、昂扬向上的气势精神。校园的每个角落，都能看到一种浸透着浓郁馨香的艺术之美，一种到处充满绿色的环境之美。

二是开阔的活动空间，让学生有物可看，有路可走，有事可做。学校利用课题研究的契机，进一步打造活动的场所和空间：在成美楼一楼大厅，修建了一个“我型我秀”自主展示舞台，自舞台诞生以来，整个大楼不再寂寞，在“我要上六一”“我要上元旦”初选、海选期间，每天都有学生在此舞台上展现才华，表现自我；小舞台，大精彩，此处已成为吸引学生自我展示的理想之地；在乐器室旁边的空地上安装LED屏幕，实时播报学校周工作安排和学校本周大事；清除校园内的易滑小地砖，铺上整洁防滑和降低噪声的柏油路；在运动场四周安放了十条不锈钢条凳子便于学生运动后休息，在50间教室外设置了50根木质条凳，便于学生课后阅读；种植几十棵高大挺拔的黄葛树、榕树和香樟树，使整个校园景观结构更显得科学、合理，富有现代气息和人文色彩。

（二）美的校园管理文化，促进了教师的专业发展

1.美的校园管理文化，增强了教师们认同感和归属感

学校的管理制度都是通过办公室教师酝酿、教代会代表提提案、学校行政会商议回复、提交教代会审议后试行，最后征求意见并形成。从上至下，从下至上，反反复复多次论证后修订后才形成了《教师绩效管理考核制度》《教师职称评聘制度》《教职工岗位设置和人员竞聘工作实施方案》《教职工绩效工资考核实施方案》《科研管理条例》《班主任管理条例》《教师年度考核方案》《骨干教师管理条例》和《名师工作室管理条例》等10多项学校管理制度。科学、民主的校园管理文化，增强学校管理的透明度，激发教师的主人翁意识和工作责任感，调动教师的主动精神和创造意识，增强全体教职工对学校的管理的信任感和归属感。

2.美的校园管理文化，促进了教师的专业发展

学校教师在国家级、市级竞赛活动中成绩斐然。邓剑东老师两次代表重庆市参加全国教师素养大赛，分别获全国一等奖和特等奖，牟映、陈立、周雪梅、何清平、戴金佑、张婷婷、周煦琅、徐怡、尤佳等10多名教师参加国家级、市级赛课均获一等奖。在课题研究过程中，学校和教师积累了丰富的教育教学经验，学校教师开发了

《儿童水墨情趣》《美的学生三字经》等校本教材，学校四年级(5)班被教育部、全国少工委、共青团中央表彰为“全国优秀少先队班集体”，教师撰写的100余篇论文获国家级、市级等奖项；有18位教师被评为市区级骨干教师，秦登伟同志被市总工会表彰为重庆市“五一劳动奖章”，张祖勤、尹君等老师被重庆市表彰为“最喜爱的班主任”；有18人被表彰为区级优秀教师。学校一大批教师在“美的教育”的引领下，专业能力迅速成长，正逐步实现着自己的教育理想，教师的自豪感和幸福感得到了很大的提升。

（三）美的校园建设，让“美的”教育散发出更加迷人的光彩

课题研究三年来，学校先后接待来自广州、四川、深圳、贵州等地的考察团体60多个，承办了“全国第五届主题阅读年会”等全国性赛事活动近20场次，与四川达州通州实验小学、贵州遵义工农小学、璧山文风小学、黔江石会镇小学、南川黔丰小学等多个小学结成对口帮扶学校；先后荣获“全国特色学校”“重庆市少儿美术特色实验学校”等10多项荣誉；成功在重庆三峡博物馆举办学生国画作品展；学校连续十四年荣获区办学水平评价一等奖和育人质量一等奖。经过近几年的快速发展，学校现在形成了“1+2+3”的集团化办学格局。今天的重庆高新区第一实验小学，正昂首阔步在集团发展新征程上，向着“基础教育中华名校”宏伟目标努力奋进！

三、建议

（一）问题

由于课题组研究人员的变更，影响了课题研究的连续性。

（二）启示

1.美的校园建设要与学校校训、办学思想理念以及育人目标高度融合，达到和谐统一，充分体现学校办学思想的个性。

2.在构建以“美”为核心的校园文化建设中，还应大量开展“寻美”活动，进一步提升学校师生理解美、追求美和创造美的能力。

“践行美的教育，培育美的学生”课题研究报告

杨　菊　白正全

一、研究背景及意义

（一）课题提出的背景

《中共中央国务院关于进一步加强和改进未成年人思想道德建设的若干意见》关于未成年人思想道德建设的主要任务第三条明确指出：从规范行为习惯做起，培养良好道德品质和文明行为。大力普及“爱国守法、明礼诚信、团结友善、勤俭自强、敬业奉献”的基本道德规范，积极倡导集体主义精神和社会主义人道主义精神，引导广大未成年人牢固树立心中有祖国、心中有集体、心中有他人的意识，懂得为人做事的基本道理，具备文明生活的基本素养，学会处理人与人、人与社会、人与自然等基本关系。同时，在扎实推进中小学思想道德教育中还指出：要依据不同年龄段学生的特点，抓紧修订和完善中小学生《守则》和日常行为规范。对小学生重点是规范其基本言行，培养良好习惯。对中学生重点是加强爱祖国、爱人民、爱劳动、爱科学、爱社会主义教育，引导他们树立正确的理想信念和世界观、人生观、价值观。

重庆市深入贯彻落实《中共中央、国务院关于进一步加强和改进未成年人思想道德建设的若干意见》（中发〔2004〕8 号）及《中共重庆市委、重庆市人民政府贯彻落实〈中共中央、国务院关于进一步加强和改进未成年人思想道德建设的若干意见〉的实施意见》（渝委发〔2004〕18 号），将文明礼仪教育作为全市中小学德育工

作的重要抓手，切实把社会主义核心价值体系融入学校教育全过程，弘扬中华民族优秀传统美德和社会主义道德。为贯彻落实教育部《中小学文明礼仪教育指导纲要》，明确指出要加强文明习惯养成教育。将文明礼仪教育纳入学校养成教育，在学生日常学习和生活的重点环节上，注入文明礼仪教育元素，将个人礼仪和交往礼仪的基本规范，落实在学生一言一行之中，内化为学生的自觉行为，使学生自觉养成良好的文明习惯、学习习惯、生活习惯和劳动习惯。要根据《中小学生守则》《小学生日常行为规范（修订）》和《中学生日常行为规范（修订）》的要求，通过规范管理和有效激励，促进学生从小事做起，不断提高文明礼仪素养和思想道德水平。

九龙坡区教育委员会关于《九龙坡区教育系统开展社会不文明行为突出问题专项治理活动工作方案》中要求，在各中小学开展文明礼仪教育系列活动。开展“梦想课堂”活动，将文明礼仪知识纳入梦想课堂内容，进一步培育和增强人们文明礼仪素养。开展“讲文明、树新风”主题教育活动，着力宣传引导广大师生改陋习，不断增强文明意识、节约意识，培育和树立良好新风尚。开展“家风润万家”“感恩惜福”“衣旧情深”等主题教育活动，宣传引导师生牢固树立勤俭节约、文明礼貌、尊重他人、爱护自然等意识。开展“我们的节日”主题教育活动，利用春节、端午、七夕等传统节日，广泛宣传中华民族代代传承的优良作风，引导师生不断发扬光大谦和、礼让、尊老、爱幼的传统美德。

重庆高新区第一实验小学在践行“美的教育”中，取得了一些成绩。如，以“为美好人生奠基”为办学理念，开展了“美育”特色教育，开展了“美的习惯 一生相随”的德育活动，学生美的习惯逐步养成，不仅体现在在活中能发现美、欣赏美、创造美、还应该用良好的文明礼仪来表现美，让美的意识、素养、能力和礼仪伴随学生一生，去创造美的人生、美的生活、美的社会和美的世界。但是，也还存在一些问题，一是少先队员红领巾的佩戴不够好，主要表现在有时忘记佩戴，有时佩戴不够规范，不够整洁和美观，甚至有时把红领巾拿来作为运动和游戏的道具等。二是教师培养学生美的行为习惯的方法比较单一。有的老师依赖于德育处的部署，科任老师单一重视自己课堂，班主任老师重说教，轻针对性的教育活动开展等。三是从制度规范上讲，缺乏系统的培养机制。一个小学生优雅的外表、谦逊的言谈、适宜的举动，能为其今后发展奠定基础，这样的学生往往都是长期的美的习惯的训练，最后习惯成了自然，表现出了美的特质。因此学生离不开行为习惯的培养，而美的学生就更离不开良好习惯的长期教育。

为了践行学校美的教育，建设美的校园，构建美的课程，培养美的教师，培育美的学生，这是我们学校努力的终极目标，为此我们要通过多方努力共同营造一个和谐的氛围，为培育美的学生做好各种铺垫，在这样的背景下，“培养小学生美的行为习惯”的研究就显得十分必要和重要。

（二）课题研究的意义

1.完善和丰富“美的教育”机制，助推美的教育特色发展

践行学校美的教育，从建设美的校园、构建美的课程、培养美的教师、培育美的学生四个维度开展，而美的学生的培育研究正是对“美的教育”机制的完善和丰富。其研究的实践具有重要的意义。

2.为其他同类学校小学生提供借鉴的方法

重庆高新区第一实验小学“美的教育”特色在国内不是唯一，也不是第一。但在整个研究过程中，培养美的学生是素质教育的最终目标。我们就从培养美的行为习惯着手，让每个学生基本素质得到和谐发展，让美的意识、素养和能力伴随学生一生，去创造美的人生、美的生活、美的社会和美的世界。我们希望通过课题研究，能为联盟学校、友谊学校或其他同类学生提供借鉴的方法。

二、理论基础及依据

（一）儿童道德认知发展理论

皮亚杰早在20世纪30年代就对儿童道德判断和道德观念的发展进行了研究。他认为，一个人道德上的成熟主要表现在尊重准则和社会公正感这两个方面。一个有道德的人能按社会规定的准则公平地、公道地对待别人。他采用对偶故事法研究儿童道德判断发展的水平。他认为，儿童道德判断的发展与儿童认知发展的阶段相平行，儿童道德发展的进程可以在他们的认知进程中找到证据。他设计了一些包含道德价值内容的对偶故事让儿童回答，要求儿童辨认是非对错，从他们对特定行为情境的评价中投射并推测出儿童现有的道德认知和道德判断水平。

（二）素质教育理论

见开题报告。

（三）养成教育理论

见开题报告。

（四）小学生日常行为规范

《小学生日常行为规范》是依据国家正式颁发的《小学生守则》制定的，是国家对小学生日常行为的最基本的要求。其目的在于加强对小学生的文明礼貌教育和行为训练，以促使他们从小养成良好的行为习惯。《规范》的内容共20条，不可能面面俱到，也不宜繁琐。小学生年龄小，因此，既要对他们严格要求，又要使他们生动活泼地得到发展。

三、核心概念界定

（一）行为习惯

在汉语里，从辞源上看，习惯最早也写作“习贯”，有两种基本的含义：一是指习于旧贯，习于故常；二是指长时间养成的不易改变的生活方式。当代心理学对行为习惯的解释中有人认为：“习惯是一种自动化的行为方式，行为动作。”有人认为：“习惯是一种典型的行为方式，就是比较典型的，有倾向性的行为特点。”也有人认为：“习惯是一种动力定型，也就是稳定的行为、思维模式。”《心理学大词典》认为，习惯是人在一定情境下自动化地去进行某种动作的需要或倾向。或者说，习惯是人在一定情境中所形成的相对稳定的、自动化的一种行为方式。我国儿童心理学专家朱智贤教授认为，习惯是人在一定情境下自动化地去进行某种动作的需要或倾向。习惯形成就是指长期养成的不易改变的行为方式，习惯形成是学习的结果、是条件反射的建立、巩固并臻至自动化的结果。

（二）美的行为习惯

美的行为习惯是思想品德素质的重要组成部分，是指学生在长时期里逐渐养成的、一时不容易改变的良好行为、健康倾向或社会风尚。本课题涉及的“美的行为习惯”是指在学校“为美好人生奠基”的理念指导下，通过教师示范、行为强化、活动内化养成的做人、做事、学习三大方面的美的良好习惯。具体指：美的文明礼仪习惯；美的守纪习惯；美的卫生习惯；美的安全习惯；美的学习习惯；美的与人合作共处的习惯；美的劳动习惯；美的生活习惯等。

四、国内外相关研究综述

2001年10月中共中央颁发了《公民道德建设实施纲要》，提出了我国新时期道德建设的指导思想、基本方针、原则和主要内容，为落实以德治国方略奠定了基础。对于学校而言，《纲要》的成功实施离不开对学生具体素质的培养，其中一个极为重要的方面，就是让少年儿童在成长中养成做人、做事、学习等方面的良好行为习惯。

叶圣陶的教育思想博大精深。“养成教育”是叶老教育思想的重要组成部分。他指出：“教师工作的最终目的，无非是培养学生具有各种良好的社会习惯。”教育就是培养习惯。行为习惯不只是一个人的外部表现，更是其内在素质尤其是思想品德素质的外化。习惯是由于无数次的重复或练习而逐步固定下来变成自动化或半自动化了的行为方式。良好习惯的养成是教会学生如何做人的核心和基础，是学校教育的重要任务。良好习惯的形成可以通过不自觉、下意识地重复同一动作，但主要是通过有意识地练习来形成。所以，习惯的养成不仅需要坚持不懈的强化和训练，更需要学生自我教育意识的觉醒和充分发挥。在长期的教改实践中，叶老始终重视学生的养成训练。他认为学校教育的目的是“造就健全的合格的公民”，“教育要为全社会而设计，要为训练成对社会作点事的人而设计。”因此，十分注重学生的养成训练，从而培养学生良好的行为习惯。他在1919年所写的《今日中国的小学教育》一文中提到：“小学教育的价值，就在于打定小学生一辈子有真实明确的人生观的根基。”在同年所写的《小学教育的改造》中又指出：“今后的教育要着力于扩充儿童兴趣所及的范围，并使他们养成终身的习惯。”1979年，他在《当前教育工作中的几个问题》一文中，再次强调：教育“往简单方面说，只须一句话，就是养成良好的习惯。”

国内外有很多教育机构或教师，对美的学生的培养和研究比较多，主要集中在美的形体训练，美的语言交际训练，美的行为体现，审美情趣等训练上。也有很多学校就如何培养学生良好的行为习惯进行了研究，并总结出了“从细节入手进行培养，建立制度进行培养”等经验。如重庆市巴蜀小学开展了“习惯，在行动中养成”教育的实践探索，他们围绕“培养头脑科学、身手劳工、自信、豁达、优雅的巴蜀孩童”的育人目标，将行为习惯作为推进素质教育的重要抓手获取了一些落地生根的好方法和经验。

综上所述，虽然学生综合素养的培养已经随着素质教育的推进引起了更加广泛的关注，很多学校也在理论和实践上进行了一些探索和研究，但是，把“美的教育”作为一个完整体系来进行研究的还为数不多。我们课题组就是在“美的教育”课题指导下，重点针对学生美的行为习惯培养，促进学生全方面地养成好习惯后，由内到外地体现出美的形象与行为。因此，培育小学生美的行为习惯研究有待进一步探究。

五、研究目标及内容

（一）研究目标

1.总体目标

研究制订《美的学生行为准则及“美之星”评价体系》，引领学生自律，内化不规范的行为习惯，鼓励学生自主、大胆、自信、阳光展示自己，形成具有“美的教育”特质的美学生。

2.具体目标

（1）研究制订《美的学生行为准则及“美之星”评价体系》。

（2）探索培养美的学生行为习惯的实施策略。

（3）养成小学生美的行为习惯，提升教师培养美的学生行为习惯的能力，助推美的教育特色发展。

（二）研究内容

1.美的行为规范研究

为规范学生行为习惯，引领学生成为美的学生，研究制定《美的学生风采》。通过征集学生、家长、老师意见，由全校各班级讨论修改这样自下而上、自上而下地讨论修改后形成。总共分为礼仪篇、学习篇、队列篇、心灵篇、习惯篇、公德篇、安全篇七个篇章，采取朗朗上口的三字经形式，在每小节后添加每句话的释义，让学生明白简单几个字中蕴含的大道理，在吟诵中明白哪些行为是该做的，哪些行为是不该做的。当学生有不规范行为时，他人只需说出其中三个字就可以让学生调整自己的行为，通过长期提醒、训练养成良好的行为习惯。

2.“美之星”评价体系研究

《美的学生标准及评价体系》是在学校以前“信得过班级”评比的基础上，结合学校“美的教育”理念进行深化和优化形成的。评价采取全员育德方式推动学生全面发展。包括评价目的，“美之星”奖励贴操作方式，建议班级评价系统与学校评价系统接轨，严格用纪律、明确原则，流动红旗评比规则，“美的学生”评比，“美的班级”评比，班主任须知，科任老师须知，职工保安须知，备注说明共十一个方面。

3.培养小学生美的行为习惯实施途径、培养策略研究

培养小学生美的行为习惯，主要通过课堂（尚美课程）、活动（少先队活动阵地）、课外（家校共育）三条途径予以实施。

（1）尚美课程：在《尚美课程》下培养小学生美的行为习惯，就是以课堂教学改革为主渠道，以艺术教育为抓手，课内课外有机结合，各门学科协调配合，实现学校教育的全程美育，全员美育，营造“尚美”与你“一生相随”的重庆高新区第一实验小学学校特色教育。

（2）少先队活动阵地：学校少先队大队部为培养美的小学生行为习惯，有计划、有针对性地开展阵地活动。一是结合学生行为习惯表现，每月定教育重点，并落实到星期一集体朝会、午会、队会课中。二是每月定主题活动，每月四节队会课，除固定的环境教育、安全教育、卫生教育内容以外，每月第三周的队会内容统一主题，重点检查、评比交流。三是结合重大节日开展专门的主题教育活动。

（3）家校共育：学校开展了“美的家长学校建设制度的实践与研究”，建立了美的家长学校系列制度，完善家长学校长效运行机制，建立健全了符合校情的美的家长学校组织机构。校级、班级家委会和家长同学会培训到位、工作开展落实到位，效果显著。

六、研究对象及范围

重庆高新区第一实验小学低、中、高三个学段共6个年级300多名学生。

七、研究方法及运用

见开题报告。

八、研究成果

（一）形成了调研报告

调查采用了问卷调查法，调查对象为全校学生和教师。调查问卷分学生问卷和教师问卷，力求从整体上反映怎样培养学生美的行为习惯养成。学校现有班级：50个，分别从一二低段年级、三四中段年级、五六高段年级抽取实验班级作为样

卷，进行抽样调查，样卷总数：330份。教师117人，按不同学科低中高段兼顾的原则进行抽样调查，样卷总数40份。

使用“美之星”评价标准前：

表1　学习习惯

认真预习	能	不能	监督下能做到
	68%	23%	9%
专心听讲 积极发言	能	有时能	不能
	73%	19%	8%
课堂上质疑问难	能	不能	监督下能做到
	72.5%	13.4%	14.1%
课上记重要笔记	能	有时能	不能
	34%	37.5%	28.5%
复习和总结当天的课堂学习内容	能	有时能	不能
	52%	21%	27%
独立完成作业	能	有时能	监督下能做到
	67.5%	24%	8.5%
及时进行订正错误	能	有时能	监督下能做到
	75%	15%	10%
读课外书或小练笔	能	不能	监督下能做到
	31%	46.4%	22.6%

使用“美之星”评价标准后：

表2　学习习惯

认真预习	能	不能	监督下能做到
	88%	9%	3%
专心听讲 积极发言	能	有时能	不能
	92.6%	无	7.4%
课堂上质疑问难	能	不能	监督下能做到
	86.2	10.6	3.2%
课上记重要笔记	能	有时能	不能
	45.2%	11.3%	43.5%

续表

复习和总结当天的课堂学习内容	能	有时能	不能
	62%	27%	11%
独立完成作业	能	有时能	监督下能做到
	74.55%	21.81%	3.54%
及时进行订正错误	能	有时能	监督下能做到
	91%	5%	4%
读课外书或小练笔	能	不能	监督下能做到
	40.27%	42.64%	17.09%

调查分析:

从上表可知,实行了“美之星”评价标准后,学生自觉早读和课前准备相比较以前有了很大进步,说明初步养成了良好的读书习惯。

使用“美之星”评价标准前:

表3　文明习惯

自觉佩戴红领巾或队徽	经常戴	有时戴	不戴
	64%	19%	17%
与别人交往应注意	说话有礼貌,不随意插嘴	注意力集中	不指手划脚
	33%	45%	22%
对行为举止不文明的态度	避而远之	继续交朋友	帮助其改正
	38.6%	10.1%	52.3%
对身边不文明用语	只要是错误的,就应该指出并加以改正	只要不损害我个人利益,就与我无关	看不过去的管管,看得过去就当没看见
	65.4%	22.8%	11.8%
与人发生争执时	动手动脚	讲道理	破口大骂
	89.91%	2.82%	7.27%
放学回家	主动问好	打开电视或者玩	写作业
	33%	32%	35%

续表

捡到东西	主动交给老师或者保安等人员	打开看看，里面是自己想要的就不交公，不是自己想要的就交公	看看周围有人发现没有，如果没发现就不交公
	40%	25%	35%

使用“美之星”评价标准后：

表4　文明习惯

自觉佩戴红领巾或队徽	经常戴	有时戴	不戴
	72%	21%	7%
与别人交往应注意	说话有礼貌，不随意插嘴	注意力集中	不指手划脚
	40%	50%	10%
对行为举止不文明的态度	避而远之	继续交朋友	帮助其改正
	15.2%	5.7%	79.1%
对身边不文明用语	只要是错误的，就应该指出并加以改正	只要不损害我个人利益，就与我无关	看不过去的管管，看得过去就当没看见
	83.63%	4.64%	11.73%
与人发生争执时	动手动脚	讲道理	破口大骂
	26.91%	66.82%	6.27%
放学回家	主动问好	打开电视或者玩	写作业
	53%	11%	36%
捡到东西	主动交给老师或者保安等人员	打开看看，里面是自己想要的就不交公，不是自己想要的就交公	看看周围有人发现没有，如果没发现就不交公
	90%	5%	5%

调查分析：

从上表可知，使用“美之星”评价标准之后，学生在文明行为习惯上朝着良好的态势发展，很多同学能够坚持佩戴红领巾，与人交往时改变了以前的部分不文明行为，注意了礼貌用语，捡到东西交公，放学回家主动问好等，充分体现了实验过程中评价标准对于学生美的行为习惯养成的重要性。

使用“美之星”评价标准前：

表5　卫生习惯

洗手习惯	有时有，有时没有	有	没有
	12%	68%	20%
随地吐痰	有时有，有时没有	有	没有
	16.91%	14%	69.09%
随地丢垃圾或往窗外扔垃圾	有时有，有时没有	有	没有
	12.73%	60%	27.27%
经常剪指甲	有时剪，有时不剪	经常剪	从不剪
	72.73%	14.55%	12.72%
勤洗澡勤换衣	偶尔换衣服	经常换衣服	凭心情好坏决定
	98.18%	无	1.82%
早晚都坚持刷牙	早上一次或晚上一次	早晚各一次	有时早上刷，有时晚上刷
	9.09%	78.91%	12%
阅读书写时，眼和书本的距离	30~50厘米或一尺左右	80~100厘米或一尺半	二尺左右
	56%	37.3%	6.7%

使用“美之星”评价标准后：

表6　卫生习惯

洗手习惯	有时有，有时没有	有	没有
	8%	80%	12%
随地吐痰	有时有，有时没有	有	没有
	11%	6%	83%
随地丢垃圾或往窗外扔垃圾	有时有，有时没有	有	没有
	8.5%	16%	75.5%

续表

经常剪指甲	有时剪,有时不剪	经常剪	从不剪
	37%	66%	7%
勤洗澡勤换衣	偶尔换衣服	经常换衣服	凭心情好坏决定
	39%	61%	无
早晚都坚持刷牙	早上一次或晚上一次	早晚各一次	有时早上刷,有时晚上刷
	5%	95%	无
阅读书写时,眼和书本的距离	30~50厘米或一尺左右	80~100厘米或一尺半	二尺左右
	88%	10.2%	1.8%

调查分析:

从上表可知:学生在使用"美之星"评价标准以前,卫生习惯比较差,在饭前便后洗手、不随地吐痰、不随地丢弃垃圾、勤剪指甲、勤洗澡、早晚都坚持刷牙以及用眼卫生等方面,都亟需养成良好的习惯。对于正在成长的年龄阶段,良好的卫生习惯是健康成长的重要保证。在使用"美之星"评价标准后,学生在卫生习惯养成上有了参照准则,良好卫生习惯正在逐步养成。

使用"美之星"评价标准前:

表7　安全习惯

每天上学、放学的方式	家长或专人接送	自己坐公交车	步行等
	8.1%	15.3%	76.6%
遵守交通规则,注意交通安全	能遵守	有时会遵守	不能做
	76%	16.8%	7.2%
哪些游戏方式不可取	在操场上和同学一起跳绳、踢球	举行上楼梯比赛	把楼梯扶手当滑翔机
	无	2.4%	97.6%
购买校园周边推车卖的油炸食品	坚决不买	偶尔买	经常购买
	88.3%	9.8%	1.9%
放学路上哪些行为会带来危险	看热闹	为陌生人带路	和同学一起回家
	33%	67%	无

续表

独自在家,陌生人敲门	开门请进	闭门不见	让他在父母在家的时候再来
	0.6%	54.2%	45.2%
不幸溺水,怎样配合别人的营救	紧紧抓住那人	身体放松,让别人托着你的腰部	抱住对方的身体
	12.9%	64.5%	22.6%
火场中,保护措施不正确的是	在火场中站立、直行,并大口呼吸	迅速躲避大火	用湿毛巾捂住口鼻,匍匐前行
	5.7%	38.9%	55.4%

使用"美之星"评价标准后:

表8　安全习惯

每天上学、放学的方式	家长或专人接送	自己坐公交车	步行等
	9.7%	13.3%	77%
遵守交通规则,注意交通安全	能遵守	有时会遵守	不能做
	83%	13.5%	3.5%
哪些游戏方式不可取	在操场上和同学一起跳绳、踢球	举行上楼梯比赛	把楼梯扶手当滑翔机
	65%	35%	无
购买校园周边推车卖的油炸食品	坚决不买	偶尔买	经常购买
	90.5%	8.8%	0.7%
放学路上哪些行为会带来危险	看热闹	为陌生人带路	和同学一起回家
	11%	73%	16%
独自在家,陌生人敲门	开门请进	闭门不见	让他在父母在家的时候再来
	无	84.2%	16.8%
不幸溺水,怎样配合别人的营救	紧紧抓住那人	身体放松,让别人托着你的腰部	抱住对方的身体
	4.8%	89.5%	5.7%
火场中,保护措施不正确的是	在火场中站立、直行,大口呼吸	迅速躲避大火	用湿毛巾捂住口鼻,匍匐前行
	3%	19%	78%

调查分析：

从上表可知：学生在使用“美之星”评价标准以前，学生绝大多数有一定的安全意识，但还存在着侥幸心理和缺乏必要的自救常识。对于有些危险还不能提前预计，遇到危险时的自我保护能力还有待提高。使用“美之星”评价标准以后，主动了解交通、饮食、火灾、水灾方面的知识，自我防范意识和自我保护能力明显增强了。

使用“美之星”评价标准前：

表 9　两操习惯

参与体育运动的目的	兴趣爱好	强身健体、缓解压力和疲劳	无聊
	23.1%	67.2%	9.7%
排队集合做到快静齐	做不到	偶尔做到	经常做到
	22.6%	15.8%	61.6%
每周锻炼身体的次数	几乎每天都锻炼	三四次左右	从不运动
	4.41%	23.8%	71.79%
做眼保健操和课间操姿势正确	不够认真，姿势不规范	有时认真，有时不认真	认真，并做到姿势正确
	28.7%	21.5%	49.8%
参加体育锻炼给你带来的快乐	非常快乐	一般	不快乐
	34%	37.2%	28.8%

使用“美之星”评价标准后：

表 10　两操习惯

参与体育运动的目的	兴趣爱好	强身健体、缓解压力和疲劳	无聊
	28.6%	70%	1.4%
排队集合做到快静齐	做不到	偶尔做到	经常做到
	15.3%	9.7%	75%
每周锻炼身体的次数	几乎每天都锻炼	三四次左右	从不运动
	18.5%	64.4%	17.1%

续表

做眼保健操和课间操姿势正确	不够认真，姿势不规范	有时认真，有时不认真	认真，并做到姿势正确
	9.1%	18.3%	72.6%
参加体育锻炼给你带来的快乐	非常快乐	一般	不快乐
	56%	31%	13%

调查分析：

从上表可知在使用“美之星”评价标准以前，学生认真对待两操锻炼的习惯还有待养成；使用“美之星”评价标准以后，学生在认真做两操上有了明显进步，体会到运动的快乐，积极主动地参加体育锻炼。

表 11　教师问卷

对“美之星”评价标准了解情况	是	否	不完全清楚
	91%	2%	7%
习惯的培养	非常重视	有时重视	不重视
	90%	10%	无
看待学生的考分	不太重要	老师的命根	决定学生命运的一个指数
	80%	20%	无
对学生“调皮捣蛋”的看法	正常	一般	太多
	88%	10%	2%
学生管理	好管	不好管	太难管
	20%	78%	2%
最需要的教育	行为习惯教育	传统文化教育、美德教育	心理承受挫折与感情能力教育
	80%	8.9%	11.1%
处理违纪学生	说服教育	先说服不行惩罚	先说服不行放弃
	89%	11%	无

续表

课堂纪律的好坏	班主任的管理	教师的水平	学生的素质
	65%	29%	6%
看待体罚	完全可以	要分情况而论	不可以
	无	5%	95%
对学生成长的影响	家长	教师	社会
	30%	60%	10%

调查分析：

教师调查问卷中反映出教师们很重视学生行为习惯的培养，绝大多数老师对“美之星”评价标准的具体内容完全了解，说明我们开展此研究有较好的基础，有较强的全员育德的意识，但需要我们深入开展教师的培训，让每一位教师熟知“美之星”评价标准，从而更好地影响和教育学生。

通过调查发现，存在问题主要表现在学生的文明和学习习惯两个方面，部分学生文明、学习习惯较差，产生问题的主要原因，与家庭教育相关，与教师教育观念相关，与学校常规教育的坚持有关。

（二）制订了美的小学生行为习惯标准——《美的学生风采》

《美的学生风采》三字经讨论修改后，以学校美术特色——中国画为抓手，由学生根据内容自主配画面出版了《美的学生风采》一书，以图文并茂的方式呈现读本。同时制作了《美的学生风采》音频资料，学校利用每天上午的晨读开展美的学生风采的背诵；开展美的学生风采背诵比赛；开展集体放学时的集体背诵等形式引导学生学习内化。

（三）探索出了美的小学生评价实施策略——《“美之星”评价体系》

《“美之星”评价体系》体现了全员育德思想和学生自主管理原则。具体做法是：(1)每周五之前，各班开展美之星评价，将评价结果公示在班级的美之星统计栏中，并将自己班级中最优秀的学生向学校大队部推荐，积极参加全校的“十佳美之星”的评比。(2)每周学校大队部开展卫生美、课堂美、两操美、阅读美、行为美等系列的“美的班集体”评比。(3)学校每周开展一次“十佳美之星”颁奖；“美的班集体”颁奖；以及“十佳幸运美之星”与校长共进午餐等奖励方式。

在班级开展“美之星”评价中，各班级又会根据各班班情制订切实可行的班级评价标准。通过这一系列的手段达到相互监督、激励的目的。学生在这过程中不断自查，反思，调整自己不规范的行为，很好地将“美的教育”体系四个维度（建设美的校园，构建美的课程，培养美的教师，培育美的学生）有机结合，使学校管理制度得以实施，丰富了“美的教育”内涵。

（四）营造了良好的全员育人、全程育人、全面育人氛围，老师、学生、家长和谐进步，学校阔步发展

校园里，老师慈祥的关爱和友好的提醒，清洁工阿姨由衷的表扬，保安叔叔高高翘起的大拇指，同学之间的相互欣赏和鼓励，父母的欣喜与骄傲，无不滋养着孩子们的心灵，呵护着孩子们的成长。体育节、科技节、跳蚤市场、“我要上‘六一’”等一系列活动，激励着每个孩子上进、求善。全面育德，全员育人，把德育渗透在校园的每个角落，为每个孩子的每一次经历点赞，为每个孩子的每一个细节点赞，把美的种子播种在每个孩子的心田。每个孩子在重庆高新区第一实验小学的培育下都认为自己是最美的！

（五）利用“培养小学生美的行为习惯实践与研究”和“美的家长学校制度建设的实践与研究”课题成果，辐射分校发展

（1）学校集团化发展，美每家分校顺利开学。分校将“践行美的教育，培育美的学生”课题成果“美的学生风采”纳入了校园文化建设中，而且学生人手一册“美的学生风采”读本学习训练，为美每家分校顺利起步打好了基础。

（2）为引领家长树立正确的教育观，引导家长共同培育美的学生，学校向家长发放了“美的家长风采”和“美的家长” 手册，引领家长加强学习，以身示范，科学、正确地教育孩子。

“美的家长风采”分为三个篇章，分别从“美之言”“美之行”“美之导”对家长言行做出引导。

九、研究影响与效果

在开展本课题研究以来，学校利用“美的学生风采”和《美的学生标准及评价体系》引导、规范学生良好行为习惯，取得了较好的效果，在学校“为美好人生奠基”办学理念下，在培养具有中国灵魂、世界胸怀的大美学生目标引领下，更多美的学生正逐渐形成，美学生的个性进一步得到了彰显，更多样化的优质教育服务逐渐形成。学校将以此为契机，继续深化开展培育美的学生的改革与实践。

（一）形成了“美的学生”常规评价机制

1.每年元旦节开展“人人一张奖状，欢欢喜喜回家过年”的活动。鼓励每一位学生至少在美的七个篇章之中有一项较为突出，评比后发给对应的美的奖状，例如“行为美之星”“语言美之星”等。

2.每年的下期开展六一表彰活动。通过层层推荐，产生班级、学校、区、市级的各类奖项。以此来推进美的学生的发展。例如美的班集体、美的学生、美的学生干部、美的班主任、美的家长等。

3.每年的学期结束，全校各班开展学生操行评定，班主任根据学生自我总结、科任老师评语、平时表现等给学生一个较为准确的行为方面的评价。

（二）开展了许多美的学生特色教育活动

1.传统特色活动“我要上六一”，从策划，组织报名，组建评审组，通知海选，复赛，准备音乐，全都由学生自己完成。每次，报名节目达150个以上，参演和参加组织活动的人数有几百人。孩子们从中收获了友谊、组织能力，锻炼了胆量，提升了才艺，培养了自信心，丰富了课余生活，展现出美的风采。

2.一学期一次的体育节，田赛、径赛、球赛、跳绳、团体项目、亲子运动，学生们既锻炼了身体，也增长了见识（如开幕式的跆拳道，高水平的体操展示），体现了团队精神。

3.中高年级学生每学期一次的外出实践活动，孩子们开阔了视野，锻炼了毅力，迎接了新的挑战，增强了实践能力。

4.英语缤纷节，通过英语书法竞赛，英语口语大赛，英文歌曲展示，孩子们的英语实战水平得到提升，运用能力得到提升。

5.在全国全市赛课与展课活动中，学生的能力得到提升，也给全国和全市的领导、老师、专家展示了良好的风采。

（三）承担了全国、市区大型活动，扩大了社会影响力

在课题研究期间，学校承担了全国作文赛课，全国体育赛课，全市科学课赛课，重庆市外研杯第一届、第二届赛课，全国主题阅读赛课；参加在重庆大礼堂举行的群文阅读研究活动，全市法制教育赛课，全市美术赛课；以及与名师的同课异构，张祖庆、王崧舟、管建刚，以及全国第六届阅读与表达赛课中获特等奖的老师们，与我们重庆高新区第一实验小学的孩子们上出了一堂堂精彩的语文课。学生们的表现

获得上课老师、专家，以及观摩的老师一致好评，所以，这样的活动受益匪浅。

同时，代表全区少先队员在教师节庆祝大会上献花献词，全区建队日表演及主题班队会展示。

学校的活动丰富而精彩，而各个班的教育活动也精彩纷呈，如实验班级的心理健康教育活动、“家长进课堂”活动等。

十、问题与讨论

在践行研究“美的教育”实践过程中，我们取得了很多收获，尤其是教育教学质量的提高，使我校在区域内赢得了良好的社会声誉。但在培育“美的学生”研究实践中，我们深感很多方面做得还不足，主要有如下问题值得进一步探讨。

1.“美的学生”具有的特质

学生的良好行为习惯可以训练培养，习惯好了，在各方面的表现不会差到哪里去。但要求的度如何把握？既要讲规矩但不失掉灵性、个性，这就是我们在研究过程中感到迷惑之处。学生的行为习惯好了就是“美的学生”吗？“美的学生”到底应该具有哪些特质？我们希望培育的“美的学生”是从他的举手投足中一眼就能辨别出是重庆高新区第一实验小学的美学生。虽然实现的道路很漫长，但我们期待。

2.如何让评价机制产生持久性

培育“美的学生”是一个永恒的主题，长期的过程。我们在实施《美的学生标准及评价体系》的过程中，刚开始全校学生都很亢奋，都积极主动参与到评比过程中。尤其是星期一集体朝会的“美之星”颁奖和“幸运星”抽取环节，学生激动不已，都希望自己就是那二十个“美学生”之一。但是，慢慢地，高年级学生不是那么感兴趣了，在“美之星”争星过程中也感觉是可有可无，持无所谓态度。如何让评价机制产生持久性？这也是我们要继续探讨和论证的问题。

十一、结论与建议

学生得到良好的发展，是因为学校在以校长为领导的校级班子领导下，全校师生弘扬正气，并且有真抓实干精神，下面谈几点好的做法：

1.校长以身作则

校长以身作则，校长不仅是规则的制订者，更是规则的执行者。见到学生问好，见到垃圾就捡，见到好的就表扬，见到不好的就提醒。

2.班子团结

在校长的潜移默化之下，有一个团结协作的领导班子，一带二，二带四，四带十，整个校园的氛围非常好，正能量满满。

3.教师们很有实干精神

教师们写案例，写故事，研讨教案，加班加点，熬更守夜，没有最好，只有更好。

4.学校搭建平台

给学生舞台，创造锻炼展示机会，比如：我要上六一，专门有一套音响设备和舞台、工作室，学生可以自由发挥；学校还向上级争取各种竞赛和展示的机会，比如：管乐团，区投资10多万元。

5.设立奖励机制

每年有大量学生在活动中获奖，给予学生指导和帮助的老师也有奖励，形成良性循环，良性发展。

6.开展了老带新的传帮带活动

新进入我校的老师，都得很长一段时间是有经验的老教师带领的，让他们迅速入门。

7.定期开展教师们对美学生的教育交流会

每学期至少一次，有时两次，三次，教师们畅所欲言，不回避问题，遇到问题共同想办法解决问题。

当然，这条路任重而道远，学无止境，行无止境，因为教师们的个体差异，性格不同，学识不同，经历不同，难免有老师在美学生的教育中出现问题，还需我们进一步加强指导和监管。在践行“美的教育”，培育“美的学生”的研究过程中，还需要我们冷静分析，不断调整，推陈出新，继续深入开展研究。

附　录

附录一：美的教育研究与实践——“美的”课堂教学评价量表

<table>
<tr><td colspan="2">学　科</td><td></td><td colspan="2">教　师</td><td></td><td>时间</td><td></td></tr>
<tr><td colspan="2">班　级</td><td></td><td colspan="2">课　题</td><td colspan="3"></td></tr>
<tr><td colspan="2" rowspan="2">评价内容</td><td rowspan="2">评价标准</td><td colspan="4">等　级</td><td rowspan="2">分数</td></tr>
<tr><td>优秀</td><td>良</td><td>合格</td><td>差</td></tr>
<tr><td colspan="2">教学目标（10分）</td><td>“三维目标”简要明确，符合学生实际，体现年段特点。突出教学重点，突破教学难点（10分）。</td><td></td><td></td><td></td><td></td><td></td></tr>
<tr><td rowspan="7">美的课堂教学流程（60分）</td><td>美的引入</td><td>1.多种方式创设情境，语言有感染力，激发学习兴趣，启迪学生思维。（5分）</td><td></td><td></td><td></td><td></td><td></td></tr>
<tr><td rowspan="5">美的体现</td><td>2.体现师生关系的和谐之美。面向全体学生，营造宽松的课堂氛围，学生乐学、善思。（5分）</td><td></td><td></td><td></td><td></td><td></td></tr>
<tr><td>3.教师改变教学方式。教学设计巧妙，课堂上运用“五还”策略，有效的组织学生自主学习、合作学习、探究学习。（10分）</td><td></td><td></td><td></td><td></td><td></td></tr>
<tr><td>4.学生转变学习方式。课堂上学生主动参与学习，在自主学习、合作交流中积极思考、动手实践，大胆发表自己的见解。较好体现学生的语言美、情感美、习惯美。（10分）</td><td></td><td></td><td></td><td></td><td></td></tr>
<tr><td>5.教与学灵动美。课堂上教师的引导适时、适度、有效；学生的思维活跃、方法灵活、交流生动。（10分）</td><td></td><td></td><td></td><td></td><td></td></tr>
<tr><td>6.交流与评价生动美。课堂上组织学生用一些美术语言开展自评、生生互评，师生共评。（10分）</td><td></td><td></td><td></td><td></td><td></td></tr>
<tr><td>美的升华</td><td>7.课堂能体现学生欣赏美、创造美。重点难点知识有所突破。有效进行知识、技能、方法等拓展迁移，达到深化提高的目的。学生学会创造，享受成功的快乐。（10分）</td><td></td><td></td><td></td><td></td><td></td></tr>
<tr><td colspan="2">教学效果（30分）</td><td>8.教学目标达成度高。85%以上学生达成目标。不同层次的学生都有收获（30分）</td><td></td><td></td><td></td><td></td><td></td></tr>
<tr><td colspan="2">课堂教学结构及时间分配</td><td colspan="6"></td></tr>
<tr><td colspan="2">综合评价</td><td colspan="4">评课人：</td><td>总分</td><td></td></tr>
</table>

附录二：美的教育研究与实践——”美的”课程体系框架图

重庆高新区第一实验小学“美的”课程体系基本框架图

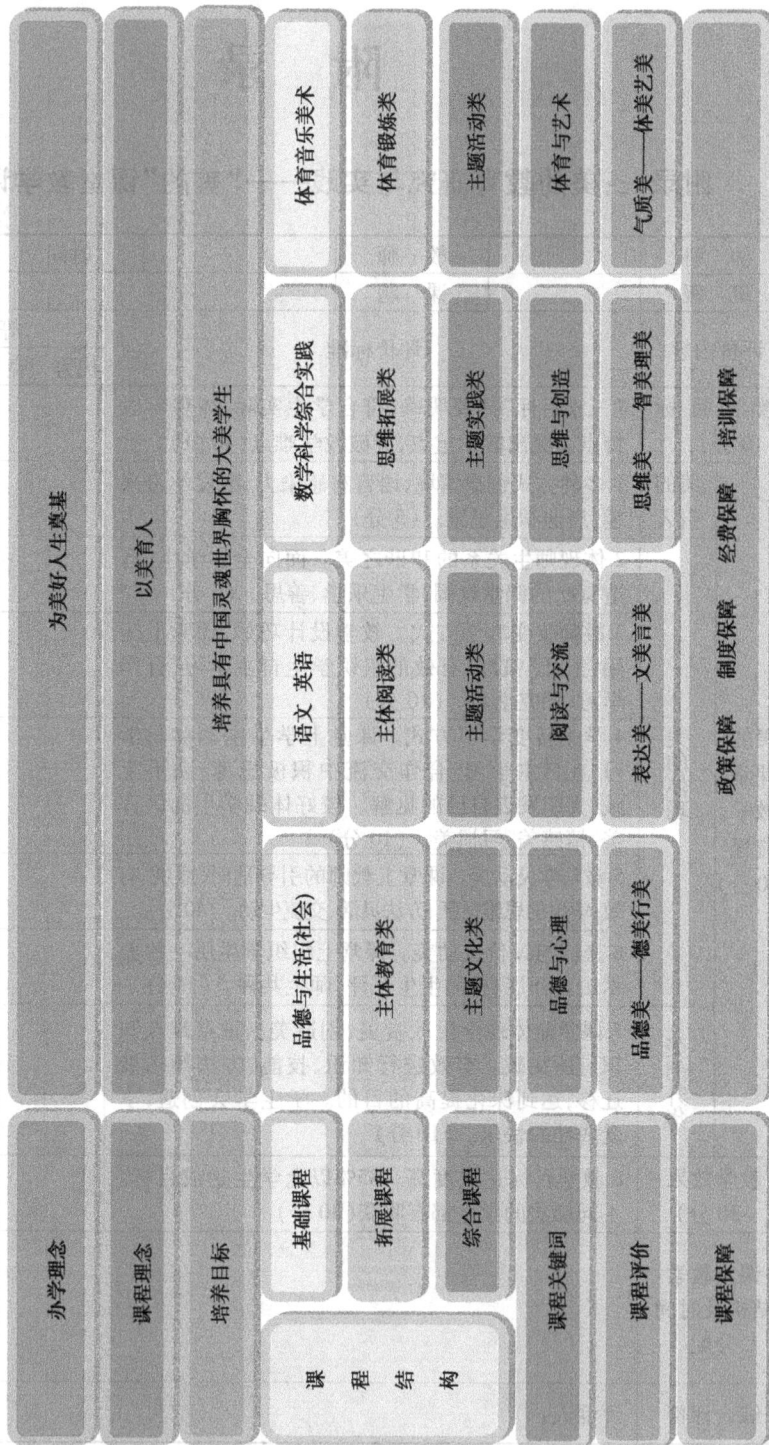

办学理念		为美好人生奠基			
课程理念		以美育人			
培养目标		培养具有中国灵魂世界胸怀的大美学生			
课程结构	基础课程	品德与生活(社会)	语文 英语	数学科学综合实践	体育音乐美术
	拓展课程	主体教育类	主体阅读类	思维拓展类	体育锻炼类
	综合课程	主题文化类	主题活动类	主题实践类	主题活动类
课程关键词		品德与心理	阅读与交流	思维与创造	体育与艺术
课程评价		品德美——德美行美	表达美——文美言美	思维美——智美理美	气质美——体美艺美
课程保障		政策保障　制度保障　经费保障　培训保障			

附录三：美的教育研究与实践——“美的”课程体系内容展示图

重庆高新区第一实验小学“美的”课程体系拓展课程、综合课程内容展示图

课程类型	课程名称	课程内容	课程实施
拓展课程	主题教育类	尚美课程 感恩课程 节日（纪念日）课程 入学(毕业)课程 主题队会	1.《尚美》课程是我校的特色校本微课程，每日午间10分钟，由班主任老师实施。 2.拓展课程以社团形式开展。每周四下午半日社团活动和每天下午15：45开始的自主社团活动。由全校教师实施。 3.共计194个社团，88项课程门类，内容丰富，体现自主性、选择性。 4.拓展课程，发展学生兴趣特长，展现学生个性之美，引导学生做最美的自己。
	心理健康类	心理游戏 心理辅导	
	主题阅读类	国学经典 经典诵读 故事大王 诗歌欣赏 名著品析	
	英语交流类	英语儿歌 英语故事 英语演讲 英语戏剧 剧本阅读	
	思维拓展类	数学文化 趣味游戏 数独游戏 国际象棋 中国象棋 五子棋 围棋 魔方	
	实践创新类	创意手工 手工折纸 创意针织 十字绣 地毯绣 烹饪	
	体育锻炼类	趣味田径 艺术体操 啦啦操 跆拳道 乒乓球 羽毛球	
	艺术创作类	口风琴 古典舞 拉丁舞 民族舞 合唱 管乐 古筝 魔术	
综合课程	主题文化类	校园环境文化 校园人文文化	综合课程是学校建设“美的教育”主题校园文化的重要课程载体，为实现“以美育人”目标而有针对性地实施。
	主题活动类	健身大课间 阅读节 英语节 科技节 体育节 艺术节	
	主题实践类	社会实践活动 社区体验活动 夏(冬)营我要上“六一”元旦	

附录四:美的教育研究与实践——“美的”课堂教学设计模板

教学环节	教学实施流程	设计意图
美的引入（创设情境，激趣引入）		
美的发现（自主探究合作交流）		
美的升华(巩固应用拓展提升)		

附录五:美的教育研究与实践——“美之星”评价系统操作说明

一、评价目的

1.全员育德——推动学生全面发展

每一个教师都有对每一个孩子开展教育的义务,但是除了事情多没时间等原因以外,我们偶尔会看到有的老师因为身体不适、心情不好或者嫌麻烦、多一事不如少一事的原因,不是本班学生、不认识的学生就不理不睬,追打疯跑不提醒,满嘴脏话不批评,这样的学校教育效率和效果都是不能满足学生和家长的需求的。

2.培养学生健康向上的争优意识

3.促进班级内部评比

如果一个班级能有一个激励性地评价阵地,会不会更能激发学生去发扬长处、改进不足呢?所以,我们希望通过全校评价系统促进推动班级内部评比的完善和落实。

二、“美之星”奖励贴操作方式

(一)分配数量

美之星奖励贴发放到每一位班主任、科任教师、职工和大队委手中。通过这种方式实现全员育德。

1.班主任:共计280个/学期

文明美、课堂美、卫生美、安全美、两操美、书香美、炫美星,每类各40个。

2.科任老师:共计140个/学期

文明美、课堂美、卫生美、安全美、两操美、书香美、炫美星,每类各20个。

3.工人:共计120个/学期(包括清洁工、食堂工人、保安、校警)

文明美40个、卫生美40个、安全美40个。

4.大队委:共计120个/学期(根据大队委职务分发不同种类美之星)

文明美、课堂美、卫生美、安全美、两操美、书香美各类20。

(注:大队委每发一个奖励贴需要登记记录奖励的学生姓名、班级、时间、奖励原因,以促进公平公正进行奖励。)

（二）操作步骤

【第一步】:发现好人好事好习惯即可奖励,并表扬(也就是把发奖原因告诉学生);

【第二步】:学生拿着美之星奖励贴到门卫处,领取“美之星表扬单”,填写下班级、姓名、奖励原因、奖励人;

【第三步】:将“美之星表扬单”交给班主任老师签字(这是班主任老师需要做的第一件事情);

【第四步】:学生将表扬单拿回家给家长签字,家长写下鼓励的话;

【第五步】:学生将表扬单拿回学校,交到德育处;将美之星奖励贴贴到班级内墙的评比栏中,可以为本班评比每周的“美的班级”加分。同时学生以此为依据,参评每周“美的学生”,每期“十佳炫美之星”,毕业班“美的毕业生”;

【第六步】:德育处将全校学生的表扬单收集在一个箱子里,周一集体朝会由校长抽选出十名“幸运美之星”(未抽选到的学生仍然存放在幸运箱中,下周继续抽选),幸运抽选中的学生,周一中午与校长共进午餐,餐后校长亲笔题写书签赠与学生。

在美之星奖励贴的操作流程中,学生一共受到了六次表扬,良好的习惯、品性和修养也是需要反复强化的,激励和强化都有助于学生良好习惯、品性和修养的养成。

附“美之星”表扬单:

“美之星”表扬单

	班级		表扬时间	
	学生		表扬地点	
	表扬原因		表扬人	
盖　章	好朋友寄语		班主任签字	
	家长寄语		家长签字	

亲爱的同学，恭喜你！你以突出的表现得到“美之星”奖励贴！请按以下步骤做：1.填写受到表扬的原因和表扬你的人。2.交给好朋友写寄语。3.交给班主任老师签字。4.交给家长签字。5.交回德育处并抽奖，将“美之星”奖励贴贴到班级评比栏中。6.周一集体朝会，校长抽取十名幸运星，你将有机会与校长共进午餐，校长亲笔题写书签赠送与你。继续努力！加油！

三、建议班级评价系统与学校评价系统接轨

许多班主任和科任老师都有自己的激励方式，有的是发星星、月亮、水果、笑脸、小红花，有的当堂在黑板上画星星，有的是加分，不管是哪一种，都可以与学校的评价系统结合起来。比如，发笑脸的老师，可以考虑用若干个笑脸换取老师们手中的“美之星”奖励贴；又比如可以加入自评、师评、小组评、家长评价，这四种评价方式都得到认可后即可换取老师手中的“美之星”奖励贴；当然，特色化的班级评价方式，许多老师都经验丰富，这里就不一一举例。

四、严肃使用纪律，明确使用原则

1.公平公正公开：既不要偏心，也不要搞平均主义，奖励原因写上表扬单后公开透明。

2.全校教职工和学生务必遵守规则，不作弊。

3.注意发放奖励贴的计划性和节制性，不要因为怕麻烦搞批发一下子全发了，也不要忘记发奖励贴，到了月底或者期末时大甩卖，不要为了刻意追求美的班级就集中在两三个星期发下去，这样并不能保证一定得到美的班级，后边会有说明。

4.为了公开透明，德育处将在平时通过学生谈话、大队委检查等方式、在期末时对全校学生进行抽样问卷调查，对各班的评比情况和各位老师的公平公正进行评价。

5.班主任有职责引导学生从刻意表现以获得奖励向自然真实表现“美的一面”转变，从模仿着做好人好事朝自觉自发的方向转变。

五、流动红旗评比规则

1.位置在教室门外，一共分六栏，分别是文明美、卫生美、两操美、安全美、课堂

美、美的班级。每个单项排行年级前列者获得该项流动红旗(排行取半数:6个班取前三,7个班取前四,10个班取前五)。

2.获得全部五项单项流动红旗的班级荣获“美的班级”称号,周一集体朝会由校长颁发“美的班级”流动红旗。

3.流动红旗公示栏上的右侧,是“美的学生”和“美的小组”照片公示栏,美的学生是每周班级得到美之星奖励贴最多的学生,美的小组的评比方式由班主任进行特色化评价(例如:可以评小组四人的得星总数最多的,也可以评小组四人进步最大的,或者其他公平公正的评比方式,由各位班主任老师自行设定)学校检查只看每周是否更换了美的学生和美的小组的照片,请老师们提前将每一个小组的照片制作好,周五午会进行班级内部总结表彰,并由班干部统计上周得星情况,评选出班级美的学生和美的小组,“美的学生”周一将照片拿来放进张贴栏中,“美的小组”的照片则直接由班主任放进张贴栏。同时,美的学生和美的小组由班主任老师记录,期末进行总体评价时以此为参考标准。

六、“美的学生”评比

每周从每个班得到美之星奖励贴最多的共计43名学生中,评选出十佳,周一集体朝会由校长颁发“美之星徽章”,可佩戴在胸前,此徽章将赠送给学生,既是鼓励,也是纪念。

七、“美的班级”评比

位置在一楼二年级一班的外墙上,每周五下午大队委将全校各班的评比结果公示出来。评比一共有六项:文明美、卫生美、安全美、两操美、课堂美、书香美,前五项与班级流动红旗相匹配,第六项“书香美”是特定主题评比,文明、卫生、安全三方面的得分以值周班级的监督打分加上班级内墙评比栏中的奖励贴数量总和为准;两操美得分是体育老师打分+大队委体育委员打分(此项暂时不加入评比)+班级内墙评比栏中学生得到两操美奖励贴的数量;课堂美以评比栏中课堂美的数量为准;书香美是以教务处、值周老师和大队委学习委员的评分总分为准。

八、班主任须知

1.在学生拿到美之星奖励贴后,表扬学生并签字。

2.将学生一学期的班级内墙奖励贴公示栏拍照存档,作为“美之星”,“美的毕业生”,元旦、六一推优评先的标准。

3.建立班级特色评价方式,并与学校“美之星”评价系统接轨。

4.每周做好总结工作，不走形式；做好表彰工作，激励学生争优；做好引导工作，避免个别学生灰心丧气、自暴自弃。

5.发放奖励贴时表扬学生，告诉学生受表扬的原因，并告诉学生表扬他的是谁。（例如：小朋友，你能主动关紧水龙头，节约用水，真是好孩子！来，王老师奖励个“文明美”给你，好习惯要继续保持哟。）

九、科任老师须知

1.公平公正分发“美之星”奖励贴，既不搞平均主义，也不能集中发给某个年级或某个班级。

2.有计划地发放奖励贴，一定不能一两周之内打批发几下就发完，也不能忘记发放，直到期末才来仓促“大甩卖”。

3.发放奖励贴时表扬学生，告诉学生受表扬的原因，并告诉学生表扬他的是谁。

十、职工保安须知

1.公平公正分发“美之星”奖励贴，既不搞平均主义，也不能集中发给某个年级或某个班级。

2.有计划地发放奖励贴，一定不能一两周之内打批发几下就发完，也不能忘记发放，直到期末才来仓促“大甩卖”。

3.发放奖励贴时表扬学生，告诉学生受表扬的原因，并告诉学生表扬他的是谁。

十一、备注说明

1.因为我校“美之星”评价系统是初步建立，所以请老师们代为收集学生、家长的反馈意见，欢迎老师们随时提意见，完善评价系统。

2.全体教职工的评价进行情况在期末将纳入考核。

3.每人每期可发奖励贴的种类和数量都需要在实施过程中调整。

4.德育处将对全校教职工的表扬学生的公平公正性进行监督：①平时检查；②期末问卷调查。

附录六：美的教育研究与实践——优乐美中队“美之星”评比细则

一、爱心美之星(20分)

1.每天回家帮家长做力所能及的家务事，坚持为父母端茶水、捶背、拿鞋子等。(4分)

2.尊敬老师，喜欢同学，见面礼貌问好。(4分)

3.每天坚持为班级作一件好事。(4分)

4.热心帮助同学，关心同学的喜怒哀乐。(4分)

5.尊重关心他人，乐于向残疾人伸出爱的手。(4分)

二、学习美之星(20分)

1.遵守课堂纪律，积极发言，积极参加小组合作、讨论。(4分)

2.不懂就问。(4分)

3.作业保质保量，书写工整美观。(4分)

4.养成良好的预习习惯。(4分)

5.喜欢读书，喜欢积累，喜欢习作。(4分)

三、卫生美之星(20分)

1.室内卫生分为打扫程度及保持程度，分为良好、中等、差三个等级。好8分(室内无纸屑、果皮、食品垃圾袋、粉笔头，清扫彻底)，中5分(室内有少量纸屑、果皮、食品垃圾袋、粉笔头，清扫较彻底)，差为2分(室内有较多纸屑、果皮、食品垃圾袋、粉笔头，值日生课前未擦黑板，清扫不够彻底)。(8分)

2.按时做好清洁，不拖沓，不早退。(3分)

3.做好个人清洁卫生(洗头、澡、剪指甲、穿干净衣服)。(3分)

4.定时擦洗自己的课桌椅，整理课桌里的东西。(3分)

5.坚持做好班级划规的卫生责任田。(3分)

四、两操美之星(20分)

1.坚持队伍行进时呈两列纵队，做到快、静、齐。(7分)

2.认真按要求做好两操。(10分)

3.不无缘无故旷操。(3分)

五、文明美之星(20分)

1.说文明话,做文明事。不与同学吵架、打架。(4分)

2.仪容仪表包括穿衣拉链不拉(不扣纽扣)、佩戴首饰、男生留长发、穿拖鞋进教室,每出现一例即扣0.5分/次。(4分)

3.课堂礼仪是培养学生尊师重道良好品格的表现,课堂礼仪包括回答问题举手、礼貌回答教师提出的问题、课前课后起立示敬、教师点名示意后起立等,教师视满意程度计分。(4分)

4.“一日为师,终身为父”,不得给教师取绰号、顶撞老师。

5.正确理解老师的严格要求。(4分)

备注:凡在一周内发生违纪事件,取消本周评比“美之星”的资格。

附录七:美的教育研究与实践——“学习美之星”评比标准

我们还制定了学生“学习美之星”评比标准:(110分)

态度美:爱学习,学习兴趣能,学习积极性高。(10分)

倾听美:能认真倾听老师或同学的发言、讲解。(10分)

思维美:积极思考问题,具有较好的思维品质:如思维的深度、广度、灵活性等方面较好。(10分)

表达美:积极、大胆发表自己的见解,表达音量适中,条理清楚。(10分)

合作美:积极参加小组合作及交流。(10分)

发现美:善于进行发现性学习。(10分)

质疑美:能大胆提出发现的问题或有疑惑的问题。(10分)

书写美:书写工整美观,排版布局合理。(10分)

探究美:能独立探究、自主解决问题。(10分)

创造美:能在已有方法、知识的基础上有进一步的创造,有一定的创新能力。(10分)

欣赏美:会欣赏课堂上同学、老师、书本等所呈现的美。

表现美:善于将所发现的或创造的通过一定的方式呈现出来。(10分)

附录八:美的教育研究与实践——“美的学生”评价标准

美学生，讲礼貌（礼仪篇）

美学生,讲礼貌;临行前,招呼要。

释义:美学生讲礼貌,上学时要告知家人并道别,放学回家也要打招呼报平安。让老师、父母知晓自己的行踪,少为自己操些心。

进学校,领巾飘;带微笑,问声好。

释义:早上在家里佩戴好红领巾,脏、旧的红领巾要及时更换,面带微笑进校园,看见老师同学要主动问好。

普通话,更文雅;教学楼,莫喧哗。

释义:在校园里坚持说普通话,进入教学楼做到说话轻,脚步轻,更不能大吼、尖叫。说话举止,要文明优雅。

想玩耍,操场下;莫乱抛,文明花。

释义:教学楼是老师办公、学生学习的地方,不要在此区域做游戏、拍球、跳绳等,要玩耍就到操场。切莫乱扔垃圾,看见垃圾主动捡拾并扔进垃圾桶,做一个文明的孩子。

美学生，志气高（学习篇）

美学生,志气高;成栋梁,须自强。

释义:美的学生要有远大理想,要立志成为国家的栋梁,从小就要自立自强,自己的事情自己做。更要主动参加生活社会实践,锻炼自己的实践能力,适应环境的能力。

铃声响,进课堂;诵经典,书声琅。

释义:在学校要听从铃声的指挥。前一节课后作好下节课的准备,预备铃响立即进入教室静息等待老师上课。早上进入教室主动大声诵读,创美的书香校园。

答问题,小手扬;思路清,声音亮。

释义:积极举手回答问题,回答时声音洪亮,思路清晰,与别人观点不同时应大胆发表自己的看法。可以争论、辩论问题,但不能争吵,或者在语言上攻击、侮辱别人。

勤动脑,智慧光;勤动笔,文采扬。

释义:人的大脑越用越灵活,勤动脑筋就会越来越聪明,勤动笔练习写作,文章才会越写越精彩。

美学生，快静齐（队列篇）

美学生，快静齐；靠右行，莫推挤。

释义：美的学生集合排队不讲话，动作快，队伍整齐，上下楼梯不推挤不抢位，行进时都养成靠右行的好习惯。

站得正，挺得直；贴裤缝，眼平视。

释义：站有站相，坐有坐相，立正站立时两脚小八字分开，两手紧贴裤缝，收腹挺胸，两眼平视前方，身子像小松树一样笔直。

升国旗，敬队礼；仪态庄，身肃立。

释义：每当听到国歌声响起时，应马上起立站好，少先队员行队礼，保持严肃，安静，不讲话、不追跑，要等国歌奏完后才能离开。

唱国歌，有激情；中国心，精气神。

释义：唱国歌时声音洪亮有激情，永远记住自己是中国人，有一颗火红的中国心，激励、提升自己作为中国人的精神、气质，展现自信自强的风采。

美学生，心健康（心灵篇）

美学生，心健康；善交流，乐分享。

释义：美的学生心理健康，心态阳光。不开心时，要善于向别人倾诉，倾听别人的开导和建议。把自己的快乐与他人分享，随时保持一份阳光般灿烂的心情，让自己积极健康地投入学习和工作。

犯错误，敢担当；遇挫折，要坚强。

释义：一个人难免犯错误，犯错以后要敢于承担责任，该道歉的要道歉，该赔偿的要赔偿。勇于面对失败的人，才是真正坚强的人；勇于面对困难的人，才是真正乐观的人。

有缺点，很正常；能改正，赢赞赏。

释义：人无完人，每个人都有缺点，关键是知错能改，绝不能错上加错。要敢于承认错误，善于改正错误。同一个错误不能一而再，再而三地重复犯。缺点改了，人人都会对你竖起大拇指。

同学强，会欣赏；心胸宽，更阳光。

释义：山外有山，人外有人。我们要学会欣赏他人的优点，学习他人的长处。要有一个宽广、博大的胸怀，能容纳别人错误、失误，到任何事情都往好的方面想，别计较太多，保持快乐、阳光心态。

美学生，习惯好（习惯篇）

美学生，习惯好；勤洗手，勤洗澡。

释义：美学生习惯好。饭前便后要洗手，勤剪指甲勤洗澡。

睡眠足，身体好；勤锻炼，风儿笑。

释义：养成良好的作息习惯，按时睡觉和起床，保证不低于 10 小时的睡眠时间。积极参加并坚持体育锻炼活动，把身体锻炼得棒棒的。

早吃好，午吃饱；不挑食，肠胃好。

释义：早饭一定要吃，而且要吃好一点，最好有鸡蛋和牛奶；中午要吃饱，无论喜欢吃的还是不喜欢吃的都要搭配着吃，少吃或不吃零食，多吃蔬菜水果，才能保证身体健康少生病。

房间乱，物难找；好习惯，新风貌。

释义：人从小就应该养成自己整理物品的好习惯，各种物品放在固定的地方，自己的房间自己整理；生活和学习都是自己的事情，不要依赖他人。

美学生，公德晓（公德篇）

美学生，公德晓；爱公物，护花草。

释义：美的学生培养公共道德。爱护公物，不在公物上乱刻乱画，不随意损坏公共财物。花会哭，草会疼，小心呵护花草树木，不踩踏、不攀折，争做环保小卫士。

上下车，队排好；雅静处，莫喧闹。

释义：出外乘车船时要排队有序上下，看见需要帮助的要主动让座；如果乘坐电梯的人多也应主动排队等候。出入公共场所不大声说话，不高声吼叫。

高空物，请别抛；遇纠纷，心别恼。

释义：不从窗户（楼上）往外（往下）扔东西，以免影响环境卫生或砸到过往行人。如果与他人发生矛盾或纠纷，心里别气恼，冷静对待，不能以武力解决问题，要懂得解决问题纠纷的程序，学会用法律保障自己的合法权益。

懂尊老，扶弱小；知谦让，风格高。

释义：尊老爱幼是我们中华民族的传统美德，要善待老人、礼让老人，更不能欺负比自己弱小的人。把好事留给他人，困难留给自己的人，才是真正的强者。

美学生，安全要（安全篇）

美学生，安全要；遇危险，要自保。

释义：人的生命只有一次，要珍爱自己的生命。要把安全时刻记在心中，要学习在各种事故灾害中自救自护的技能和方法，遇到危险要想办法逃生以保住自己的生命。

过马路，左右瞧；怎么走，心明了。

释义：过马路走斑马线，红灯停绿灯行，千万别去抢剩下的一两秒钟时间，宁可慢一分也不要抢一秒。要记住，由于个别人不遵守交通规则，红绿灯处也不完全是安全的地方。过红绿灯时，要看看公路两边的来车情况，要在保证安全的情况下通过公路。

教学楼，莫疯跑；器械区，危险高。

释义：教学楼里严禁疯跑追打，如果确实有急事需加快速度，也只能快走不能跑。入厕应轻敲门再推门。学校操场器械区危险较高，千万别拉扯和推挤，冬天、雨天不到器械区玩耍。

报警号，要记牢；急救护，生命保。

释义：110、112、119、120 都应牢记在心，要熟悉和掌握拨打这些电话的基本方法，报警时一定要告知自己的姓名，自己所在的位置，清楚地介绍发生了什么事情。为确保生命安全，一定要想办法进行及时救援。

附录九:美的教育研究与实践——美的家长风采

第一篇　美之言

(说者无心,听者有意。家长一言,影响百年。)

言之有理,听之不逆,小孩不小,切莫小瞧。

言之有趣,听之不腻,啰嗦重复,教育大忌。

言之有序,听之不迷,有效交流,减少代沟。

言之有诚,言出必行,恶言脏语,诸邪不侵。

言之有礼,宽容克制,孩子在场,切莫争执。

第二篇　美之行

(言行合一,行为示范。家长一行,尊重在心。)

行之有规,孩子有矩,宽严得当,懂得收放。

行之有德,孩子有礼,家校沟通,有礼有节。

行之有趣,尊重童心,奇思妙想,尊重创新。

行之有效,孩子有范,言传身教,教育趁早。

第三篇　美之导

(教导有方,因势利导。教育无痕,润物无声。)

寻之有法,善评善夸,堵不如疏,帮扶有度。

导之有序,循序渐进,坚持不懈,善于等待。

导之无痕,善激善励,善于发现,抓住时机。

导之无欲,顺势而驱,教育一事,最怕功利。

附录十：重庆高新区第一实验小学家委会工作职责

一、校级家委会主要工作职责

1.关心和扶持学校教育事业发展，支持学校教育教学工作。

2.积极参与学校管理，为学校发展出谋划策。

3.组织家长对全体教师以及学校工作进行监督，并通过有效渠道提出合理化建议。

4.促进学校与社区、家庭建立更加密切的联系。

5.反映广大家长要求，让学校及时了解家长的心声。

6.做好学校宣传工作，扩大学校影响和知名度。

7.协助学校办好家长学校，不断提高家长自身素质。

8.积极带领广大家长参加学校组织的各种活动以及家长学校的活动。

9.对学校的各项工作进行有效的评价和反馈。

10.家长委员会委员由各班级推荐，经学校行政会议和校务会审定聘任，任期一年。

二、班级家委会主要工作职责

1.关心和支持班级教育、教学工作，为班级进步出谋划策。

2.协助班级、任课教师开展家长学校工作。

3.加强家长与教师的沟通和联系，积极参与班级教育、教学管理。

4.对教师的教育、教学工作进行适时的评价与反馈。

5.协助做好学校的宣传工作，提高学校知名度。

6.积极带领班级、学生、家长参加学校的各项评估活动。

附录十一：校歌《美·一生相随》

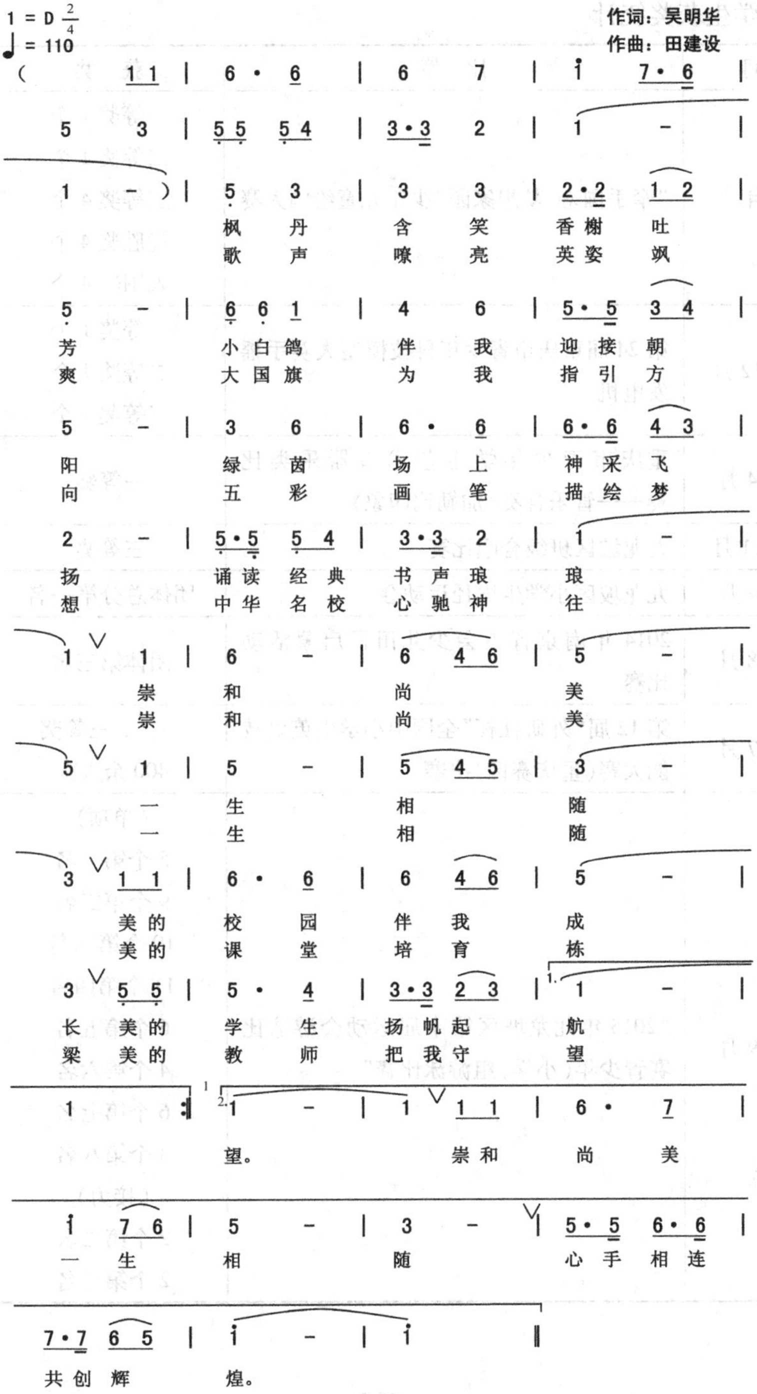

附录十二：部分师生获奖情况

部分学生获奖统计

时　间	比　赛	获　奖	级　别
2013 年	“牵手国寿，梦想家园”少年儿童绘画大赛	一等奖 1 个 二等奖 1 个 三等奖 4 个 优胜奖 4 个 入围奖 4 个	市级
2013 年 12 月	第 24 届重庆市青少年科技模型大赛手摇发电机	一等奖 1 个 二等奖 1 个 三等奖 1 个	市级
2015 年 4 月	重庆市青少年学生艺术节器乐类比赛——管乐合奏《加勒比印象》	一等奖	市级
2015 年 11 月	九龙坡区班级合唱比赛	三等奖	区级
2014 年 4 月	九龙坡区小学生田径运动会	团体总分第一名	区级
2014 年 8 月	2014 年南京青奥会少儿田径启蒙活动比赛	团体第三名	国家级
2015 年 7 月	第 12 届“外研社杯”全国中小学生英语技能大赛（重庆赛区）决赛	一、二、三等奖 400 余人次	市级
2015 年 9 月	“2015 年九龙坡区第十届运动会游泳比赛青少年（小学）组游泳比赛”	（单项） 5 个第一名 9 个第二名 10 个第三名 11 个第四名 6 个第五名 4 个第六名 6 个第七名 3 个第八名 （接力） 2 个第二名 2 个第三名	区级

部分教师赛课获奖统计

获奖时间	获奖教师	奖 项	等 级	级 别
2013 年 11 月	邓剑东	全国第五届“七彩语文杯”小学语文教师素养大赛	一等奖和特长奖	国家级
2014 年 10 月	邓剑东	2014 年全国小学语文学会组织的青年教师教学大赛	一等奖	国家级
2014 年	周煦朗	重庆市识字课赛课	一等奖	市级
2013 年 4 月	周雪梅	重庆市第六届小学数学教师优质课赛课	一等奖	市级
2013 年 10 月	周雪梅	执教的《平行与垂直》荣获全国十城市数学教师赛课	一等奖	国家级
2014 年 9 月	李雨佳	全国十四城市体育赛课活动	一等奖	国家级
2014 年 5 月	尤佳	录像课《剪纸趣事》，在重庆市第七届中小学美术教师教学技能竞赛评比中	一等奖	市级
2015 年 11 月	张婷婷	重庆市第七届数学教师优质课赛课	一等奖	市级
2015 年	黄飞	全国新技术支持下的个性化学习应用成果展示竞赛活动	一等奖	国家级
2015 年 11 月	肖雪	重庆市第三届书法“卓越课堂”优质课评选	二等奖	市级

部分教师其他获奖统计

获奖时间	获奖教师	奖 项	等 级	级 别
2015 年 10 月	陈立	全国中小学美术教师基本功展示	一等奖	国家级
2013 年 7 月	胡凤	《青花系列》发表在《艺术市场》第七期		国家级
2014	戴金佑	科技论文《浅谈转基因食品》获第十四届九龙坡青少年科技创新大赛	一等奖	国家级

续表

获奖时间	获奖教师	奖 项	等 级	级 别
2015年8月	汤文兵	论文《水平二软式垒球教学》在《体育教育》上发表		国家级
2015年5月	何清平	全国中小学英语课堂教学活动方案设计大赛	二等奖	国家级
2015年11月	孙佩	论文《做有特色的数学教师》荣获教育部中国人生科学学会教师发展专业委员会举办的“中国梦.全国优秀教育教学论文评选大赛”	一等奖	国家级
2015年11月	杨鸿芳	论文《如何提高农村中小学音乐教育水平》在《新课程》上发表		国家级
2014年3月	彭廷美	《玩转毕业复习的“课文魔方”》在国家期刊《小学教学》上发表		国家级

后记

为美的教育而歌

——读《美的教育研究与实践》一书的几点感想

重庆高新区第一实验小学历经五年多美的教育研究与实践成果,今天终于正式出版成书。作为学校校长为此感到十分高兴,同时更对在本书中做出各方面努力的全校教职工表示感谢。随着素质教育的深入实施,《美的教育研究与实践》一书的出版,必将成为学校新的起点。

第一,学校是育人的场所,更是一个展示美的校园、美的教师、美的课程与课堂、美的学生的大平台,从而让美的教育思想与教育实践活动得以在这个平台展示出丰富无比的内容。所以,美的教育始于美的学校。

第二,美的教育落实到课程与课堂,正是美的教育原理与方法在学校全面实施素质教育的主内容和主阵地上的呈现与运用,如果说重庆高新区第一实验小学在美的教育研究与实践中取得了一些成果,可以说最为重要的成果体现在课程与课堂两个大的方面上。

第三,美的教育研究与实践需要发挥教师的组织者、促进者、评价者的作用,教师对于美的教育研究与实践是十分重要的力量,没有教师的美的教育思想、美的教育活动组织、美的教育行为示范、美的教育内容的丰富与完善,是不可能推进好美的教育的。

第四,美的学生是美的教育最终极的目标,更是美的教育需要培养和造就的感受美、体验美、创造美的学生的要求。深化课程改革,以培养学生核心素养为导向的美的教育，正是因为研究成果中美的学生评价标准和美的学生之星的评价操作系统的完成，才有了很好的保障。

《美的教育研究与实践》一书出版过程中，还要感谢九龙坡区教师进修学院、重庆市教育评估院、重庆大学出版社等相关领导与专家的支持，希望本书成为学校与社会、教师与专家、教师与家长、教师与学生更好的交流沟通的媒介，共同形成美的教育合力，为培养新时代的社会人才奠定坚实的基础。

重庆高新区第一实验小学校长　秦登伟

2016 年 4 月 18 日

参考文献

[1] 朱智贤.心理学大词典[M].北京:北京师范大学出版社,1989.

[2] 王义高.当代宏观教育思潮之考察[M].北京师范大学学报,1996(2).

[3] 瞿葆奎.教育学文集・教育与人的发展[M].北京:人民教育出版社 1989.

[4] 曾蓉.教师尚美文化的理论与实践[M].北京:科学出版社,2009.

[5] 顾彩虹.基于教师主动发展的教研组活动的组织和开展.

[6] 陶行知.陶行知全集[M].成都:四川教育出版社,1991.

[7] 公民道德建设实施纲要编写组.公民道德建设实施纲要[M].北京:学习出版社,2001.

[8] 孙云晓,张梅玲.儿童教育就是培养好习惯——当代少年儿童行为习惯研究报告[M].北京:北京出版社,2004.

[9] 中华人民共和国教育部.全日制义务教育音乐课程标准(实验稿)[M].北京:北京师范大学出版社,2011.

[10] 苏霍姆林斯基.给教师的一百条建议[M].天津:天津人民出版社,1987.